Edition Rugerup

für Thomas Daiber
von Thomas Josef Lehlin

Thomas Josef Wehlim

Die Tage des Kalifats

Erste Auflage 2011

Berlin / Hörby, Schweden
Satz: Edition Rugerup
Einbandgestaltung: Johan Laserna, Torna Hällestad
Bilder: © Thomas Josef Wehlim, Bearbeitung von Bildern aus
Wikimedia Commons Public domain licence
Druck: Studio RBB, Riga
Printed in Latvia
ISBN: 978-3-942955-08-9
www.rugerup.de

Die Tage des Kalifats

Prolog

Einst würde es auferstehen, das Kalifat. Auferstehen jenseits aller Zweifel, aller Fragen, aller Schuld. Und gleich einem stillen, verschatteten und dennoch herrlichen Sonnenaufgang würde es das Licht bringen, jenes reine wunderbare Licht Allahs, welches sich über den Okzident und den Orient ergießen und für immer die Dunkelheit der Sünde, der Verfehlung, des Irrglaubens vernichten würde mit seinen Strahlen, seinen Feuern, seiner Liebe. Und so wie einst vor vielen Jahrhunderten, unter der Führung der vier rechtgeleiteten Kalifen, würde es sich wieder erstrecken von den Küsten des südlichen Spaniens über Nordafrika und Jerusalem bis hin zu jenem heiligen Land der zwei heiligsten Stätten, wo einst Mohammed, der Prophet Allahs, den Menschen das Leben zurückgeschenkt hatte durch die Schriften des Korans. Und um vieles weiter noch würde die Macht dieses neuen Kalifats reichen, vom Balkan aus über die Gestade des Schwarzen Meeres und über das Zweistromland bis hin zu den gewaltigen Bergzügen des Hindukusch und den Strömen des Indus. Und alle Gläubigen würde es erneut in der Nachfolge des Propheten vereinen und ihnen Trost spenden, Trost für all die erlittene Demütigung, für all den grausamen Schmerz ihrer Vorfahren, für den Hunger, die Schande, den Hass, die Hoffnungslosigkeit. Und wieder emporgestiegen zu alter Stärke wie einst die Kalifate der Omaijaden und der Abbasiden, würde das neue Kalifat alle Ungläubigen, alle Christen, Juden und Hindus vertreiben aus seinen Ländern, in den salzigen Meeren der Ozeane ertränken und mit dem Feuer der Sühne verbrennen. Und mit ihnen all jene Herrscherdynastien und Despoten, die jetzt über die heiligen Länder herrschten in Unzucht, Maßlosigkeit, Korruption und Inkompetenz, und dabei jede Stunde, jeden Tag vor aller Welt beständig heuchelten, ihre Herrschaft im Namen Allahs zu üben, um Allah dennoch jeden Tag von neuem zu verunglimpfen. Und wie bitteres, giftiges Unkraut würden diese in Lüge und

Sünde sich seit Jahrhunderten verstrickenden Herrscherfamilien ausgerottet werden und in den Feuern Allahs brennen für ihre schlimmste, ihre schmutzigste, ihre böseste Tat: Das Land der zwei heiligen Stätten geöffnet zu haben für jene, die vom Teufel kamen, für jene, die nur das Geld, den Mammon, die Unehre kannten, die aus dem Land Satans kamen, aus Amerika, dem Höllenland, dem Land der Christen und Juden, dem Land der Entgotteten, dem Land, das sich einst aufgemacht hatte die Welt zu erobern und die Unschuldigen zu knechten, die Muslime zu demütigen, ihre Länder zu rauben, die Körper ihrer Frauen zu entblößen und den Namen Allahs zu entweihen, zu entehren, zu beschmutzen. Und solchermaßen würde das neue, das wieder auferstandene Kalifat rüsten zum letzten aller Kämpfe, zur Schlacht aller Schlachten, und Amerika und seinen Kettenhund Europa vernichten, und für immer die Kreuzfahrer und Krämerjuden in die ewige Finsternis stürzen, ohne Gnade, ohne Vergebung, bis zu dem Tage, an dem Allah alle Länder der Welt unter sich einen würde, für immer und bis an den Anfang der Zeit zurück.

I

Ankunft

Achtunddreißig Tage später, in den Abendstunden des 19. Oktober, überflogen sie in zwei verdunkelten Hubschraubern von Usbekistan her die Grenze. Sie waren zwölf an der Zahl, so wie die Jünger des heiligen Christus, und sie hatten Spezialuniformen, Kommunikationsmittel, Sprengstoff, Handfeuerwaffen, Nachtsichtgeräte sowie Notverpflegung für eine Woche bei sich. Angeführt von zwei Offizieren und einem Master Sergeant, waren sie Spezialisten der Rache, der mechanisierten Vergeltung, der Sühne. Sie kamen, als aller Frieden, alle Hoffnung für immer verloren waren, und es war dem medizinischen Unteroffizier ihrer Einheit, Albert Ginovatti, als seien sie Todesengel, mit geschwärzten Gesichtern und eingeschmolzen in die Eingeweide zweier dunkler Drachen, deren Herzschlag das dumpfe Pulsieren der Rotorblätter war.

Durch den Nachtsturm hindurch flogen die beiden Hubschrauber das Panjshir-Tal entlang. Als der vereinbarte Landezeitpunkt verstrichen war, sah Albert, wie sich ihr Kommandeur, Captain Miller, nach vorne ins Cockpit hangelte und durch den Fluglärm hindurch einen der Piloten anschrie, offenbar um herauszufinden, warum sie nicht landeten. Miller kam zurück und informierte die anderen Männer brüllend darüber, dass zu starke Windturbulenzen über dem vereinbarten Landepunkt seien und dass der andere Hubschrauber auch nicht mehr in der Nähe sei, sondern sich einen eigenen Landeplatz suchen würde.

Endlich, zwei Stunden später, legte der Sturm sich, und sie konnten landen. Die Piloten warfen Albert, Miller und die vier anderen Männer samt ihrer Ausrüstung regelrecht heraus, um schnell wieder starten zu können, aus Angst vor Raketen- oder Panzerfaustbeschuss. Während das Rotorgeknatter des Hubschraubers in der Ferne verklang, sahen sich die Männer um. Sie standen auf einer Hochebene aus Geröll, Sand und Stein, die in ein mattes Sternenlicht getaucht war. Um sie herum türmten sich die Silhouetten der die Hochebene einschließenden Gebirgszüge auf. Eine klirrende Kälte biss in die Gesichter der Männer. Nirgends war ein Laut zu hören.

»So muss Neil Armstrong sich auf dem Mond gefühlt haben, als er aus der Raumfähre stieg«, sagte Albert, den sie auch Dottore nannten, wegen seiner italienischen Abstammung.

»Ja«, entgegnete Miller, »nur dass Armstrong wusste, dass er nicht beschossen wird, wenn er landet.«

»Wusste Armstrong doch gar nicht, ob ihm auf dem Mond nicht ein paar Außerirdische ordentlich einheizen, Captain«, sagte John, einer der anderen Männer.

»Es ist mir etwas zu hell hier, Jungs«, sagte Miller, »machen wir, dass wir wegkommen.«

Sie begannen, ihre Ausrüstung zu sortieren und sich marschbereit zu machen. Miller versuchte, über Funk die andere Hälfte seiner Männer und die CIA-Agenten zu erreichen, die vermutlich immer noch am vereinbarten Landepunkt auf die beiden Hubschrauber warteten. Aber er bekam keine Verbindung. Vielleicht waren sie wirklich auf dem Mond gelandet. Doch nach einer Viertelstunde sahen die Männer in der Ferne ein Signallicht, das in unregelmäßigen Abständen aufflackerte und näher kam. Sie entsicherten vorsichtshalber ihre Waffen. Durch sein Nachtsichtgerät erkannte Miller die Umrisse von vier Männern. Schließlich hörte er erleichtert vertraute Worte.

»Hallo! Ich bin Buck«, sagte ein riesiger Mann von etwa fünfzig Jahren zu ihnen. Der Mann grinste, als würde er noch eine Vierteilung oder einen Kopfschuss lustig finden. »Da hat uns wohl jemand vor einigen Wochen auf einem verdammt falschen Fuß erwischt, nicht wahr?«

Captain Miller und Buck schüttelten sich die Hände, so wie zwei Manager am Beginn einer vielversprechenden Geschäftsbeziehung.

»Kann mal wohl sagen. Doch dieses Mal werden wir die anderen auf einem verdammt falschen Fuß erwischen«, sagte Miller. Buck lachte wieder wie jemand, der sogar seine eigene Verbrennung amüsant findet.

»So gefällst du mir, mein Junge.«

Hinter Buck standen drei weitere Männer, schwer bewaffnet und mit langen Patronengürteln um den Leib. Sie trugen Turbane und weite Beinkleider, die im Wind hin und her flatterten.

»Darf ich vorstellen?«, sagte Buck zu Miller, »das sind unsere afghanischen Gastgeber von der Nordallianz: Deniz, Aziz und Soram. Mit denen werden wir kämpfen. Die lechzen regelrecht nach Taliban-Blut.«

Er sagte etwas in einer fremdartigen Sprache zu den Dreien, und diese nickten trocken und ohne jede Regung.

Dann veränderte sich Bucks grinsender Gesichtsausdruck etwas.

»Eine schöne Suppe habt ihr mir übrigens eingebrockt mit eurem Landemanöver. Ich erzähle unseren afghanischen Freunden seit Tagen, dass wir Amerikaner punktgenau an jedem Ort der Welt zu jeder Tages- und Nachtzeit mit einem Hubschrauber landen können, solange auch nur eine briefmarkengroße Landefläche vorhanden ist. Und was macht ihr stattdessen? Ihr driftet mit euren sogenannten Präzisionshubschraubern meilenweit vom vereinbarten Landepunkt ab und trennt euch auch noch.«

»Und was haben Sie unseren afghanischen Freunden noch erzählt, was wir angeblich können?«, fragte Miller.

»Alles zu seiner Zeit«, sagte Buck. »Jetzt wollen wir diesen unwirtlichen Ort erst einmal verlassen und zur Unterkunft gehen. Ist halt nur ein längerer Fußmarsch als geplant.«

»Wir haben die Dinger nicht geflogen«, sagte Miller. »Wissen Sie denn, wo der andere Hubschrauber ist?«

»Ja«, sagte Buck, »der ist etwa zwei Meilen weiter nördlich von hier gelandet. Ein anderes Team von uns ist auf dem Weg dorthin.«

Sie marschierten nach Astaneh, einem Dorf im nördlichen Teil des Panjshir-Tals, wo bald auch die andere Hälfte der Männer eintraf. Dort wurden sie alle von weiteren afghanischen Kämpfern empfangen, die sie im Morgengrauen mit alten russischen Jeeps zu einem aus mehreren Häusern bestehenden Anwesen in einem der angrenzenden Bergtäler brachten. Eines der Gebäude beherbergte bereits Bucks CIA-Team, die meisten Räume quollen über mit Kommunikationstechnik, Notebooks und anderen Geräten. In einem der anderen Häuser wurden Miller und seine Männer untergebracht. Das Mobiliar war spartanisch und bestand aus Feldbetten, Tischen und Stühlen. Aber jedes Zimmer hatte einen gemütlichen kleinen Ofen und ausreichend Holzvorräte.

Buck sagte: »Ok, richtet euch ein, und in einer halben Stunde kommt ihr in das Gebäude gegenüber zum Essen. Unsere afghanischen Freunde haben uns was Warmes zum Frühstück gekocht. Man muss sich an die scharfe afghanische Küche gewöhnen, aber sie ist hundertmal besser als jedes Armee-Fressen, schätze ich. Morgen früh stelle ich euch dann einem Kommandeur der Nordallianz vor.«

Als Buck gegangen war, standen Miller und seine Männer eine Weile ratlos da, wie umgesetzte Skulpturen in einem Museum. Schließlich sagte John: »Beim Abflug sagte Oberst Mulholland uns doch, wir müssten die nächsten Wochen im Freien campen bei ziemlich miesen Temperaturen, und nun sind wir quasi in einem Hotel mit Vollpension. Die haben uns ganz schön verarscht.«

»Die Armee wusste doch noch nie, was die CIA vorbereitet hat, und umgekehrt, oder?«, sagte Albert.

»Wir werden noch früh genug in irgendeinem eiskalten Bergtal herumliegen und uns eine Lungenentzündung holen«, sagte Miller. »Also genießen wir das Hotelleben hier, solange es geht.«

Ein erstes Gespräch

Frau Schmidt, wo sollen wir beginnen? Bei diesem rätselhaften Anruf vor einem Jahr aus Pakistan?

Ich weiß nicht.

Dann lassen Sie uns bei sich beginnen. Wann und wo wurden Sie geboren, wie sind Sie aufgewachsen?

Ich wurde 1955 in Afghanistan geboren, in der Nähe von Kabul. Mein Vater war ein reicher Geschäftsmann. Als Kind noch hatte er die Ziegenherden meines Großvaters durch die Ebenen getrieben, dann aber als Bauunternehmer sein Geld gemacht. Meine Kindheit war, trotz unseres relativen Wohlstands, die vieler muslimischer Mädchen, wir waren überwiegend niedliche Haustiere in Kleid und Schleier. Doch immerhin konnte ich eine höhere Schule besuchen, und sogar ein Medizinstudium in Kabul beginnen. Es war für meine Mutter und mich ein schlimmer Kampf, dieses Studium gegen den Willen meines sehr traditionellen Vaters durchzusetzen. Meine Mutter sagte immer zu meinem Vater: Wenn du ständig Geld für Steine und Beton ausgibst, kannst du auch unserer Tochter ein Studium bezahlen. Irgendwann hatte sie meinen Vater so weit. Er tröstete sich mit dem Spruch: Dann habe ich wenigstens eine Leibärztin. Und die Jahre, in denen ich studierte, waren insgesamt auch gekennzeichnet durch mehr Freiheiten für die Menschen, die Regierung versuchte, den radikalen Islam im Land zurückzudrängen.

Und wie kamen Sie dann nach Deutschland?

Mein zukünftiger Mann war als deutscher Polizeibeamter in Afghanistan.

In Afghanistan?

Ja, nach dem Zweiten Weltkrieg hatte Deutschland, also vor allem in den sechziger und beginnenden siebziger Jahren, sehr viele Polizeibeamte, technische Berater und Entwicklungshelfer in Afghanistan. Sie bildeten unsere Polizei aus und halfen beim Aufbau von Kraft- und Wasserwerken.

Das wusste ich nicht.

Also mein Mann war abkommandiert vom Bundesgrenzschutz, um in Kabul die königlichen Polizeikräfte zu unterstützen. Zuweilen musste er auch mal eine Hippieleiche protokollieren. Diese Hippies, die kamen von überall aus Europa und Amerika wegen Haschisch und weil sie es sonst so »cool« bei uns fanden. Dann lagen sie in Scharen halb tot oder vollständig tot in Kabul und Umgebung herum, das war schon mehr als nur ein kleines Problem. Ich lernte Thomas, also meinen Mann, auf einem Neujahrsempfang in Kabul kennen. Zuerst verständigten wir uns auf Englisch. Schließlich fanden wir Zuneigung zueinander, mussten uns aber heimlich treffen, nur meine Mutter wusste davon. Mein Vater hätte das niemals erlaubt, zumal er mich längst dem Sohn einer seiner ehemaligen Nomaden- und Viehfreunde versprochen hatte.

Und wie haben Sie sich dem Heiratswunsch Ihres Vaters entzogen?

Glücklicherweise bekam ich für mein Studium ein Stipendium in Deutschland, und mein Vater war einverstanden, weil ihn das weniger kostete und er niemals damit gerechnet hätte, dass ich ihn hintergehen würde. Für ihn war klar: Nach dem Studium komme ich zurück und befolge seine Heiratsanweisungen. Doch ich habe dann schon während meines Studiums in Deutschland Thomas geheiratet. Das war 1975. Mein Vater hat sich vor Wut die Hände zerbissen, aber meine Mutter hat ihm gesagt, er könne sich aussuchen, ob er nun aus Ärger stirbt oder sich beruhigt und noch ein paar Jahre lebt.

Aber dann ist ihr Vater doch auch nach Deutschland gekommen?

Ja, als sich abzeichnete, dass die Regierung in Afghanistan zusammenbrechen und eine kommunistische Führung an die Macht kommen würde. Ich bin mit meinem Mann noch 1976 hingeflogen, und wir haben meinem Vater gesagt, wenn er in Afghanistan bliebe, würde er sein Vermögen und möglicherweise auch sein Leben verlieren, und so ist er mit. Auch meine Mutter sollte natürlich mit, aber leider ist sie kurz vor unserer Ankunft gestorben. Dann kam die russische Besetzung und der schreckliche Krieg, sodass ich heilfroh war, nicht mehr in Afghanistan zu sein. Mein Vater konnte sich bei uns allerdings nicht mehr einleben, auch die Trauer um seine Frau veränderte ihn sehr. Schon im Flugzeug nach Deutschland band er sich einen Schal um die Augen. Sein Zimmer bei uns glich bald mehr dem Inneren eines Nomadenzeltes, er hatte alle Wände voller Tücher und Teppiche gehängt und trank ununterbrochen Tee und las im Koran.

Also quasi Afghanistan in einem Zimmer?

Ja, er ging irgendwann gar nicht mehr nach draußen und sprach auch kaum noch mit uns. Nur gegenüber meinem Sohn Kristian war er sehr aufgeschlossen. Kristian durfte immer in sein Zimmer hinein, und mein Vater hat ihm auf Paschtu Koransuren und Märchen vorgelesen. Und Kristian lauschte ihm immer sehr geduldig, auch wenn er anfangs gar nichts verstand. Vielleicht hat ihn meines Vaters rauchige tiefe Stimme so angezogen, ich weiß es nicht. Wir haben Kristian dann zweisprachig aufgezogen, also mit Deutsch und Paschtu, das ja auch meine Sprache war. Das Deutsch konnte ich nach einigen Jahren so leidlich, aber Kristian sprach bald beide Sprachen fließend.

Ok, lassen Sie uns zu dem Anruf kommen. Wann kam dieser Anruf aus Pakistan?

Bitte heute nicht, ich bin noch nicht soweit. Beim nächsten Mal vielleicht.

Dann machen wir es so. Ich wünsche Ihnen eine gute Woche.

Die Versehrten Allahs

Der Erste, der eintrat, hatte ein Auge nur. Dem Zweiten fehlte ein Bein, doch er humpelte unverdrossen mit seinem Holzbein dem Ersten nach in das Zimmer. Dem Dritten mangelte es gar an beidem; eine Anzahl russischer Schrapnelle hatte ihm vor vielen Jahren ein Bein und ein Auge zertrümmert. Der Vierte schließlich, der kam, hatte einen Arm weniger, und an den Fingern der anderen Hand fehlten Daumen und Zeigefinger. Dann waren sie vollzählig, die Versehrten Allahs, wie sie sich zuweilen nannten: Mullah Omar, der oberste Führer der Taliban, Mohammed Hassan Rahmani, der Gouverneur von Kandahar, Mullah Nuruddin Turabi, der Justizminister, und Achmed Nutassi, ein hoher Befehlshaber von der Nordfront.

Sie setzten sich auf gestickte Kissen, die auf dem Boden lagen. Nuruddin Turabi brauchte etwas länger, um sich mit seinem steifen Bein auf diese niedrige Sitzstufe zu befördern. Er sagte: »Omar, du bringst mich um mit deinen niedrigen Kissen. Bitte beschaff mir nächstes Mal einen Stuhl.«

»Verzeih mir, Nuruddin, nächstes Mal sollst du deinen Stuhl haben«, sagte Omar.

»Das sagst du jedes Mal«, entgegnete Nuruddin.

Es war Nachmittag, und einer von Omars Leibwächtern, mit Patronengürteln um den Leib und einer sowjetischen Offizierspistole an seiner rechten Seite, brachte ein Tablett mit Tee und Zucker. Die vier Männer bedienten sich.

»Es ist schön zu wissen«, sagte Nuruddin, nachdem er einen Schluck genommen hatte, »dass dein Wächter auch so guten Tee kochen kann. Was ist mit deinem Leibdiener? Schmeckt dir sein Tee nicht mehr?«

Omar kostete ebenfalls vom Tee und setzte die Tasse auf das kleine Tischchen vor ihm.

»Samil ist krank. Ich habe ihm gesagt, er soll zu Hause bleiben, bis es ihm besser geht.« Omars linkes gesundes Auge funkelte böse zu Nuruddin herüber. Das rechte Augenlid war zusammengenäht worden. Sodass man manchmal meinen konnte, fand Nuruddin, Omar würde einem verschwörerisch zublinzeln. Doch Omar blinzelte niemals irgendjemandem zu.

»Du bist doch sonst nicht so gütig zu deinen Leuten«, gab der Justizminister zurück. »Manchmal dachte ich schon, du würdest mich eines Tages bitten, den einen oder anderen wegen Faulheit ins Gefängnis werfen zu lassen.«

»Samil«, sagte Omar, »hatte Fieber und torkelte nur vor mir herum. Als er mir heißen Tee beinahe auf mein Bein schüttete, sagte ich ihm: Geh nach Hause, bis das Fieber weg ist. Es reicht, dass die Russen mir meinen halben Rücken verbrannt haben. Es müssen nicht noch die Beine oder etwas anderes sein.«

»Aha«, sagte Hassan, der Gouverneur von Kandahar. »Von deinem Rücken hast du bisher noch nie etwas erzählt.«

Omar machte eine wegwischende Handbewegung. »Wir sind nicht hier versammelt, um über Tee und meinen Rücken zu sprechen.«

Er blickte Achmed Nutassi an. Dieser hatte bisher geschwiegen und auch nur einmal an seinem Tee genippt. Nun sagte er trocken:

»Die räudigen Hunde Amerikas sind im Norden gelandet.«

Es trat eine kurze Pause ein. So als würden alle überlegen, wie man diese räudigen Hunde wieder fortjagen könnte.

Nuruddin sagte nach einer Weile: »Sagte uns Osama nicht, sie würden nicht vor dem nächsten Frühling kommen? Weil sie nicht so dumm seien, uns im Hochland im Winter anzugreifen?«

Omar schaute Nuruddin prüfend an. Es entstand eine bedrükkende Stille.

Dann fragte Hassan: »Wenn du mit uns militärische Fragen besprechen willst, wo ist dann unser Verteidigungsminister?«

Omar antwortete, ohne seinen Blick von Nuruddin zu lassen: »Die Meinung von Obaidullah ist mir bekannt. Er würde in den Tod gehen für Osama. Ich will jetzt eure Meinung hören.«

Immer noch blickte Omar Nuruddin an. Als würde er überlegen, was sein Justizminister als Nächstes sagen könnte, das ihm nicht passte.

»Also, Nuruddin, was ist deine Meinung? Was sollten wir jetzt tun?«

Nuruddin zögerte nicht lange.

»Schicke Osama außer Landes. Sein Krieg ist nicht der unsere. Er hasst Amerika, er hasst das Regime in seiner Heimat, und er glaubt, wenn er Amerika angreift, kann er in seiner Heimat einen Volksaufstand entfesseln und das Regime zum Wanken bringt. Das ist wirres Zeug. Und wir sollten nicht vergessen, dass die Saudis uns lange sehr geholfen haben. Warum also den Feind unserer Freunde beschützen? Schicke ihn fort, dann werden die Amerikaner ablassen von uns. Lass uns Allah dienen in unserem eigenen Land, wir brauchen keinen großen Krieg, der dieses Land noch weiter zerstört. Osama liegt nichts an Afghanistan. Er mag uns Geld gegeben haben, viel Geld, aber er liebt uns nicht wirklich.«

Omar kraulte seinen Bart. Dann sagte er leise, so als würde er ein Geheimnis aussprechen:

»Osama hat Afghanistan im Kampf gegen die Russen geholfen. Du kannst also nicht sagen, ihm liege gar nichts an unserem Land.

Und wenn wir zusammen mit ihm gegen die ungläubigen Russen gekämpft haben, warum dann sollten wir nicht gemeinsam gegen die ungläubigen Amerikaner kämpfen können. Amerika ist der ewige Feind des Islam.«

»Die Russen wollten unser Land, und das haben wir verhindert. Die Amerikaner wollen nicht unser Land, sie wollen Osama. Sie wollen Rache. Schicke ihn fort. Oder liefere ihn aus.«

Omar wandte seinen einäugigen Blick ab von Nuruddin und schaute Hassan an.

»Wir sind Paschtunen«, sagte Hassan. »Wenn ein Paschtune Gastfreundschaft gewährt, so wirft er seinen Gast nicht wieder hinaus, nur weil ein Ungläubiger es so will. Und Osama will das Kalifat errichten. Damit Allahs Wille wie einst vom Okzident bis zum Orient geschehe. Es mag ein Traum sein, aber ein Traum, für den zu kämpfen sich lohnt. Als Mohammed mit seiner kleinen Schar aufbrach, haben die Mächtigen ihn auch verlacht. Doch Mohammed und seine Nachfolger fegten sie hinweg, und es blieben nur bleiche Knochen von ihren Verhöhnungen übrig.«

Über Omars Gesicht schien ein Lächeln zu gleiten. Als sei sein verbrannter Rücken plötzlich auf wundersame Weise geheilt.

Nuruddin sagte: »Wenn das Kalifat kommt, wird unser Land von einem Kalifen fernab in Damaskus oder wo auch immer nicht anders geknechtet werden als wie durch die anderen großen Kalifen-Reiche zuvor in der Vergangenheit.«

Omar wies Nuruddin an, zu schweigen. Denn es war noch Nutassi an der Reihe. Der Befehlshaber der wichtigsten Front, mit dem Kommando über die meisten Männer.

Nutassi sagte: »Die Amerikaner können nicht kämpfen. Bei den ersten eigenen Toten werden sie weich und ziehen ab. Lasst uns diesen heiligen Krieg kämpfen, zur Ehre Allahs. Es wird ein harter Kampf, aber wir werden ihn mit Allahs Hilfe gewinnen.«

Es war mittlerweile draußen dunkel geworden. Niemand im Raum hatte Licht gemacht. Wie Schatten saßen sich die vier Männer gegenüber, schauten sich an und versuchten in den kaum noch sichtbaren Gesichtszügen die Gedankengänge der anderen zu lesen.

Nach einer Weile brach Omar das Schweigen.

»Nun, zwei von euch sind dafür, gegen die Amerikaner zu kämpfen, einer dagegen. Die Meinung unseres Verteidigungsministers habe ich euch bereits mitgeteilt. Er will auch kämpfen.«

Nuruddin fragte: »Was ist deine Meinung, Omar?«

Omar kraulte seinen Bart und schwieg eine Weile. Dann sagte er: »Ihr wisst, dass ich vor einigen Jahren versucht habe, Osama von seinen ständigen Drohungen gegenüber den Amerikanern abzuhalten. Nun, das ist lange her, die Geschichte ist einen anderen Weg gegangen, und Allah hat Osamas Vorgehen belohnt. Er gehört zu uns, und er ist der Mann meiner Tochter. Ich bin der Gatte der seinen Tochter. Er ist unser Gast. Wer in unser Land eindringt und einen Gast fordert, wird nur den Tod erhalten. Allah ist gütig zu denen, die ihn fürchten. Wir fürchten nur Allah, und nicht die Amerikaner.«

Die anderen konnten im Dunkeln erkennen, dass Omar eine Handbewegung machte. Die Sitzung war beendet, sie waren entlassen.

Draußen fragte Nuruddin leise Hassan: »Sind wir auf diesen Krieg vorbereitet?«

Hassan schaute ihn eine Weile an. Dann sagte er: »Ich denke, wir sind auf das Sterben vorbereitet. Das sollte ausreichen.«

Bismillah Khan

Am Morgen des 21. Oktober machte Buck Captain Miller und seine Männer mit einem örtlichen Befehlshaber der afghanischen Nordallianz, Bismillah Khan, bekannt.

»Hier sind die Jungs, die ich dir versprochen habe, Bismillah. Die haben gewaltig Feuer im Hintern«, sagte Buck. Er schaute Bismillah prüfend ins Gesicht, so wie ein Hautarzt, der nach Krebsflecken sucht. Bismillah besah sich die Ankömmlinge.

»Könnt ihr auch reiten?«, fragte er spöttisch. »Bei uns gibt es keine U-Bahnen und Busse. Und auch kein Rent a Car.«

»Zur Not setzt du sie halt auf ein paar Esel«, sagte Buck. »Auf jeden Fall aber können sie alle ein verdammt gutes Feuerwerk machen.«

»Dann zeigt mir euer Feuerwerk morgen gleich in der Frühe«, sagte Bismillah.

Am nächsten Morgen um sieben zogen Miller und drei weitere seiner Männer mit einem afghanischen Führer und einem Offizier Bismillahs auf Eseln und Pferden mehrere Stunden lang auf Schleichpfaden durch verschiedene Täler, bis sie in die Nähe einer größeren Stellung kamen, in der die Taliban seit Wochen offenbar mehrere Hundert Kämpfer sammelten. Miller und seinen Männern war von der ständigen Schunkel-Reiterei so übel, dass sie nach dem Absteigen von den Eseln und Pferden fast eine Viertelstunde brauchten, um wieder fest auf den Beinen zu stehen.

»Gut, dass die Taliban uns jetzt nicht angreifen«, meinte Bismillahs Offizier spöttisch in einem schwer verständlichen Englisch.

Miller und seine Männer besahen sich mit Ferngläsern die mit Maschinengewehren, Flak, Sandsäcken und Feldgeschützen gesicherte Stellung. Sie identifizierten die geografische Position mit GPS und setzten einen Lasermarker auf die Stellung. Dann sprach Miller wie eine Art Schamane eine rätselhafte Kombination aus Tiernamen, einzelnen Buchstaben und Zahlen in sein Funkgerät. Er zündete sich eine Zigarette an und sagte zu Bismillahs Offizier, der ihn etwas fragend anschaute:

»Wart's ab, das Feuerwerk wird gerade zusammengestellt.«

45 Minuten später hörten sie plötzlich ein Rauschen und Zischen, ohne ein Flugzeug oder sonst etwas sehen zu können. Dann gab es mehrere gewaltige Detonationen, und die Flak- und Ge-

schützstellungen der Taliban flogen drei Stockwerke hoch in die Luft. Bismillahs Offizier schaute mit offenem Mund zu.

»Die Feuerwerker von der Navy«, sagte Miller, »Das waren F-18-Jagdbomber von einem unserer Flugzeugträger im Indischen Ozean.« Und er fügte hinzu: »Pass auf, es wird noch besser. Gleich kommen die Jungs von der Air Force und zünden die ganz großen Knaller«.

Und als wäre dies gleichermaßen der Einsatzbefehl gewesen, regneten nur wenig später weitere Bomben mit geisterhafter Präzision auf die Taliban-Stellung. Miller und seine Männer schauten durch die Ferngläser dem Spektakel wie von einer Zirkustribüne aus zu. Immer wieder neue Bomben pulverisierten Dutzende von Fahrzeugen und Hunderte von Taliban-Kriegern. Miller zeigte Bismillahs Offizier ganz weit oben, in riesiger Höhe, die gerade noch erkennbaren Silhouetten und Kondensstreifen der achtstrahligen B-52-Bomber, die die lasergesteuerten Bomben abgeworfen hatten. So wie man einem Kind die Engel am Himmel zeigt, oder einem Kumpel die schönen, vorbeipromenierenden Frauen.

»Siehst du, das sind sie. Sie schicken Grüße aus New York.«

Und Bismillahs Offizier nickte mit seinem bärtigen Kopf, als sehe er schon den Sieg vom Himmel herunter schweben, den Sieg über die verhassten Taliban.

»Hey, Captain«, sagte John, einer seiner Männer, »mein achtjähriger Neffe macht es nicht besser, wenn er am Computer sitzt und Japse in die Luft bläst. Ich glaube, ich kann mich an diesen Job gewöhnen.«

»Ja«, sagte Miller, »wir werden uns dran gewöhnen. Aber vielleicht nicht zu sehr.«

»Ihr könnt wirklich ein Feuerwerk machen, Jungs«, sagte Bismillah, als sie zurück waren und sein Offizier ihm alles berichtet hatte. »Doch das war ein großes Ziel. Das Problem sind die vielen kleinen Taliban-Posten überall weiter draußen in den Bergtälern. Könnt ihr auch ganz kleine Feuerwerke machen? Genau dort, wo man sie braucht?«

»Ja, das können wir auch«, sagte Miller.

»Gut, wann wollt ihr wieder aufbrechen?«, fragte Bismillah.

»Übermorgen«, sagte Miller, »morgen müssen wir uns ein wenig ausruhen und unsere Ausrüstung überprüfen.«

»Gut, übermorgen dann«, sagte Bismillah und spazierte mit seinen weiten afghanischen Pumphosen davon.

Später am Abend trafen sich Miller und seine Männer noch mit Buck zum Essen. Das für sie abgestellte afghanische Personal hatte Reis und Fleisch gekocht. Es war, wie von Buck angekündigt, ein scharf gewürztes Essen, doch gut und ausreichend. Als sie satt waren und sich zum Schlafen fertig machten, stand John plötzlich mit voller Ausrüstung und einem der Zelte, die sie mitgebracht hatten, vor Miller. Auch Buck war noch im Raum und schaute die beiden etwas fragend an.

John sagte zu Miller: »Captain, bitte um Erlaubnis, ab sofort draußen mit Rutger zelten zu dürfen. Wir wollen nicht zu zivilisiert werden in diesen überwärmten afghanischen Gasthäusern.«

»John, nicht schon wieder«, sagte Miller, »warum können Sie nicht einfach einmal ein anderes Umfeld als das uns ursprünglich angekündigte akzeptieren?«

»Sir«, sagte John, »ich bin für das raue Leben draußen ausgebildet, nicht für warme Tantchen-Stuben.«

Miller überlegte eine Weile.

»Ok, John, hauen Sie ab. Aber platzieren Sie das Zelt so, dass man es nicht sofort sieht und sie uns bei einem Feuerüberfall per Flankenangriff helfen können. Und jeden Morgen sechs null null will ich Sie hier zum Appell sehen.«

»Ja, Sir«, sage John und verschwand.

Buck schien sehr verblüfft. Er fragte Miller: »Warum erlauben Sie das, diese Zersplitterung Ihrer Gruppe? Und draußen holt er sich, wenn es kälter wird, doch vielleicht noch eine Lungenentzündung?«

Miller schmunzelte.

»Na, mit den beiden draußen haben wir doch einen ganz guten Außenposten, wenn wir nachts überfallen werden sollten. Und wissen Sie so genau, wer hier in diesem unüberschaubaren Tal hinter dem nächsten Hügel sitzt?«

Buck sagte: »Das nehme ich Ihnen nicht ab, Miller. Dafür schauen Sie etwas zu nachdenklich aus.«

Miller entgegnete: »Unter uns gesagt: John taugt nicht zum Menschen. Er ist ein Tier, das draußen sein muss. Er wird krank, wenn er in einem Haus sitzen muss. Manchmal denke ich, er ist einfach eine Maschine. Ich weiß nicht viel von ihm aus der Zeit, bevor er zu unserer Einheit kam. Es geht das Gerücht, dass er sich in Mogadischu, 1993, als sein Trupp abgeschnitten wurde, zwei Wochen in einem Keller versteckt hat, bis er sich zu den anderen Einheiten durchschlagen konnte, als Einziger seines Trupps. Keine Ahnung, wie er da überlebt hat in dem Keller, und was er getrunken oder gegessen hat. Er ist mein Scharfschütze. Er schießt Ihnen einen Zahn aus dem Mund oder die ganze Brust entzwei, wenn Sie es ihm befehlen. Trotzdem habe ich meine Vorgesetzten gebeten, mir einen anderen Mann mitzugeben, da ich ihn psychisch für nicht geeignet hielt für diesen Einsatz. Aber meine Bitte wurde abgelehnt.«

Buck knackte an seinen Fingergelenken herum, als würde er sich die Handknochen einrenken: »Ich habe kein gutes Gefühl mit diesem Mann.«

Miller entgegnete: »Ich auch nicht. Aber das Militär ist nicht dafür da, mit jedermann lieb Kind zu sein. Und die CIA sicherlich auch nicht.«

Buck fragte: »Weiß John davon? Dass Sie ihn gar nicht haben wollten?«

»Ich glaube nicht«, sagte Miller.

»Sie glauben nicht… «, gab Buck zurück.

»In der Army«, sagte Miller, »können Sie nur glauben und mutmaßen, wissen nie. Wir wissen doch nicht einmal mehr, wann der

Gegner tot ist und wann nicht. Unsere Großväter im Zweiten Weltkrieg hatten es da vielleicht etwas einfacher. Die haben ihre Gegner noch eigenhändig umgebracht, und nicht ferngesteuert wie wir.«

»Nun«, sagte Buck, »dann wollen wir hoffen, dass Sie diese Tiermaschine John unter Kontrolle behalten werden, ob nun eigenhändig oder per Fernsteuerung.«

»Wir haben doch die Maschinen schon lange nicht mehr unter Kontrolle«, sagte Miller. Er legte sich auf seine Matte: »Egal, ich muss schlafen, war ein anstrengender Tag. Gute Nacht.«

»Gute Nacht«, sage Buck.

Ein Anruf aus Pakistan

Frau Schmidt, Sie wollten mir heute etwas über diesen Anruf erzählen. Was war passiert?

Dazu muss ich etwas weiter ausholen.

Ja bitte, tun Sie das.

Also, als mein Sohn sechzehn wurde, interessierte er sich immer lebhafter für meine Herkunft, für Afghanistan, für den Islam.

Hat Sie das denn beunruhigt?

Erst überhaupt nicht. Warum auch? Ich wollte ja nicht, dass die Erinnerung an meine Heimat verloren geht in unserer Familie. Mein Vater starb, als Kristian zehn war. Die nächsten Jahre interessierte sich der Junge gar nicht mehr für die »alten Geschichten«, wie er sagte. Er wollte auch nicht mehr Paschtu mit mir sprechen, was sehr hart für mich war. Doch wie gesagt, als er sechzehn wurde, änderte sich das mit einmal schlagartig.

Er wollte wieder mehr über meine Heimat wissen und auch wieder viel Paschtu sprechen, und ich musste ihm alles erzählen aus unserer Familie. Das habe ich auch gerne getan. Aber als er dann immer öfter sagte, er wolle, sobald er volljährig sei, nach Afghanistan, in das Land seiner Vorfahren, war ich entsetzt.

Was haben Sie ihm gesagt? Und wann war das?

Das war 1992, als er sechzehn war. Ich sagte ihm, Afghanistan ist ein Land aus Krieg und Schmerz, geh nicht dort hin, vielleicht irgendwann, aber nicht jetzt.

Und wie ist es ausgegangen?

Irgendwann hat er eingesehen, dass Afghanistan selbst keine gute Wahl war. Auch weil ja Mitte der Neunziger die Taliban an die Macht gekommen waren, das hat ihn damals sehr abgeschreckt. Aber dann hat er kurz nach seinem achtzehnten Geburtstag von einer Lepra-Organisation in Pakistan gehört, die auch sehr viele afghanische Bürgerkriegsflüchtlinge im Westen Pakistans, also an der Grenze zu meiner Heimat, betreut. Dorthin ist er dann gegangen. Die haben ihn natürlich wegen seiner Sprachkenntnisse mit Kusshand genommen. Wir mussten ihn schweren Herzens ziehen lassen. Die Organisation, zu der er ist, war schon professionell, aber wer lässt sein Kind gerne zur Leprabekämpfung gehen, wenn man ehrlich ist.

Und kam er manchmal nach Hause?

Ja, ein- bis zweimal im Jahr für jeweils einige Wochen. Er hatte sich total verändert, war natürlich reifer und erfahrener geworden, auch verbitterter angesichts des Leids, das er dort jeden Tag sehen musste und über das er mit uns gar nicht sprechen wollte. Er sagte auch, dort unten sei eine ältere Frau, eine Ärztin aus Deutschland, es sei unglaublich, was diese Frau leiste, sie halte die ganze Organisation am Leben.

Welche Frau war das?

Schwester Martha hieß sie. Ihren vollen Namen weiß ich gar nicht.

Was passierte dann?

Nach dem 11. September waren wir natürlich sehr beunruhigt, weil ja auch Pakistan jederzeit Kriegsgebiet werden konnte. Wir haben versucht, ihn dort telefonisch zu erreichen. Tagelang kamen wir gar nicht erst durch. Als würde das internationale Telefonnetz kochen. Als wir ihn dann endlich erreichten, sagte er uns zu unserem Entsetzen, dass er entgegen der Empfehlung des Auswärtigen Amtes im Lager in Pakistan bleiben würde, wie einige wenige andere auch, unter ihnen Schwester Martha, die er wohl sehr bewunderte. Sein Platz sei nun dort, wo bald wegen des zu erwartenden Einmarsches der USA viele Kriegsflüchtlinge eintreffen würden. Dann, am 21. Oktober 2001, teilte uns das Missionswerk, in dem mein Sohn arbeitete, per Telegramm mit, dass Kristian verschwunden sei, vermutlich entführt.

Gab es eine Lösegeldforderung?

Ja, zwei sogar. Eine Ende Oktober, die eine Woche später wiederholt wurde. Sie belief sich auf 500.000 Dollar. Soviel Geld hatten mein Mann und ich nicht einmal ansatzweise.

Haben die Entführer gesagt, zu welchem Lager oder welcher Gruppe sie gehören?

Nein, es gab keinerlei politische oder religiöse Verlautbarung. Das Auswärtige Amt sagte uns, das seien wahrscheinlich reine Kriminelle, denen es nur um das Geld ging. Trotz des zeitlichen Zusammenhangs zum 11. September. Kriminelle, die vielleicht die damalige Überforderung der Behörden durch die Ereignisse ausnutzen wollten.

Das muss furchtbar für Sie gewesen sein.

Wie wäre es für Sie, wenn Sie erfahren, dass Ihr Sohn auf einmal verschwunden ist und es aufgrund der Umstände wenig Hoffnung gibt. Sie leben nicht mehr, Sie sind nur noch ein lahmendes Uhrwerk in irgendeiner Ecke.

Der Lieblingsfilm des Sheik

»Wasim, dein Talent wird wieder gebraucht.«

Wasim nahm seinen Werkzeugkoffer und stieg die kleine Böschung hinunter bis zur Lehmhütte des Sheiks. Die beiden Leibwächter vor dem Eingang ließen ihn ohne Kontrolle hinein. Denn Wasim war auch ein Leibwächter. Nur hatte er diesen Nachmittag eigentlich dienstfrei und sich gerade zum Schlafen hingelegt, als ihn der Ruf erreichte, zur Hütte des Sheiks zu kommen.

»Mal wieder der Stromgenerator«, sagte einer der Türwächter zu Wasim. »Mach schnell, er braucht ihn.«

Wasim betrat die Hütte. Eine flackernde Kerosinlampe beleuchtete das Innere. Der Sheik lag angezogen auf seinem Bett, neben sich ein Dialysegerät und vor sich einen Fernseher mit Videorekorder.

»Salam aleikum«, sagte Wasim.

»Aleikum salam«, sagte der Sheik, ohne ihn anzuschauen. Über seinem weißen Gewand trug er eine grüne Tarnjacke. Nur sein linker Unterarm war frei. Dort hinein gingen die Schläuche des Dialysegerätes.

Dann sagte der Sheik: »Normalerweise funktioniert die russische Technik besser, aber diesmal ist es wohl etwas Ernsteres. Aber ich brauche wieder sauberes Blut. Und ich will meinen Videofilm schauen.«

Wasim sagte: »Ich werde sehen, was sich machen lässt.«

Er nahm einige Werkzeuge aus seinem Koffer und öffnete den Generator. Manchmal, wenn er all dieses Werkzeug sah, kam in ihm die Vorstellung auf, einen der Schraubenzieher zu nehmen und auf diesen Mann vor ihm einzustechen. Einfach so. Am besten dort, wo die Leber war. Er wusste nicht, warum ihm diese quälende Vorstellung immer wieder kam. Mit niemandem traute er sich darüber zu sprechen. Er liebte den Sheik. Niemals würde er ihn töten.

Nach fünf Minuten war der Generator repariert. Man konnte wieder das Rauschen des Dialysegeräts und das Summen des Videorekorders hören. Der Sheik starrte auf die Bilder, die das Video abspielte. Das machte er seit Wochen, jeden Tag schaute er sich mindestens eine Stunde lang immer wieder dasselbe Video an. Das, was er seinen Gnadenfilm nannte. Als suche er nach Szenen oder Details, die er bisher übersehen hatte. Es wurde seinen Leibwächtern langsam unheimlich.

Wasim packte seinen Werkzeugkoffer zusammen und wollte gehen. Plötzlich hörte er den Sheik sagen: »Bleib noch ein wenig, Wasim. Setz dich zu mir hier auf den Stuhl.«

Wasim nahm Platz auf dem Stuhl. Man musste dem Sheik gehorchen.

Beide schwiegen. Der Sheik starrte auf die Bilder, die das Video zeigte, und Wasim starrte mit auf den Bildschirm. Bei diesen Bildern konnte man auch nur starren.

»Groß bist du, Sheik, weise und groß«, sagte Wasim. Das sagte er meistens, wenn er beim Sheik war. Etwas anderes kam einem kaum über die Lippen, die sich dann immer ganz trocken anfühlten.

»Nicht ich bin groß, sondern allein Allah«, antwortete der Sheik. »Schau dir diese Bilder genau an. Niemals hätten die beiden Flugzeuge allein die beiden Türme vollständig vernichten können. Nur die oberen zwanzig oder dreißig Stockwerke wären abgebrannt.

Allah ließ es geschehen, dass die Türme trotzdem vollständig einstürzten. Mit nichts anderem hätte er uns mehr belohnen können.«

Wasim nickte. Er hatte von anderen im Camp gehört, dass die Türme deswegen einstürzten, weil die enorme Hitze durch das brennende Flugzeugkerosin die Stahlträger verbogen hatte. Das wusste auch der Sheik. Aber da Allah alles auf dieser Welt bewirkte oder verhinderte, war es dennoch Allahs Werk. Die Belohnung für die mutige Tat, die die Flugzeugentführer getan hatten im Kampf gegen die Ungläubigen.

Plötzlich sagte Wasim: »Was werden wir nun tun, Sheik?«

Er war überrascht über seine eigene Frage. Es war eine gefährliche Frage. Denn es war ein ungeschriebenes Gesetz, dass der Sheik immer wusste, was zu tun war. Und Fragen deshalb eigentlich schon Verrat.

Doch seit Wochen lagen sie in diesem Camp, trainierten, aßen, schliefen, trainierten. Dass die Amerikaner bereits im Norden gelandet waren, wussten alle. Die Taliban-Kommandeure meldeten schon erste Luftangriffe von dort. Noch nichts Verheerendes, aber allen war klar, dass dies nur der Anfang war. Das »Warmschießen«, wie ihr Camp-Kommandant sagte. Doch niemand im Lager schien einen Plan zu haben, was nun zu tun sei. Niemand gab sinnvolle Befehle aus. Sie sollten neben dem Training nur immer ihre Waffen reinigen. Als ob gereinigte Kalaschnikows und 2-cm Flak mehr gegen die modernen Jagdbomber der Amerikaner ausrichten könnten als ungereinigte. Und auch der Sheik sagte immer nur: »Haltet euch bereit.«

Deswegen war diese Frage aus Wasim herausgeplatzt: »Was werden wir nun tun, Sheik?«

Der Sheik stoppte das Video mit der Fernbedienung. Einige Zeit lang starrte er still vor sich hin. So als würde er dem rauschenden Dialysegerät, das dreimal die Woche sein Blut reinigte, zuhören. Wie einem unentwegt rinnenden Bächlein im Paradies.

Dann sagte er: »Jedem von uns hat Allah seinen Platz gegeben in diesem Kampf gegen die Ungläubigen. Und Geduld ist die Tugend aller heiligen Krieger.«

Wieder herrschte einige Zeit lang Stille. So als würde der Sheik überlegen, welche Tugenden ein heiliger Krieger noch haben sollte. Plötzlich begann der Stromgenerator erneut zu rappeln.

Wasim stand auf von seinem Stuhl und öffnete noch einmal den Werkzeugkoffer. Er nahm einen Schraubenzieher. Er fühlte diesen kalten Stahl in seiner Hand. Er umfasste den Griff so fest mit seiner Faust, als habe er Angst, jemand wolle ihm diesen Schraubenzieher wieder wegnehmen. Dann, plötzlich, ging alles sehr schnell. Ruckartig drehte sich Wasim um. Zum Sheik. Er stach mit dem Schraubenzieher auf seinen Bauch ein. Einmal, zweimal, immer wieder. Auf die Leber. Wenn die Leber zerfetzt war, gab es keine Rettung. Niemand konnte das mehr operieren. So hatte Wasim es in den Camps gelernt. Hast du ein Messer und willst jemand töten, suche die Leber. Wasim stach wie von Sinnen auf den Bauch des Sheiks ein. Das Blut spritzte in sein Gesicht.

Dann, wie aus weiter Ferne, hörte Wasim eine Stimme:

»Wasim, was ist? Wasim…«

Es war die Stimme des Sheiks. Wasim stand immer noch vor dem Werkzeugkoffer mit dem Schraubenzieher in der Hand. Er kam zu sich.

»Wasim, was ist los? Du stehst wie abwesend am Werkzeugkoffer und starrst nur vor dich hin.«

Wasim öffnete noch einmal den Generator und zog eine Schraube fester. Der Generator ruckelte nicht mehr.

Als Wasim den Schraubenzieher wieder in den Werkzeugkoffer packte, sagte der Sheik: »Wasim, willst du mir etwas sagen?«

Wasim fiel auf die Knie. Er konnte nicht anders. Der ganzen Länge nach legte er sich bäuchlings auf den Boden. Vor das Bett des Sheiks. Dann platzte es aus Wasim heraus: »Sheik, immer wieder überkommt mich die grässliche Vorstellung, dich zu töten, mit einem Werkzeug oder einem Messer auf dich einzustechen. Obwohl niemand es mir befohlen hat. Obwohl ich dich liebe und verehre.«

Nun hatte er es gesagt. Es musste raus. Wasim fühlte sich befreit. Sollten die anderen Leibwächter nun kommen und ihn hinter der Hütte exekutieren. Es war ihm gleich.

Dann hörte er die Stimme des Sheiks: »Du bist nicht der Einzige, der die Vorstellung hat, mich zu töten. Wenn es Allahs Wille ist, dass du oder ein anderer mich eines Tages tötet, so wird es geschehen. Doch dieser Tag ist noch nicht gekommen. Geh nun hinaus und bereite dich wie die anderen auf den Kampf gegen die Amerikaner vor.«

Wasim stand auf, nahm seinen Werkzeugkoffer und verließ das Zelt. Immer würde er den Sheik lieben. Lieben bis zu jenem Tag, an dem sie alle, der Sheik, Wasim und die anderen hier im Camp, ohne Angst, ohne Hass, ohne Trauer, als heilige Kämpfer in die Erinnerung eingehen würden. Um in den Gärten des Paradieses für immer den Hauch Allahs, des ewig Allmächtigen, des Tilgers aller Schuld, zu empfangen.

Blutrache

Am Morgen des übernächsten Tages brachen sie erneut auf, Miller, John, Rutger sowie Albert, der medizinische Unteroffizier. Auch Buck, der CIA-Agent, kam dieses Mal mit. Ein halb verrosteter sowjetischer Helikopter, von den Mudschahidin vor über einem Jahrzehnt vom Himmel herunter geholt und wieder instand gesetzt, brachte sie schaukelnd in ein entlegenes Tal, und es war den Männern, als verenge sich hier die Welt endgültig zu Stein, Eis, Wind und Kälte. Zuweilen schien der Hubschrauber mit seinen flatternden Rotorblättern fast die Berghänge zu berühren. Miller war froh, als der afghanische Pilot ihnen radebrechte, dass er nun landen müsse, weil das Tal zum Weiterfliegen zu eng würde. Grün vor Übelkeit kletterten die Männer aus dem Hubschrauber hinaus, und John meinte:

»Scheint, wir sind nur zum Kotzen hier, Captain. Hab vorgestern schon alles von mir gegeben, wegen dieser blöden Eselsreiterei.«

»Kann sein, dass wir zum Kotzen hier sind«, sagte Rutger zu John, »aber es gibt hier noch ein paar Bastarde, die unsere Kotze fressen sollen.«

»Wer eine Tablette wegen der Übelkeit braucht… «, sagte Albert.

»Ich brauch Ihr Giftzeug nicht«, sagte John zu Albert.

Sie überprüften ihre Ausrüstung und machten sich zum Abmarsch bereit. Nach einer halben Stunde kamen wie vereinbart zwei afghanische Führer, Kadir und Abdullah. Beide sprachen kein Englisch, doch Buck konnte sich mit fremdartigen Wortkaskaden und per Handzeichen mit ihnen verständigen. So als würde er auf einem orientalischen Basar feilschen.

»Das erste Ziel ist etwa fünf Meilen südlich von hier entfernt auf einer Hochebene, ein Taliban-Kontrollposten«, sagte Buck. »Kadir und Abdullah werden euch führen. Wenn es gut läuft, auch zu weiteren Zielen. Ich hole Euch in drei Tagen hier mit dem Hubschrauber ab.«

»Na, dann wollen wir denen auch mal ein Feuerwerk aus New York zeigen«, meinte Miller.

Sie zogen los. Nach etwa einer Stunde Fußmarsch durch unwegsames Gelände erreichten sie die Hochebene, auf der hinter Sandsäcken und Steinmauern eine Stellung der Taliban errichtet war, um die Straßenpiste zu sichern, die über diese Ebene führte. Wieder markierten Millers Männer die Stellung mit Laser, wieder kam knapp eine Stunde später ein US-Bomber und pulverisierte alles in wenigen Minuten, so als ob ein böser Zauberer seinen heißen Atem über eine Ansammlung von Papierfiguren geschickt hätte, die nun zu Asche und glühendem Staub zerflatterten.

Dann ging es zum nächsten Ziel. Miller und seine Männer hatten bald das Gefühl, nur noch eine Art schwerbewaffnete und getarnte Gruppe von Landvermessern zu sein, die durch ein ihnen unbekanntes Land zogen, Koordinaten ermittelten, Lasermarkierungen setzten und ihre fliegenden Freunde herbeiriefen. Da sie annehmen mussten, dass die Taliban mit jedem dieser Angriffe vorsichtiger wurden und auch verstärkt Spähtrupps ausschicken würden, operierten sie ab dem zweiten Tag nur noch nachts mit Infrarotsichtgeräten. Tagsüber verbargen sie sich in Höhlen oder Felsvorsprüngen, von denen ihre beiden Führer zahlreiche kannten.

Als sie drei Tage später am verabredeten Platz wieder auf Buck und den Hubschrauber trafen, wechselte Buck nach der Begrüßung einige Worte mit Abdullah. Eine Weile lang knackte Buck mit seiner rechten Hand an seinem linken Zeigefinger herum. Dann sagte er zu Miller.

»Captain, Abdullah sagt, es gibt noch ein Ziel, in einem Tal östlich von hier, etwa drei Meilen entfernt, ein Taliban-Dorf, von dem aus sie regelmäßig Spähtrupps senden und auch Rekruten aus den umliegenden Dörfern mit Gewalt in den Militärdienst einpressen. Können wir das noch vor unserem Rückflug erledigen?«

»Das können wir«, sagte Miller zu Buck.

»Ich komme dieses Mal mit«, sagte Buck.

»Schaffen Sie das denn, Buck?«, fragte Albert, der als Mediziner etwas besorgt war.

»Ich mag zwanzig Jahre älter sein als Sie«, grinste Buck, »aber alle paar Wochen ein Spaziergang in gesunder Bergluft kann nicht schaden.«

Sie stiegen mühsam ein Tal hinauf, über Trampelpfade und Geröllhänge sowie an Bergbächen entlang, und erreichten das Dorf nach etwa zwei Stunden. Es bestand aus mehreren Lehm- und Steinhütten, und Miller sah auch einige Kinder auf einem kleinen Platz spielen, als er das Dorf durch das Fernglas betrachtete. Er setzte das Fernglas ab und starrte eine Weile nachdenklich in den Himmel. So als würde er die Bomber jetzt schon erwarten, lange bevor er die Zielkoordinaten durchgegeben hatte.

»Captain«, fragte John, »ist was nicht in Ordnung?«

»Ist alles ok, John«, sagte Miller, »mir war nur kurz schwindelig von diesem verdammten Gekraxel hierauf.«

»Wusste nicht«, sagte John, »dass man Captain bei uns wird, wenn einem so schnell schwindelig wird.«

»Ist alles klar bei euch, Jungs?«, fragte Buck.

»Alles klar, Buck«, sagte Miller, »Das ist das Dorf?«

»Das ist das Dorf«, sagte Buck.

Miller nahm die GPS-Koordinaten auf und sagte zu John: »Lasermarkierung auf das große Gebäude am rechten Dorfrand.« Er sagte nicht, dass dieses Gebäude am weitesten entfernt war von dem Platz, an dem er die Kinder gesehen hatte. Es war ohnehin sinnlos, die Kinder würden in jedem Fall sterben, die Bombensplitter hatten eine viel zu große Reichweite. Dann forderte Miller den Einsatz an. Er schaute die ganze nächste halbe Stunde nicht mehr durch das Fernglas, was John wunderte, denn sonst hatte Miller immer durch diese beiden Gläser gestarrt, bis die Bomben kamen. Als wollte er nichts verpassen.

Als sie nach einer Stunde wieder auf dem Rückweg waren, sagte Miller:

»Buck, nehmen Sie es mir nicht übel, aber irgendwas mit dem Dorf, das wir gerade zerstört haben, stimmte doch nicht. Das war doch kein Taliban-Dorf. Vielleicht hat sich Abdullah geirrt.«

»Es war kein Taliban-Dorf«, sagte Buck, als würde er übers Wetter reden. »Aber Abdullah hat sich auch nicht geirrt.«

Miller blieb stehen und schaute Buck verblüfft an.

»Was soll das heißen?«

»Es war ein Dorf, mit dessen Familie Abdullahs Familie seit drei Generationen eine Blutfehde hat. Es war seine Bedingung, dass wir, wenn er euch die drei Tage führt, dieses Dorf zerstören. Diese Führung ist lebensgefährlich für ihn. Wenn die Taliban ihn kriegen, sind er und seine Familie nur noch ein Haufen Fleisch. Es war seine Bedingung.«

Miller brachte kein Wort mehr hervor, er hatte auf einmal das Gefühl, dass die Ausrüstung auf seinem Rücken und an seiner Seite so schwer war, dass er gleich umfallen musste. Er stammelte:

»Das Dorf, die Kinder,... alles nur wegen einer Blutfehde?«

Buck schaute ihn eine Weile an. Dann sagte er:

»New York, Miller. Vergessen Sie das nicht!«

Miller schaute Buck immer noch fassungslos an. Dann strich er sich mit der Hand über sein Gesicht und sagte, als würde auch er übers Wetter reden:

»Ja, New York«.

Sie gingen weiter, in Richtung Hubschrauber-Landeplatz.

Ein teurer Flug

Was geschah dann? Nach dem Eintreffen der Lösegeldforderungen?

> Also das Auswärtige Amt war in den Wochen nach dem 11. September natürlich stark überlastet, wegen der deutschen Todesopfer, den politischen Implikationen der Anschläge, den Reiseunsicherheiten und so weiter. Aber man hat alles versucht, um uns zu helfen, wir hatten eine Telefonhotline direkt ins Auswärtige Amt. Aber nach der zweiten Lösegeldforderung brach der Kontakt zu den Entführern ab, es gab keine weiteren Nachrichten mehr. Wir wussten nicht einmal, wann und wohin genau das Geld hätte gebracht oder geschickt werden sollen.

Wäre denn diese hohe Summe vom Auswärtigen Amt gezahlt worden?

> Das weiß ich nicht. Die Beamten sagten uns dauernd, man werde alles Menschenmögliche tun, um Kristians Leben zu retten. Also ich glaube schon, dass sie gezahlt hätten. Aber die Frage

war letztlich theoretisch, weil wie gesagt der Kontakt dann abbrach.

Wie hat das Auswärtige Amt das eingeschätzt?

Sie haben uns natürlich gesagt, das sei ein schlechtes Zeichen. Vielleicht hätten die Entführer sich zerstritten, vielleicht sei Kristian bereits tot, also das war natürlich furchtbar.

Und was haben Sie dann gemacht?

So habe ich mich eigentlich auch sofort entschlossen, selbst runter zu fliegen. Ich sagte mir, ich kann hier zu Hause nicht rumsitzen, und ich gebe die Hoffnung nicht auf.

Und Ihr Mann?

Er wollte natürlich mit, aber er war zu dieser Zeit zu krank, und außerdem wäre er sofort als westlicher Ausländer aufgefallen, sodass es viel zu riskant gewesen wäre.

Also Sie ganz allein nach Pakistan, und dann als Frau inmitten einer patriarchalischen Welt?

Ganz allein war ich nicht, ich habe einen Bruder in Pakistan, der dorthin geflüchtet ist, als die Russen Afghanistan besetzt hatten, und sich dort in einer Grenzstadt eine neue kleine Existenz aufgebaut hat.

Wie sind Sie nach Pakistan gekommen?

Es war gar nicht so schwer, einen Flieger zu kriegen, wie ich dachte. Die europäischen und amerikanischen Airlines haben ihre Flüge nach Pakistan nach dem 11. September natürlich eingestellt oder drastisch eingeschränkt, man hatte ja die nicht ganz unberechtigte Angst, nicht nur in Afghanistan, sondern auch im Nachbarland würde ein Krieg ausbrechen. Aber PIA, also die Pakistani International Airline, ist natürlich weiter geflogen, und es gab plötzlich viele freie Plätze in ihren Maschinen, weil fast alle Europäer und Amerikaner ihre Flüge nach Pakistan storniert hatten nach dem 11. September. Also ich bin von Düsseldorf nach Frankfurt und von dort mit Turkish Airlines nach Istanbul und von dort mit einer PIA-Maschine nach Karatschi in Südpakistan.

Und die Kontrollen an den Flughäfen?

In Frankfurt wurden natürlich die Fluggäste für US- und europäische Airlines sehr genau kontrolliert, aber Turkish Airlines? Man hatte nur Angst um europäische, amerikanische und natürlich israelische Maschinen, aber nicht um türkische. Wir wurden einfach durchgewunken, was auch gut war, da ich ziemlich viel Bargeld dabei hatte.

Wie viel?

50.000 Dollar.

Woher hatten Sie das Geld?

Mein Vater hatte in Afghanistan ein kleines Vermögen angesammelt, auch in ausländischen Währungen, und beiseite gelegt. Geld, das wir damals nach Deutschland haben retten können.

Das hätte aber als Lösegeld nie gereicht.

Das war mir schon klar. Ich bin einfach runter mit soviel Geld wie möglich, um mein Kind zu finden.

Und in Karatschi? Als Sie in Pakistan ankamen? Hat man Sie da nicht kontrolliert?

Ja, in Karatschi war es schwierig. Da ich mittlerweile einen deutschen Pass hatte, mein afghanischer war schon lange abgelaufen, hat mich der Grenzbeamte am Flughafen in ein Hinterzimmer gewunken. Dort saßen ein Geheimdienstoffizier und ein Polizist. Sie fragten, was ich als Deutsche in Pakistan wolle, es würden so gut wie keine Deutsche jetzt nach den Anschlägen ins Land kommen, da sei mein Besuch schon sehr verdächtig. Ich habe Ihnen die Wahrheit erzählt und sie ließen mich gehen. Allerdings hat es mich 2000 Dollar gekostet, dass sie mir alles Gute wünschten. Aber ich musste nach Pakistan rein, es gab keinen anderen Weg.

Ganz schön teuer, der Anflug.

Ich hatte mit mehr gerechnet. Ich hatte Glück, dass die beiden mich überhaupt reinließen.

Und wie ging es dann weiter?

Da ich als Afghanin nicht weiter auffiel und mich wie eine pakistanische Frau kleidete, gab es dann erst einmal keine weiteren Schwierigkeiten. Ich bin mit kleinen inländischen Airlines und Buslinien weiter rein nach Pakistan, da flogen oder fuhren sozusagen die Hühner mit auf unseren Sitzen, und mein Pass ist nicht mehr kontrolliert worden.

»Geh, und hilf unseren Brüdern und Schwestern«

»Geh, und hilf unseren bosnischen Brüdern und Schwestern, auf dass ihr Schmerz nicht ewig sei!«

Und Wasim bin Yusuf ging. Denn auch ihm war einst der Schmerz genommen worden. Geboren 1973 in einem palästinensischen Flüchtlingslager in Jordanien, hatte er seine ganze Jugend in einer engen Baracke verbracht, zusammen mit fünf Erwachsenen und einem Dutzend anderer Kinder. Jeden Morgen standen Wasim und seine Geschwister Schlange an einem Tankwagen mit Wasser, das oft so braun war wie die Schmutzbrühe in den Gassen des Camps. Jeden Mittag bettelten sie an Fahrzeugen der UNO um Mehl, Milch, Decken und Kleider. Jeden Abend schauten sie in ihrer Baracke fern, mit einem von einer Autobatterie betriebenen kleinen Fernseher, der ihr ganzer Stolz war, nur um zu sehen, dass die Welt sie, die Palästinenser, lange schon vergessen hatte. Und jede Nacht schrien der Vater, Wasims Onkel und seine älteren Brüder bis zum Morgengrauen ihren Hass über Israel aus ihren Seelen, Israel, das Land Satans, das sie und Hunderttausende anderer Palästinenser vertrieben hatte aus ihrem eigenen Land und zu Bettlern, Vagabunden, Aussätzigen gemacht hatte.

So zogen die Tage für Wasim dahin. Manchmal geschah etwas. Seine dreijährige Schwester starb, weil der jordanische Arzt, der zuweilen ins Lager kam, ihr ohne Vorauszahlung in bar keine Medikamente verabreichen wollte. Seinen ältesten Bruder holte eines Tages der Geheimdienst ab, und niemand sah ihn je wieder. Als Wasim sechzehn war, lernte er im Camp ein Mädchen kennen, Aicha mit Namen. Er schenkte ihr eine Armbanduhr, für die er sich drei Monate lang in einer Phosphatmine in der Nähe Ammans fast zu Tode geschuftet hatte, und ihr Gesicht leuchtete so voller Freude und Dankbarkeit, dass Wasim zum ersten Mal glaubte, glücklich zu sein. Sie verliebten sich ineinander und träumten davon, eines Tages aufzubrechen, nach Europa oder Amerika, und jenseits aller Lager nur aus der Kraft ihrer eigenen Hände zu leben, Kinder zu haben, in die Tage hineinzutreiben ohne Angst, ohne Hass, ohne Scham. Doch eines Tages war Aicha verschwunden, samt ihrer Uhr und ihrer Familie. So als hätte der Geheimdienst auch sie geholt. Ein Nachbar erzählte Wasim, die Familie sei nach Syrien gegangen, zu Verwandten und einem vielleicht besseren Leben. Wie ein geprügelter Hund, am eigenen Schmerz fast erstickend, schlich Wasim nach Hause, und ihm war, als sei er nur noch eine tote Hülle aus

Fleisch und Haut, als sei all sein warmes Blut versickert im staubigen Boden des Camps.

Dann, eines Tages, kam ein Mann. Hochgewachsen war dieser Mann. Er trug nicht das im Camp übliche schwarzweiße Tuch der Palästinenser, auch nicht das rot-weiße Beduinentuch der Jordanier, sondern er trug einen Turban, einen großen Turban, und sein Bart war schwarz und lang. Der Mann war allein, ohne jede Begleitung, ohne Waffen. Es war fast, als sei er ein Prophet.

Doch zuerst sagte der Mann nichts. Lange ging er durch die engen Gassen des Camps und schaute sich alles an. Die Zelte, die baufälligen Baracken, die von Exkrementen und Tierkadavern übersäten Gassen, die überfüllte und verschmutzte Krankenstation. Alles begutachtete er. So als wolle er das Camp kaufen. Immer mehr Menschen folgten ihm, voller Neugier und Spannung. Auch Wasim war unter den Neugierigen. Er spürte, dass dieser Mann anders war als die, die manchmal aus Amman oder Damaskus kamen und sagten: Alles wird besser. Und dann wieder verschwanden, ohne dass je etwas besser wurde. Plötzlich, auf einem größeren Platz, blieb der Mann stehen, so als habe er genug gesehen. Er begann zu sprechen. Er sprach mit einer festen, unbeugsamen Stimme. So als sei all das, was er sagte, richtig und wahr. Als gebe es gar keine andere Möglichkeit. Und Wasim horchte auf, so wie die anderen um ihn herum.

»Brüder und Schwestern«, sagte der Mann, »was schimpft ihr auf Israel, das euch vor so vielen Jahren vertrieb, aus eurem geliebten Palästina? Es wird der Tag kommen, an dem Jerusalem, das heilige Jerusalem, wieder eine Stadt der Muslime sein wird. Doch dieser Tag ist nicht jetzt. Denn, Brüder, schaut euch um. Warum lebt ihr hier wie die Schweine? Habt ihr euch nie gefragt, warum nicht diejenigen euch helfen, die in Amman und Riad, in Kairo und Damaskus sitzen und vorgeben, eure Brüder im Glauben zu sein? Und euch dennoch hier dahinvegetieren und sterben lassen, ohne sauberes Wasser, ohne ausreichend Essen und Medikamente? Sagt nicht die Schrift Allahs: Gebt den Bedürftigen? Doch die, die in Amman und Riad, in Kairo und Damaskus mit ihren Reichtümern und Konkubinen leben, was geben sie euch außer Lügen, Hunger und Schande? Brüder, ich sage euch: Nicht Israel ist der wahre Feind, sondern die Herrschenden in euren eigenen Ländern. Träumt nicht vom Kampf gegen Israel, sondern kämpft gegen sie, die Korrupten, die Heuchler, die der Sünde Verfallenen. Und kämpft gegen Amerika, denn nur wegen Amerika können sie in ihren Palästen überleben und euch hier dahinvegetieren lassen. Und wenn diese gottlosen Heuchler fallen und Allahs Herrschaft wieder aufgerichtet sein wird, dann wird, so glaubt mir, der Tag kommen, an dem auch Israel fällt und ihr in eure Heimat zurückkönnt. Allah ist groß, größer als jeder von euch es jemals sich vorstellen kann. Doch ihr müsst kämpfen und nicht hier dahindämmern, bis ihr vor Hunger oder Hoffnungslosigkeit sterbt. Kämpft, denn Allah ist mit denen, die für sein Reich kämpfen.«

Das alles sagte der Mann. Es klang so einleuchtend, was er sagte. Ja, sie waren nur Vieh. Vieh, das die Herrschenden in Amman und anderswo dahinsiechen ließen, ohne Hoffnung auf ein besseres Leben. Ja, sie würden kämpfen müssen, denn Allah belohnte die Mutigen, nicht die Feigen und Hoffnungslosen.

Am nächsten Morgen kam der Mann wieder. Doch diesmal standen einige Lastwagen auf dem Platz, mit bewaffneten Männern vorne auf den Sitzen. Und der Mann, der gestern noch ohne Waffen gewesen war, trug jetzt auch ein Gewehr. Als sei er nun kein Prophet mehr, sondern ein Heerführer. Der Mann sagte, dass diejenigen, die kämpfen wollten für Allahs Reich, für Palästina, und gegen die Heuchler in den Herrscherpalästen, gegen Amerika und gegen Israel, nun mitkommen könnten. Einfach so könnten sie mitkommen, ohne alles. Nur mit ihren Kleidern am Leib.

Fast fünfzig junge Männer nahmen auf den Lastwagen Platz. Wasim war unter ihnen. Er war nicht mehr nach Hause gegangen seit gestern Abend. Die ganze Nacht war er durch das Camp gezogen und hatte über das nachgedacht, was dieser Mann gesagt hatte.

Wasim wurde ein Kämpfer. Ein Kämpfer für Allah. Man bildete ihn aus in Camps in Pakistan und Afghanistan. Für den großen Kampf gegen Amerika und die korrupten arabischen Herrscherfamilien. Als die Lage in Afghanistan wegen des Bürgerkriegs unüberschaubar wurde, siedelten sie 1992 in den Sudan über. Mit 400 Männern und ganzen Flugzeugladungen von Waffen und Logistik. Alles beschafft und bezahlt vom Sheik. So nannten sie ihn nun, ihren Anführer, den, der vor vielen Jahren Wasim aus dem Lager in Jordanien geholt hatte. Nur selten sah Wasim den Sheik in diesen Jahren. Einmal hatte der Sheik zu ihm gesagt: »Geh und hilf unseren bosnischen Brüdern und Schwestern.«

Also ging Wasim nach Bosnien. Im März 1994 flogen er und 20 andere Männer mit gefälschten Pässen über Amman nach Istanbul. Von dort aus fuhren sie in vier Lastwagen, getarnt als Lebensmitteltransporter, über die bulgarische Grenze nach Sofia. Ein Ägypter dort gab ihnen weitere Pässe, Handwaffen, Karten, Geld und Kontaktadressen mit Losungssuren. Dann ließ er Wasim und die anderen in kleinen Gruppen zu viert über Mazedonien nach Albanien fahren. Bei Nacht überquerten sie in einem Wald die Grenze nach Montenegro und durchwanderten den muslimischen Ostteil des Landes, immer auf der Hut vor feindlichen Milizen.

Schließlich erreichten sie das muslimisch-bosnische Goradze und klingelten an der Kontaktadresse, einer verfallenen Pension. Nach einigen Minuten machte ein uraltes Männlein auf und sagte: »Wir haben keine Zimmer. Es ist Krieg.«

»Salam aleikum«, sagte Wasim, »führe uns zu Halim.«

»Halim?«, schnauzte das Männlein ihn an. »Halim hat keine Zeit für euch.«

»Sag ihm«, antwortete Wasim mit einer Losungssure, »Gott hat euch zum Sieg verholfen, obwohl ihr ein kümmerlicher Haufen wart.«

Das alte Männlein stutzte und sagte: »Wartet.«

Eine Weile später öffnete sich die Tür wieder. Sie folgten dem Männlein ins Haus. Unten im Keller, inmitten eines riesigen Waffenarsenals, saß Halim. Und kaute Tabak und sortierte Munition. Er musterte die Ankömmlinge spöttisch.

»Ihr mögt in der Wüste kämpfen können, doch hier ist keine Wüste. Kehrt um, die meisten von euch überleben die erste Woche nicht.«

»Wir kehren nicht um«, sagte Wasim. »Wir kämpfen.«

»Nun denn«, sagte Halim, »wenn ihr so schnell ins Paradies wollt. Doch hier bleiben könnt ihr nicht. Wir werden Goradze nicht mehr lange halten können. Ich schicke euch nach Norden.«

»Allah ist groß«, sagte Wasim.

»Ja«, sagte Halim, »Allah ist groß.« Und sortierte weiter seine Munition.

Nach Norden, das hieß: zur 28. muslimischen Division in Srebrenica. Die wurde kommandiert von einem, den sie den Schlächter Allahs nannten. Naser Oric hieß er. Sogar Leibwächter des serbischen Präsidenten war Oric einmal gewesen. Vor vielen Jahren. Als sei es einmal egal gewesen, ob man Muslim, Katholik oder Orthodoxer war. Nun bewachte Oric keine Serben mehr, sondern tötete sie. Manchmal hieb er ihnen sogar selbst alles über dem Hals ab. Einmal sagte Wasim zu ihm: »Das ist nicht Allahs Wille, wehrlose Gefangene zu töten.«

Oric schaute ihn verblüfft an. Und sagte dann: »Ich rate dir: Töte Serben, solange du kannst. Es ist der einzige Weg.«

Immer wieder überfielen sie serbische Dörfer in der Umgebung von Srebrenica. Und töteten Serben. Männer, Frauen und Kinder. Es war Krieg. Sie mussten ihre muslimischen Brüder und Schwestern beschützen.

Dann, am 7. Juli 1995, gingen Meldungen ein, dass die Serben in Richtung Srebrenica vorrückten. Es hieß, sie hätten Panzer und Artillerie mit sich. Und seien dreimal so stark wie ihre Division. Oric verließ die Stadt mit einem Hubschrauber. Als müsse er nun

Serben anderswo töten. Wasim und die meisten anderen Kämpfer blieben mit der Division zurück. Doch immer mehr Soldaten desertierten. Denn alle wussten: Wen die Serben fangen, der sieht wenig später Allah. Und nicht alle wollten schon zu Allah.

Wasim bekam den Auftrag, eine Auffangstellung im Süden von Srebrenica zu bilden. Ihre Stellung, das waren hastig ausgehobene Schützenlöcher alle fünfzig Meter, mit jeweils 2–3 Mann besetzt, und einer lächerlichen Reserve von 30 Mann. Er musste an die Losungssure in Goradze denken: »Gott hat euch zum Sieg verholfen, obwohl ihr ein kümmerlicher Haufen wart.«

Ja, sie waren wirklich ein kümmerlicher Haufen, ohne ausreichende Kommunikationsmittel, ohne schwere Waffen, bis auf zwei Maschinengewehre. Verstärkung war in Aussicht gestellt, kam aber nicht. So war es immer: Wenn ein Kommandeur sagte: »Wir schikken euch Verstärkung«, so hieß das: »Ihr müsst allein klarkommen. Allah sei mit euch.« Und die Holländer, die weiter oben als UNO-Soldaten stationiert waren, würden auch nicht helfen. Ein Soldat, der kämpfen will, hat keinen blauen Helm an, der überall zu sehen ist. Das war jedem in Wasims Einheit klar.

Dann griffen die Serben an. Zuerst mit Artillerie und Panzern, dann mit Infanterie. Wasims Stellung wurde regelrecht pulverisiert. Bis zuletzt feuerte er selbst mit einem Maschinengewehr auf die Serben. Dann zog sich Wasim mit anderen Überlebenden zurück. Nicht weil sie feige waren oder nicht zu Allah wollten. Sondern um weiter nördlich einen weiteren Verteidigungsring aufzubauen. Den letzten vor Srebrenica. Denn die Serben durften nicht in die Stadt hineinkommen.

Wasim rannte, stolperte, stand wieder auf. Dann plötzlich spürte er einen dumpfen Schlag gegen seinen Kopf. Alles wurde dunkel um ihn herum.

Als er erwachte, war er allein. Er fasste sich an den Kopf und spürte verkrustetes Blut. Ihm war schwindelig, er musste sich übergeben. Schnell kroch er in noch tieferes Gebüsch, aus Angst vor den Serben. Stundenlang verharrte er regungslos, bis er sich sicher war, dass niemand in der Nähe war. Aus einem nahen Bach trank er Wasser und aß von seiner eisernen Ration.

Er versuchte, sich nach Norden durchzuschlagen. Dort, irgendwo nördlich von Srebrenica, mussten die Reste seiner Division sein. Stunde um Stunde wanderte er, versteckte sich im Gestrüpp, wanderte weiter. Einmal hörte er über sich schwere Düsenjäger. Das mussten NATO-Jäger sein, denn die Serben hatten so große und schnelle Flugzeuge nicht. Doch nichts geschah, die Jäger warfen keine Bomben, nichts. Schnell war alles wieder still.

Dann gelangte er an eine Lichtung. Er kroch an den Waldrand. Vorsichtig, wie ein Späher. Er sah eine Straße. Auf der Straße standen serbische Soldaten. Er würde nicht lebend über diese Straße kommen. Er würde einen anderen Weg suchen müssen.

Plötzlich hörte er Motorenlärm. Er sah Busse kommen. Vier, fünf, nein sechs Busse. Als wären sie auf dem Weg zu einem Ausflug. Drinnen saßen sehr viele Männer, auch Knaben. Frauen konnte Wasim nicht erkennen. Die Busse hielten an. Aus dem ersten Bus kam der Fahrer heraus und unterhielt sich mit einem der Serben auf der Straße. Plötzlich fing der Busfahrer an zu schreien und rannte weg. Der Serbe erschoss ihn. Die Männer und Knaben mussten alle aus den Bussen heraus. Als sei nun der Ausflug zu Ende. In Reih und Glied mussten sie auf der Wiese niederknien. Viele beteten. Mit ihren geöffneten Handflächen gen Himmel. So wie Muslime beten. Wasim wurde ohnmächtig.

Als er erwachte, schien er auf einer Bahre zu liegen. Einer Bahre, die getragen wurde. Er merkte es am Schaukeln. Er konnte nichts sehen. Offenbar hatte er einen Verband um sein Gesicht. Dumpf hörte er Stimmen, ohne dass er etwas verstand. Aber es konnten keine Serben sein. Die würden ihn nicht auf einer Bahre tragen. Er wurde wieder ohnmächtig.

In einem bosnischen Krankenhaus wachte er auf. Weit weg von Srebrenica. Drei Monate pflegten sie ihn, bis er wieder gesund war.

Dann kam ein Mann in sein Zimmer. Er sagte nur: »Deine Aufgabe hier ist beendet. Der Sheik ruft dich zurück.«

Er ging zurück in den Sudan, und dann, 1996, wieder nach Afghanistan. Eines Tages kam der Sheik wieder zu ihm. Er sagte: »Du hast tapfer gekämpft in Bosnien.«

Wasim sagte nichts. Er dachte an die betenden Muslime auf der Wiese bei Srebrenica. Der Sheik sagte: »Sei einer meiner Leibwächter.«

Also wurde Wasim einer der Leibwächter des Sheiks. Einmal kamen sie von einer Reise zurück in ihr Camp. Überall lagen verbrannte Leichen und zerstörte Ausrüstungsteile herum. Die Amerikaner hatten Raketen geschickt. »Sie sind zu feige, selbst zu kommen«, sagte der Sheik. »Sie schicken immer nur Raketen.«

Doch nun, im Oktober 2001, waren sie selbst gekommen. Die Amerikaner. Es reichte ihnen offenbar nicht mehr, dann und wann ein paar Raketen aus der Ferne zu schicken. Irgendwo hinter den Gebirgszügen in Richtung Norden waren die Stellungen der Amerikaner.

Wasim wartete auf sie.

Zwischenkapitel 9/11

Wenn aller Tod schweigt, wo bist du dann?

Record:	casualties867-9-11-01.txt
ID:	1766
Location:	WTC 1, West Street, NY
Type:	Human torso, male
Status:	Blunt thorax trauma, 2nd degree burn right brachium
DoB:	08/13/1980
Domicile:	Springfield, Illinois
Proof:	Driver license, DNA (not completed)

9/11 Seismographie

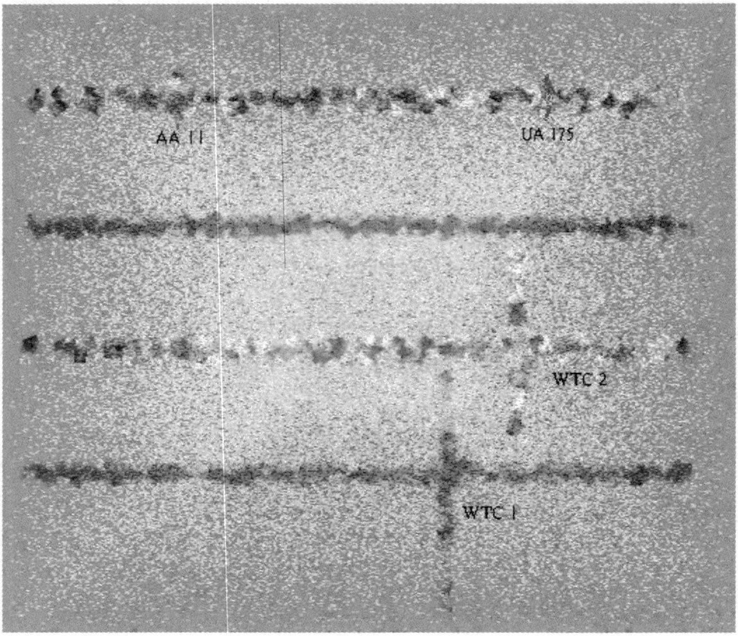

9/11 wikileaks

files/messages_2001_09_11-09_10_2001_09_11-09_14.html#260

2001-09-11 09:12:27 Metrocall [1106272] A ALPHA
Msg:EMERCOM: Internet problems cannot get out to most sites; Sent by: 5SPOCBSAPP

2001-09-11 09:14:14 Metrocall [1192909] D ALPHA
Frm: Brittany Henderson Sub:Txt: Hey, sweet boy! I hope you are having a wonderful morning. Your'e probably still snoozing, you better get your lazy butt up. I

2001-09-11 09:14:18 Arch [0970183] B ALPHA
Y! <y-news@yahoo|$499 deals on iPAQ Pocket PC Videogame Wars-Nintendo Strikes Back with GameCube Reuters

2001-09-11 09:14:20 Arch [1048163] A ALPHA
dcayer|No sign of Melissa in the house I have epaged her

2001-09-11 09:14:27 Arch [0621127] B ALPHA
88-PLEASE CALL. WE'RE IN DISASTER PLAN E. –LUCILLE

2001-09-11 09:14:37 Metrocall [1695639] B ALPHA
st got a page from Jurko in New York. He said they are okay. Thanks, Loughner <NBTKW76-08:14CT NWOP-NOTIFY>

2001-09-11 09:14:39 Skytel [007463631] D ALPHA
ITS AN EMERGENCY PLEASE CALL HOME RIGHT AWAY.

Am Abend zuvor stritt er sich noch mit einem Gastwirt

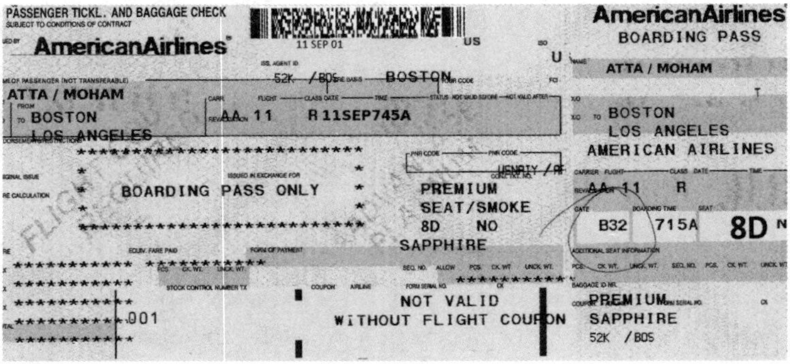

Qur'an 9:111 – »Allah has purchased of the believers their persons and their goods; for theirs in return is the garden of Paradise: they fight in His cause, and slay and are slain: a promise binding on Him in truth…«

II

800.000 Dollar-Pakete

Miller trank seinen Morgenkaffee wie immer: so heiß, dass er ihm fast die Zunge verbrannte. So stark, dass selbst er, der Durchtrainierte, manchmal Schwindelgefühle bekam. Die Hitze des Kaffees half ihm, eine latente Mandelentzündung zu bekämpfen, die er seit seiner Ankunft in Afghanistan hatte. Und die Stärke des Getränks überwand dieses seltsame Gefühl von Schwere, das er immer öfter jeden Morgen spürte. Diese Schwere, die er so oft als Kind bei seiner Mutter gesehen hatte, wenn diese steif, wie festgefroren, in ihrem Bett lag, eine ausrangierte Schaufensterpuppe, die ihn anschaute mit leblosen Augen. Doch das gab es nicht, dass man zum Arzt, zum medizinischen Offizier oder Unteroffizier ging und sagte: Irgendwas stimmt nicht mit dem Hals oder den Beinen. Sein Vater hatte immer, wenn er als Kind im Bett fieberte, zu ihm gesagt: Wenn ein Soldat zum Arzt geht, ist er verwundet oder gar kein Soldat.

Miller trank den Becher aus und machte sich auf den Weg zur morgendlichen Einsatzbesprechung. Plötzlich hörte er Motorengeräusche. Er drehte sich um und sah einen Landrover mit laufendem Motor, neben dem Buck, der CIA-Agent, mit einem seiner Mitarbeiter stand. Offenbar hatte der Landrover etwas für Buck gebracht, denn der Fahrer, ein Einheimischer, lud einige Kartons von der Ladefläche und fuhr dann ohne viele Umschweife wieder davon. Buck stand mit seinem Mann bei den Kartons und untersuchte sie. Miller ging auf die beiden zu. Im ersten Moment hatte er den Eindruck, dass Buck von seinem Herannahen nicht sehr erfreut war. Doch dann, als Miller bei ihm stand, schien Buck wieder seine normale Laufspur gefunden zu haben.

»Guten Morgen, Captain«, sagte Buck. »Na, wollen Sie mal einen der Kartons heben?«

Miller besah sich die Kartons. Jeder hatte etwa eine Länge von einem halben Meter, bei einer Breite von etwa dreißig Zentimetern und einer Höhe von knapp zehn Zentimetern, und war auf allen Seiten fest umpackt mit Segelklebeband. Er hob einen der Kartons auf und schätzte das Gewicht auf etwa sieben bis acht Kilogramm.

»Und, was denken Sie ist da drin, Captain?«, fragte Buck und grinste, als habe er gerade einem die Fensterscheibe zerschossen. »Raten Sie mal.«

»Ich vermute, wieder einer Ihrer Spezziallaptops zur elektronischen Kriegsführung, bruchsicher verpackt.«

»Zu kompliziert für ein Land wie Afghanistan«, sagte Buck.

»Ich kann Ihnen nicht ganz folgen«, antwortete Miller.

»Ist doch ganz einfach«, sagte Buck. »Wenn Sie Mister Osama fangen wollen, mag ein Satellit oder eine Drohne zu Beginn hilfreich sein. Aber am Ende müssen Sie einen haben, der Ihnen sagt, in welcher Höhle er nun genau sitzt. Und dafür will er eine, sagen wir, angemessene Vergütung. Und meinen Sie, unsere Unterkunft hier ist kostenlos? Die Afghanen schließen außerhalb ihrer Stämme keine Freundschaften ab, sondern nur Geschäfte. Also, in so einem Karton sind 800.000 Dollar, in gebrauchten Hundert-Dollar-Scheinen, nicht durchgehend nummeriert und gepackt in 10.000-Dollarbündeln.«

»Sie lassen mehrere Millionen Dollar hier auf einem Landrover von einem afghanischen Boten durch die Berge kutschieren?«, fragte Miller. Er versuchte, erstaunt zu klingen.

»Haben Sie ein Online-Konto hier mit Geldautomaten?«, fragte Buck. »Und wenn wir einen gesicherten schwerbewaffneten Geldtransport mit einer Bewachungs-Platoon losschicken, wird der wahrscheinlich eher ausgeraubt als ein verstaubter unauffälliger Geländewagen. Und kommt mal ein Geldtransport weg, ist es halt mein Berufsrisiko. So wie es das Ihre als Soldat ist, dass Sie mit einer Kugel im Kopf zur Großen Armee gehen.«

»Sie müssen es wissen, Buck«, entgegnete Miller.

»Weiß ich auch«, sagte Buck. »Ich habe seit dem Einmarsch der Russen insgesamt sechs Jahre meines Lebens hier verbracht, bei den

Mudschahidin und anderen Afghanen. Ich kenne das Land und die Leute. Als die Russen weg waren, hat man uns abgezogen aus Zentralasien, das Gebiet war nur noch bedingt interessant für die USA, und ich habe für den Geheimdienst afghanische und pakistanische Berichte übersetzt. 2001 war ich eigentlich schon bei der Planung meines Vorruhestands. Doch als ich die Flieger in das World Trade Center krachen sah, wusste ich, dass der Geheimdienst mich einsetzen würde. Sie brauchten wieder die alte Garde, die die zentralasiatischen Sprachen spricht. Abends um 22 Uhr am 11. September kam der Anruf. Zwei Jahre lang haben sie die Planungen von al-Qaida nicht bemerkt, dann konnte nichts schnell genug gehen. Ein paar Tage später war ich hier. Obwohl ich eigentlich nicht mehr das richtige Alter habe für solche Außen-Jalousien-Reparaturen.«

Es trat eine Pause ein. Die Männer standen schweigend nebeneinander, so wie zwei Felsen in dem sie umgebenden Hochgebirge.

Nach einer Weile fragte Miller: »Und was machen Sie jetzt mit den Kartons?«

»Unter meine Pritsche stellen, dann ausgeben, und wieder auf die nächsten Kartons warten.«

»Und wie oft bekommen Sie solche Kartons?«

»Etwa alle zwei Wochen. Ich bin derzeit vermutlich die teuerste Außenstelle der USA.« Buck schien nachzudenken. Dann fügte er hinzu: »Alle zwei Wochen, wenn es keine Schwierigkeiten gibt.«

»Schwierigkeiten auf den Bergpfaden von Usbekistan nach hier?«, fragte Miller.

»Nein, eher Schwierigkeiten mit meiner Zentrale in Fort Langley.«

»Was machen die für Schwierigkeiten?«, fragte Miller.

»Nun, für die CIA ist es billiger, wenn die Army oder Air Force die Probleme hier löst, mit Bomben oder Raketen. Die kosten zwar auch Millionen, aber die muss dann die CIA nicht zahlen. Wenn ich denen also in Langley per Satellit sage, ich brauche so und so viel, um einen Local Hero hier zu bezahlen, dass er mit seinen Männern eine Taliban-Stellung angreift oder einen von seinen Freunden verrät, dann fragen die mich, warum das die Army nicht klassisch lösen kann, also nicht auf unsere Kosten. Das sind so die Gespräche, die ich tagtäglich führe.«

Miller sagte: »Irgendwie kommt mir das bekannt vor. So machen wir es doch immer. Mit Geld oder Bomben, je nachdem was einfacher ist.«

»Was anderes können wir gar nicht, fürchte ich«, erwiderte Buck.

Er machte sich mit seinem Assistenten wieder an seinen Koffern zu schaffen. Miller ging in eine der Lagerbaracken zur Einsatzbesprechung. Dort warteten seine Männer schon auf ihn, Albert, John, Rutger und die anderen.

Rutger grinste Miller an: »Hi Captain, ich will ja nicht pingelig sein, aber Sie sagten 06:00, und nun sind Sie es, der zu spät kommt.«

»Sie werden es verkraften, Rutger«, sagte Miller. Und er fuhr fort: »Heute sollen wir einen Taliban-Checkpoint östlich von hier zertrümmern. Mit der US-Navy zusammen, die uns eine F-16 von einem der Flugzeugträger schickt.«

John trat auf seinen Stiefeln herum und sagte dann, ohne seinen Vorgesetzten anzuschauen: »Captain, ist öde, die immer aus der Ferne zu töten. Das kann ich auch von zu Hause aus am Computer. Da sieht es sogar noch besser aus, vielmehr Farbe als hier in dieser Mondlandschaft.«

Miller versuchte, möglichst unmerklich zu schlucken. Dann sagte er mühsam: »Quittieren Sie doch den Dienst und spielen Ihre Games am Computer, John. Und schauen Sie mich gefälligst an, wenn Sie Ihre überflüssigen Bemerkungen machen.«

John frotzelte weiter: »Sind immer gleich so eingeschnappt, Captain. Ich meine, was machen wir mit einem echten Talib oder al-Qaida-Kerl, wenn wir den in die Finger kriegen. Ist hier doch wie in Arizona mit seinen Steinwüsten und den Apachen. Nur kälter. Irgendein Vorfahre von mir war bei der US-Kavallerie, hat noch eigenhändig eine Rothaut aus nächster Nähe erschossen, sagt mein Dad.«

»Ja, Captain«, trompete Rutger weiter, »was machen wir, wenn wir so einen Apachen-Talib direkt in die Finger kriegen?«

Es war, als wären John und Rutger ganz unter sich. John sagte: »Ich schieß ihm den ganzen Unterkiefer und die beiden Backen zu Brei, dass er kein dreckiges Barthaar mehr hat.«

Miller sagte leise, aber bestimmt: »Hören Sie auf, John, es reicht.« Sein Hals fühlte sich an wie Feuer.

Rutger wandte sich an Albert: »Doc, würden Sie einen Talib behandeln, wenn wir ihn verletzt irgendwo finden?«

Albert antworte: »Ja, das würde ich.«

»Sie sind kein Amerikaner. Sie sind auch ein Talib«, antwortete John.

Albert sagte: »John, ich weise Sie darauf hin, dass ich ranghöher bin als Sie. Also beleidigen Sie mich nicht. Sonst melde ich den Vorfall, wenn wir zurück sind.«

John knurrte nur: »Sie kommen gar nicht zurück, Mr. Taliban.« Er schien eine Weile zu überlegen. »Genauso wenig wie wir alle.«

Miller machte dem unwürdigen Gespräch ein Ende: »John, es reicht endgültig. Wenn Sie nicht sofort aufhören, veranlasse ich noch heute Ihre Ablösung.«

»Ist ja schon gut«, sagte John. »Abmarsch wann, Captain?«

»06:45«, entgegnete Miller. John, Rutger und die Anderen trollten sich fort. Nur Albert blieb stehen.

Miller sagte: »Es tut mir leid, Doc. John ist ein verkommener Unhold. Melden Sie ihn ruhig, ich fungiere als Zeuge, wenn Sie möchten.«

Albert sagte: »Hat alles Zeit, bis wir hier fertig sind. Wer weiß, was noch kommt. Vielleicht machen uns die Taliban ja doch so fertig, dass ich wirklich keinen von denen behandeln möchte.«

»Ich tippe auf Unentschieden«, sagte Miller. »Wir haben alles über dem Erdboden zerbombt, und die Taliban sitzen weiter in ihren Erdlöchern, in die wir nicht reinkommen. Wie in Vietnam.«

Schwester Hoffnung

»Wenn Sie in diese Hütte eintreten, Schwester Martha«, so hatte der Missionar zu ihr gesagt, »werden Sie entweder Gotteslästerin oder Heilige. Denn unser Freund Teufel ist immer da drin.«

Und Schwester Martha, die junge Ärztin und Ordensfrau aus Deutschland, trat in das Halbdunkel der Hütte ein. Und ja: Der Teufel war anwesend, in jeder Ritze, jedem Staubkorn, jedem Flekken. Schwester Martha konnte ihn spüren. Und hörte ihn unentwegt mit seiner hellen Stimme flüstern: »Es ist kein Gott mehr auf dieser Welt. Und keine Erinnerung an ihn jemals gewesen.«

In der Hütte war ein Tisch voller Untersuchungsinstrumente, Salben und Tüchern. Neben dem Tisch stand eine alte, brüchige Liege. Als müsse jeder in dieser Hütte sich ausruhen. Langsam gewöhnten sich Schwester Marthas Augen an das matte Licht. Sie ging auf die Liege zu. Und zuckte zurück wie ein scheuendes Pferd. Fast hätte sie laut aufgeschrien und einige Schritte rückwärts getan. Doch sie schrie nicht. Sondern blieb stehen. An der Liege. Sie kniete nieder. Bis ganz nahe. Bis sie einen pfeifenden Atem hörte. Einen Atem, in den sich ein kaum hörbares Schluchzen und Winseln mischte. Auf der Liege lag ein Mädchen. Niemals hatte Schwester Martha solch ein Mädchen gesehen. Sein Gesicht war flach und eingedrückt, ohne Nase, wie das eines Schädels. Als habe ein Messer, Jahrhunderte lang am Stein zu vollendeter Schärfe gewetzt, jede Schönheit, jede menschliche Formung von der Stirn abwärts in einem einzigen glatten und grausamen Schnitt für immer von diesem Kopf getrennt. Und einen Haufen unverheiltes, eitriges Fleisch zurück gelassen. Selbst die Ohrmuscheln waren verschwunden bis auf verwesende kleine Stummel. Der Mund war ein stinkendes Loch. Als habe jemand mit einer Schrottflinte in ein Kinderlachen geschossen. Die Hände und Füße des Mädchens waren verstümmelt zu unförmigen Klumpen, der Rücken gekrümmt, die Haut voller Narben und Wunden. Der Name dieses vierzehnjährigen Mädchens aus dem pakistanischen Punjab war: Alisha Chandra Juneja, und ihre Mutter hieß: Lepra lepromatosa, die Grausame, die Hässliche, die alle Schönheit Tilgende. Und der Name ihres Vaters war: Verstoßung, Aussonderung, Verfluchung, weil ein solches Wesen sich nicht verheiraten ließ, für kein Geld der Welt, für keine Verheißung auf Erden. Sodass die grausamen Kinderzungen ihrer Umgebung nur noch und unermüdlich den Spottvers gesungen hatten: »Wer dich im Dorfe humpeln sieht, der lieber zu den Schweinen flieht.«

Doch Schwester Martha, nur wenige Jahre älter als dieses verstümmelte Wesen, floh nicht zu den Schweinen. Sie untersuchte das Mädchen, berührte zärtlich dieses unberührbare Wesen, und säuberte und verband seine eiternden Wunden. Und sie blieb. Sie blieb nicht für einen Tag, eine Woche oder einen Monat, sondern für immer. Als ihr Praktikum beendet war, kehrte sie nicht nach Deutschland, in das Land der Unverstümmelten und Gierigen zurück. Sie blieb in dieser pakistanischen Hütte, in diesem Lager, in dem die Hoffnungslosen, Hungrigen und Verstümmelten sich verkrochen hatten vor der Schönheit der anderen Welt. Fast allein, mit nur wenigen einheimischen Helfern, errichtete sie inmitten der Elendsviertel von Karatschi ein Lepra-Krankenhaus. Sie sammelte die Kranken von den Müllhalden der Slumsiedlungen ein, wo sich die Hunde und Affen mit ihnen um vermoderte Essenreste stritten. Sie gab ihnen ein Dach über dem Kopf, gereinigtes Wasser und saubere Kleidung. Sie schenkte ihnen eine Hoffnung und den Glauben daran, dass sie geliebt wurden trotz all ihrer Hässlichkeit, ihrer Scham, ihrer Verstoßung. Und sie wurde, auf ihre Art und fernab aller päpstlichen Erlasse, eine Heilige, wie es der Missionar ihr prophezeit hatte. Denn bald hieß sie in den Erzählungen und Gerüchten der Lager und Elendssiedlungen nur noch »Die heilige Martha« oder »Schwester Hoffnung«, die gekommen war aus einem fernen Land, um der Lepra bis aufs Blut, bis in die dunkelsten Höhlen des Erdenkreises hinab den unerschütterlichen Kampf anzusagen, die unwiderrufliche Ausrottung bis an die Ränder des Horizonts. Und ihre drei Erzengel trugen die Namen: Clofazimin, Dapson, Rifampin. Denn mit diesen drei Medikamenten waren Schwester Martha und ihre einheimischen Ärzte bald in der Lage, viele zu heilen, die tückische Krankheit lange vor dem Abtöten der Nerven, vor der endgültigen Verstümmelung zu heilen oder aufzuhalten zumindest. Ihr Kampf gegen die Lepra wurde ein Kampf um diese drei Medikamente. Nie gab es genug davon. Manchmal schickten die UNO oder die Deutsche Lepra- und Tuberkulosehilfe ihr an einem Tag zwei Lastwagen voll davon. Manchmal hatte sie monatelang nichts. Zuweilen fanden leere Lastwagen im Lager sich ein, auf denen, vielleicht, einmal Paletten von Medikamenten gewesen sein mochten, die sich nun auf dem Schwarzmarkt besser verkauften. Den pakistanischen Gesundheitsminister belästigte sie beharrlich wie sonst nur der Teufel die gläubigen Jungfrauen, und verfolgte ihn bis in den Aufzug seines Ministeriums hinein, um ihn um Geld, Material, Befugnisse anzuflehen. Doch der stolze Mann schaute sie, die christliche Frau, jedes Mal nur mitleidig an, als sei sie ein Tier aus einer unteren dienenden Welt, und sagte ihr dann, mit schnarrendem Ton: Es gebe in Pakistan lange schon keine Lepra mehr, das sei indische Propaganda, und was sie in Karatschi sehe, das seien andere Hautkrankheiten oder indische Illegale, um die man sich verständlicherweise nicht würde kümmern können.

Er lebte nicht lange. Zerfressen von einem Krebsgeschwür, das ihn am Ende nicht besser aussehen ließ als die, die er beharrlich verleugnete, musste er Schwester Marthas Belästigungen im Aufzug nicht länger ertragen. Sein Nachfolger, mit dem sie bald eine tiefe Freundschaft begann, zeigte sich verständiger. Schwester Martha konnte ihre Einrichtungen modernisieren, mit Geldern aus Pakistan und aus dem Westen. 1969 erhielt sie einen pakistanischen Ehren-Orden, und mit ihm neben Tausenden von Spenden, Ermutigungen und Dankesbriefen auch Hunderte von Beleidigungsschreiben und Morddrohungen religiöser Moslem- und Hindu-Fanatiker.

Oft, wenn sie am Tag zuvor bis zu achtzehn Stunden auf den Beinen gewesen war und in der Nacht nur wenig Schlaf hatte finden können, lag sie im Morgengrauen da, faltete die Hände und betete stumm: »Herr, wenn du mich nicht aufstehen lassen kannst, ich kann es nicht!« Doch der Herrgott ließ sie auferstehen, jeden Tag von neuem. Ihr Glaube war eine Mauer aus unzerbrechlichem Stein, den sie um sich und ihre Kranken zog, damit der Teufel, jener unermüdliche Veränderer des Bösen, immer wieder erneut an ihr zerschellen würde.

Dann, Ende Dezember 1979, fielen die Russen in Afghanistan ein. Schwester Martha hörte die Nachricht zuerst in einem Kleiderladen in Islamabad, in dem unentwegt ein Radio lief. Sofort kaufte sie ein Dutzend zusätzlicher Winterjacken für sich und ihre engsten Mitarbeiter ein. Denn sie wusste, wo nun ihr Platz war: im unwirtlichen Bergland an der Grenze zu Afghanistan, auf das bald die Bugwelle des Krieges auftreffen würde. Und dunkel stieg in ihr die Erinnerung auf an das Jahr 1945, als sie als kleines Mädchen zum ersten Mal in ihrer schlesischen Heimat das ferne Grollen der Artillerie gehört hatte, so als ziehe mitten im Winter ein Gewitter von Osten her auf. Und wieder, mehr als dreißig Jahre später, sah sie dieses unscheinbare Schild des örtlichen Verkehrs- und Verschönerungsvereins auf dem Marktplatz ihrer Heimatstadt vor sich, dieses Schild mit dem Vereinskürzel VVV, dessen drei V bald standen für das, was sich sodann tausendfach abgespielt hatte in den Wochen ihrer Flucht: Vergeltung, Vergewaltigung, Vernichtung, die drei Chiffren des Bösen, des bösesten Leids.

Nun kamen sie wieder, die Russen. Sie kamen, wie immer, auf ihre Art. Tod war ihr Spiel, Grausamkeit ihre Leidenschaft, und vor sich her trieben sie, wie eine ins Riesenhafte gewachsene Planierraupe, als seien sie die Rächer von Byzanz, einen unüberschaubaren Haufen von Menschen, von verkrüppelten, zerschossenen, hungernden, frierenden Menschen auf der Flucht um ihr Leben. Schwester Martha zögerte nicht. So schnell es ging, errichteten sie und ihre Mitarbeiter unter der Mitwirkung der UNO und pakistanischer Behörden ein provisorisches Auffanglager an der Westgrenze Pakistans. Dort warteten sie. Sie warteten in Zelten, durch die der Wind wie ein gequältes Gespenst pfiff, mit um ihre Köpfe geschlagenen Decken, mit heißem Tee in ihren zitternden Händen. Nach drei Tagen sahen sie in der Ferne eine Wolke aus Staub. Als habe ein Hobel eine ganze Landschaft zerschliffen, zerpresst, vernichtet.

Am nächsten Morgen waren sie da. Schwester Martha trat aus ihrem Zelt, und es war ihr, als sei ein Tor zum Vorgarten der Hölle geöffnet worden. Ihr entgegen torkelten und humpelten zerlumpte Gestalten, wimmernden Bettlern gleich, Mütter mit ihren toten Kindern in den Armen, Männer mit blutverschmierten Gesichtern, Wagen, Fuhrwerke, von Traktoren gezogene Busse, vollbesetzt mit Greisen, Kindern, Verwundeten, Halbverbrannten, als kehrte eine geschlagene, sich in der Auflösung befindliche Armee von Vagabunden zurück aus einer Schlacht. Schwester Martha und die anderen gaben Wasser und Suppe aus, über die sich die Unglücklichen wie Tiere hermachten. Sie verteilten die Flüchtlinge auf die Zelte und Baracken, die bald hoffnungslos überfüllt waren. Eine hochschwangere Frau mit einem gebrochenen, eiternden Fuß schleppte sich mit letzter Kraft auf die Krankenstation, gebar ihr Kind und starb. Drei Wochen, so erzählten die anderen, war sie mit ihren bestialischen Schmerzen auf der Flucht gewesen, vor den schändenden Russen, dem Krieg, den Gefechten zwischen Mudschahidin-Milizen und der Sowjet-Soldateska, bei denen es Gefangene niemals gab. Ein junger Mann, glühend vor Wut und taub vor Hass, brachte seine dreijährige Tochter, der eine Granate die Unterschenkel zerfetzt hatte, zur Notoperation in das Chirurgenzelt der »Ärzte ohne Grenzen« und schrie unentwegt: »Die Christen zerschießen uns Muslimen die Beine, und Christen nähen alles wieder zusammen, was ist der Sinn, was ist der Sinn?« Die heilige Martha wusste es nicht. Die Lepra besiegen kann der Mensch, den Krieg niemals und nie. Als das Lager innerhalb von vier Wochen auf mehrere Zehntausende angeschwollen war und Hunderte jeden Tag starben wegen Entkräftung, fehlender Medikamente und Unterernährung, da schnitt ein unendlich schmales und doch scharfes Messer durch ihre Seele, und zum ersten Mal seit langem wieder hörte sie die Stimme jenes Anderen, des einen Bösen, der vielleicht so unweise nicht war, wenn er ihr zuraunte: »Mag sein, ein Gott ist auf der Welt, aber nun ist er für eine Weile… auf Urlaub.«

Schließlich brach sie zusammen. Ihr treuester Freund und Helfer Ibrahim, ein muslimischer Junge, den sie aus den Lepravierteln Karatschis herausgeholt hatte, fand sie ohnmächtig in einem Zelt liegend, zusammen mit drei toten Frauen, die sie bis zuletzt zu retten versucht hatte. Mit seinen verstümmelten Händen zerrte er Schwester Martha heraus und holte Hilfe. Siebenundzwanzig Tage hatte sie fast ununterbrochen auf den Beinen gestanden, nur stundenweise im Sitzen geschlafen und selten etwas gegessen oder getrunken. Nun war es zu Ende. Drei Wochen lag sie auf einem Feldbett, fiebernd und zitternd. Als das Fieber sank, schlief sie drei Tage und drei Nächte ohne Unterbrechung. Doch das Arbeiten und Leben im Lager ging weiter. Es war, als ob ihr Geist, ihr Wesen, ihre Seele in allen Dingen war, in jedem Handeln, jeder Maßnahme ihrer Mitarbeiter, Freunde und Ordensschwestern. Nach zwei Wochen Ruhe wollte sie wieder mit der Arbeit beginnen, als ihre Ordensprovinzialin eigens aus Deutschland angereist kam, nur um ihr zu sagen: »Schwester Martha, Gott hat uns den Schlaf gegeben, damit wir am nächsten Tag ausgeruht seinen Willen tun. Sie sind jetzt fünfzig, und Gott möchte, dass Sie noch lange leben. Ich befehle Ihnen, mehr zu schlafen.«

»Zu Befehl«, antwortete Schwester Martha. Sie stand auf, verabschiedete ihre Provinzialin und begann wieder zu arbeiten, Jahr für Jahr, ohne Urlaub, ohne Pause, ohne Rücksicht auf sich selbst.

Nun, einundzwanzig Jahre später, im Oktober 2001, schlief sie wieder. Sie hatte Karten gespielt und war am Tisch eingeschlafen.

Ihr Kopf lag vornüber auf der Tischplatte, die Karten überall um sie herum verstreut. Wie bei einem Kartenspieler, der alles verloren hat. Seit einigen Jahren überkam diese plötzliche Schläfrigkeit sie immer öfter und immer massiver.

»Was ist das?«, hatte sie ihren pakistanischen Arzt gefragt.

»Altwerden ist keine Krankheit«, war seine Antwort gewesen.

»Irgendwann werde ich bei diesen Schlafanfällen ohnmächtig auf einer Kante aufschlagen und mir das Genick brechen.«

»Irgendwann schlagen wir alle irgendwo ohnmächtig auf. Wenn Allah uns gnädig ist, liegen wir dann bereits im Bett, Schwester Martha.«

Sie fühlte, inmitten ihres dämmerigen Schlafes, eine zärtliche Berührung auf ihrem Rücken. Sie erwachte. Es war Ibrahim.

»Schwester Martha, Schwester Martha…«

Sie öffnete ihre Augen. Es schien ihr, als sei ihr Kopf mit der Tischplatte verwachsen.

»Was ist, Ibrahim?«, flüsterte sie. Und dachte: Du sollst mich so nicht sehen.

»Draußen ist jemand für Sie, eine alte Frau aus Deutschland.«

»Eine alte Frau aus Deutschland? Ich bin auch eine alte Frau aus Deutschland. Wer ist es?«

»Sie kommt wegen Kristian.«

Schwester Martha zog mühsam ihren Kopf von der Tischplatte. Dann sagte sie: »Lass sie bitte herein. Aber erst in drei Minuten. Und bitte bring uns drei Tassen Kaffee.«

»Drei?«, fragte Ibrahim.

»Zwei für mich, eine für unseren Gast«, sagte Schwester Martha.

»Jawohl, Schwester Martha.«

Sie lehnte sich in ihrem Stuhl zurück. Sie sammelte die Karten ein. Mit einem Taschenspiegel richtete sie ihr Haar. Dann zündete sie sich eine Zigarette an und schaute auf ihre Uhr. Sie hatte noch 90 Sekunden Zeit. Das reichte für eine Zigarette. Ein Bank-Manager, den sie vor Jahren aufgesucht hatte wegen Spenden, hatte ihr einmal gesagt: »Ich wünschte, ich hätte ein einziges Mal 90 Sekunden Zeit.«

Nach etwa dreißig Sekunden ging die Tür zu ihrem Büro auf. Offenbar ging Ibrahims Uhr falsch.

In der Tür stand eine wunderschöne Frau mit einem fein geschnittenen Gesicht. Dem Gesicht einer stolzen Afghanin, die einen Stammesführer für sich töten lassen kann. So wie Kristian immer seine Mutter beschrieben hatte. Schwester Martha wusste von Kristian, dass diese Frau etwa Mitte vierzig war. Doch Sedimente von Verzweiflung und Schmerz lagen auf diesem schönen Gesicht und hatten es um Jahre älter gemacht. So viele hatte Schwester Martha schon gesehen, die in einem Monat, einer Woche, einer Nacht um Jahre oder Jahrzehnte gealtert waren, deren Haar oder Stimme in nur wenigen Stunden brüchig und greisenhaft geworden war. Manchmal war ihr, als lebe sie in einem Land, an einem Ort, an dem das Alter so schnell kam wie eine Springflut im Indus-Delta. Als sei sie die Einzige, die normal altere in diesem Land.

Und noch etwas anderes war in dem Gesicht, den Augen dieser Frau. Etwas, das alles an ihren Mienen, Gesichtszügen wie eine eiserne Klammer zerdrückte und jedes Lächeln, jede Freude zerquetschte: Ungewissheit. Die grausame, falsche Freundin der Hoffnung.

»Ich grüße Sie, Schwester Martha«, sagte die Frau. Ihre Stimme klang fest und klar. Doch Schwester Martha spürte dieses leise Zittern und Vibrieren in ihrer Stimme. Wie bei einer Mutter, die einem Gerichtsmediziner sagt: Dies ist mein Kind.

Schwester Martha stand auf, ging auf die Frau zu und umarmte sie zur Begrüßung. Doch es war ihr, als umarme sie eine Verurteilte vor einer Hinrichtung. Dann sagte sie:

»Setzen Sie sich, Frau Schmidt. Sie müssen fürchterlich erschöpft sein. Gleich kommt etwas Kaffee.«

Die Frau setzte sich schweigend. Ibrahim kam mit dem Kaffee. Er stellte die Tassen, den Zucker und die Milch auf den Tisch. Schwester Martha wunderte sich immer wieder, wie er mit seinen beiden verstümmelten Händen alles so gut tragen und heben konnte. Die Frau nahm eine der Tassen und sagte »Vielen, vielen Dank«.

Die Frau trank einen Schluck. Plötzlich begann sie zu husten. Offenbar hatte sie sich verschluckt. Sie stellte die Tasse zurück auf den Tisch, vergrub ihr Gesicht in den Händen und begann zu schluchzen. So, als habe sie tagelang nicht weinen dürfen. Ihr Atmen, Weinen, Schlucken vermischte sich zu einem einzigen andauernden Laut. Es klang, als würde eine Autosirene verbrennen.

Schwester Martha stand erneut auf, ging zu der Frau und legte ihr den Arm um die Schultern. Sie sagte nichts. Sie hatte gelernt, nichts zu sagen, wenn das Schicksal alle Tore verriegelt hatte. Wenn die Lepra alle Hoffnung zerstörte, wenn der Tod johlend durch die Fenster geklettert kam oder die Verzweiflung wie eine Flutwelle über ein Papierschiffchen hereinkrachte. Wenn Mütter um ihre Säuglinge und Kinder weinten, und Kinder um ihre Eltern. Weinen war eine andere Sprache. Ohne Worte. Ohne Fragen. Ohne Antworten.

Nach einer Weile beruhigte sich die Frau. Schwester Martha setzte sich wieder und fragte:

»Möchten Sie eine Zigarette?«

Die Frau, die sich mit einem Taschentuch das Gesicht abwischte, schien überrascht von diesem Angebot. Als sage ihr Blick: Darf eine Ordensschwester wie Sie das denn?

Schwester Martha sagte: »Ich bin viel zu lange zu heilig gewesen. Ein kleines Laster muss ich an der Himmelstür vorweisen, sonst bin ich unglaubwürdig.«

Die Frau nahm sich eine Zigarette. Schweigend rauchten die beiden nun, Schwester Martha und Sarina Leandra Schmidt, die afghanische Frau aus Deutschland. Es schien nur sie beide zu geben. Sie und diese Hütte, in der sie saßen. Und nicht den Krieg da draußen, nicht Kristian, nichts sonst. Der Qualm ihrer Zigarette umnebelte Schwester Martha wie einen Heiligenschein. Sie dachte an

Tage und Nächte, an denen alle Gebete um Ruhe und Zuversicht nichts bewirkt hatten. Und nur das Rauchen sie davor bewahrt hatte, sich und ihre Sache aufzugeben.

Schließlich sagte Sarina: »Bitte erzählen Sie mir alles, was Sie wissen, Schwester Martha.«

Schwester Martha zündete sich eine neue Zigarette an. Als brauche sie noch einen weiteren Heiligenschein. Dieses Gespräch konnte sehr lange werden. Oder sehr kurz.

»Also, zuerst einmal muss ich sagen, dass Kristian hier eine sehr gute Arbeit geleistet hat. Vor allem seine afghanischen Sprachkenntnisse waren für uns von außerordentlichem Wert. Er hat sich wirklich bewundernswert um die afghanischen Bürgerkriegs-Flüchtlinge gekümmert. Als wir von den Anschlägen am 11. September hörten, waren wir natürlich alle wie erstarrt, weil wir ahnten, dass nun ein neuer Krieg nach Afghanistan kommen würde, und somit wieder viele Flüchtlinge nach Pakistan. Natürlich wurde allen Ausländern hier dringend nahegelegt, Pakistan zu verlassen. Ich habe es jedem selbst überlassen, ob er gehen will. Viele sind gegangen, nur Kristian und zwei andere, ein Ägypter und ein Neuseeländer, sind bei mir geblieben, um weiter im Flüchtlingslager, zusammen mit unseren pakistanischen Helfern, zu arbeiten. Ich habe Kristian mehrfach gefragt: Willst du nicht doch weg zu deinen Eltern nach Deutschland, bevor hier der Krieg ausbricht? Nein, hat er gesagt, er bleibt hier bei seinen Landsleuten. Allerdings hat er noch etwas gesagt, dass ich ihnen nicht vorenthalten möchte.«

»Was? Bitte, was ist es?«, fragte Sarina.

Schwester Martha nahm einen tiefen Zug. Und dachte: Herr, vergib mir. Dann fuhr sie fort: »Kristian sagte: Ich bin nicht so feige wie meine Mutter, die sich im warmen Deutschland ausruht, während ihr Volk hier leidet.«

Sarina musste schlucken. »Das hat er gesagt?«

»Das hat er gesagt. Er hat immer in Liebe von Ihnen gesprochen, aber oft auch in Verbitterung darüber, dass Sie Ihr Land und Ihre

Landsleute verraten hätten. Ich habe ihm gesagt, dass es nicht seine Aufgabe ist, andere dafür zu richten, was sie im Angesicht eines Krieges tun oder nicht tun. Man könne immer nur für sich selbst eine Entscheidung treffen. Ich hatte jedenfalls den Eindruck, dass er sehr viel darüber nachdachte.«

Sarina nahm die Tasse Kaffee wieder in ihre Hand und trank davon.

»Nun, wie auch immer«, sagte Schwester Martha, »Kristian blieb. Etwa drei Wochen nach den Anschlägen vom 11. September allerdings veränderte er sich stark. Ich würde sagen, er wurde auf einmal sehr unruhig.«

»Weswegen? Wissen Sie warum? «, fragte Sarina.

»Schwer zu sagen. Sie müssen wissen: In den vielen Jahren, in denen ich hier gearbeitet habe, wurden immer wieder vor allem unsere ausländischen Mitarbeiter – mich eingeschlossen – bedroht, die Arbeit bei meiner Organisation einzustellen. Andernfalls würde man sie töten.«

»Ihre Mitarbeiter wurden bedroht? Obwohl sie humanitäre Hilfe für Afghanen und Pakistanis leisteten?«

»Für religiöse Fanatiker ist es offenbar ein Unding, dass eine westlich-christliche Organisation Muslimen in einem muslimischen Land hilft. Vor zwei Jahren wurde sogar einer unserer pakistanischen Ärzte ermordet, ohne dass es jemals aufgeklärt wurde. Wir hatten allerdings einmal auch Morddrohungen von einer christlich radikalen Vereinigung, die es als Gottesfrevel sah, dass wir Nicht-Christen helfen. Auch Hindus bedrohten uns zuweilen, eben weil wir überwiegend Muslimen halfen. Sie sehen, irgendwann läuft jeder religiöse Fanatismus, gleich welcher Couleur, auf dasselbe hinaus.«

Sarina setzte die Kaffeetasse wieder ab. »Und Sie glauben, dass Kristian auch bedroht wurde? Weil er ausländischer Mitarbeiter war, zu europäisch aussah?«

Schwester Martha zündete sich die dritte Zigarette an: »Ich

glaube nur an Jesus Christus und seinen Heiligen Vater. Ich sagte lediglich, dass wir oft Drohungen hier hatten und dass dies eine Möglichkeit sein könnte für seine plötzliche Unruhe. Auch dass sich überall etwas zusammenbraute, konnten wir jeden Tag spüren. Ganze Brigaden von Taliban-Sympathisanten zogen jede Woche an unserem Lager vorbei in Richtung Afghanistan, um gegen die Amerikaner zu kämpfen. Kristian wollte jedenfalls trotz allem nicht nach Deutschland zurück.«

»Und was ist dann passiert?«

»Eines Morgens kam Ibrahim zu mir und schrie, Kristian sei außerhalb des Lagers in ein Auto gezerrt und mitgenommen worden. Die Männer hätten Paschtu gesprochen, seien also vermutlich aus den Grenzgebieten gekommen. Mehr wissen wir nicht.«

»Das ist es auch, was das Auswärtige Amt ermittelt hat, dass die zweite Lösegeldforderung von einem Fax aus Parachinar in der Provinz Kurram kam.«

»Was werden Sie nun tun?«, fragte Schwester Martha.

»Ich gehe zu meinem Bruder nach Peschawar und suche von dort aus weiter.«

»Sie wissen, worauf Sie sich einlassen in dieser Gegend?«

»Ich weiß es. Aber ich muss. Können Sie das verstehen?«

Schwester Martha zog erneut an ihrer Zigarette. Und überlegte. Dann sagte sie:

»Ich habe als Ordensschwester keine eigenen Kinder. Sodass ich in der wirklichen Tiefe meines Herzens nie spüren werde, was eine Mutter fühlt. Als wir 1945 aus Ostpreußen flohen, überfiel ein Trupp russischer Soldaten unseren Treck. Sie töteten ein Dutzend alter Männer, nahmen sich eine Anzahl junger Frauen und Mädchen heraus und verschwanden in der Dunkelheit. Ich hatte Glück, dass man mich gut unter einem Fuhrwerk versteckt hatte. Unter den entführten Mädchen war auch eine Zwölfjährige. Wir mussten die Mutter fesseln, damit sie nicht den Russen hinterherlief, um ihr Kind zu finden. Nachts befreite sie sich und verschwand auch. Man hat sie nie wieder gesehen. Aber sie ist ihrem Kind gefolgt. Das werden Sie nun auch tun.«

»Ja, das tue ich.«

»Ich wünsche Ihnen Gottes Segen. Es gibt Wege, bei denen nur Gott uns begleitet. Ob wir nun an ihn glauben oder nicht.«

Sarina stand auf. »Ich danke Ihnen für alles, was Sie für Kristian getan haben.«

»Ich habe nicht viel für ihn getan. Eher er für uns. Leben Sie wohl. Und sollten sie zurückkehren, so lassen Sie es mich bitte wissen.«

Sarina sagte: »Ja, das werde ich tun. Kann ich Kristians Sachen noch mitnehmen?«

»Ibrahim wird Ihnen alles geben.«

Die Raubkatze Allahs

Einst, vor vielen Zeitaltern, rief der König von Ceylon seine Minister zu sich und sagte, gleichsam gütig und grausam: »Das Waisenhaus der Kinder des Halbmonds, jener Nachkömmlinge verstorbener arabischer Händler, die viel Gutes taten für unsere Insel: Schließt es und schickt die Kinder auf meine Kosten in einer Karawane die Makranküste nach Westen, nach Hause in die Heimat ihrer toten Väter.«

So geschah es, und geschah dennoch auch nicht. Denn Piraten, Banditen überfielen die Karawane, kaum dass sie von Ceylon auf das Festland übergesetzt war. Sie verkauften die brauchbaren Kinder in die Sklaverei und töteten die anderen. Töteten im Reich des Brahmanen-Königs Dahir, des Herrschers über das sagenumwobene Sindh-Reich, des Regenten über alle Länder östlich des Indus bis in die Gipfel des Himalaya hinauf und wieder hinab. Ein halbes Dutzend Briefe und Boten sowie zwei Expeditionen, ausgesandt von Arabien, um die Mörder zu fangen und ihrer gerechten Strafe zuzuführen, ließ der König zerreißen, ermorden, vernichten. Doch in Damaskus, dem Herz des Omaijaden-Kalifats, vergaß man nicht, vergab nicht, entschuldete nicht. Und gab eines Tages einem jungen Reitergeneral namens Muhammed bin Qasim vom Stamme der Thaqif, Schützling des Omaijaden Al-Hajjaj ibn Yusuf, von diesem erwählt und ausgebildet, den einfachen Auftrag: »Ziehe nach Osten, besiege Dahir und töte ihn für seine alte Schuld, den ungesühnten Mord an den arabischen Waisenkindern. Und bringe das Wort des Propheten in diese östlichen Gefilde, in jene Länder voller Muskat und Pfeffer, Elefanten und Silber, wunderschönen Frauen und Kindern, Gold, fruchtbaren Landstrichen und wilden Bergen. In jene Länder, die nur darauf warten, erobert zu werden.«

Im Jahre 91 nach des Propheten Auswanderung aus Mekka, im Jahre 710 im Kalender des Propheten Jesu, brach Muhammed bin Qasim mit 6000 syrischen Reitern auf, kurz nach seiner Hochzeit mit einer der Töchter Al-Hajjajs. So schön war er, so wunderschön in seinem Antlitz, seinem gestählten, braun gebrannten Körper, dass manchem seiner Krieger und altgedienten Männer ein warmes Blut in den Unterleib schoss. Denn ganze siebzehn Lenze nur zählte er, und befehligte doch ein Heer größer, gewaltiger als manche Truppe, die ein Fünfzigjähriger unter seinem Kommando hatte. Und alle nannten ihn bald: die Raubkatze Allahs.

Beweglich wie ein Panther und schneller als jedes Heer seiner Zeit, zog er mit seinen Truppen vom Persischen Golf aus die Küste des Arabischen Meeres entlang nach Osten. Am Indusdelta nahm er weitere 6000 Kamelreiter und Fußtruppen unter sein Kommando. In der Nähe des heutigen Karatschi sammelten sie sich und zogen am Westufer des Indus nordwärts. Und jeden Tag, jede Stunde konnten er und seiner Männer sehen, wie sich am östlichen Ufer der Gegner formierte, das gewaltige Heer des schuldreichen Dahir. Mehrere zehntausend Reiter und Fußtruppen zählte das Heer dieses Gegners, angeführt von Dahir selbst, der gleich einem Gott auf einem Elefant thronte, und neben sich einen unentwegt schnatternden Affen, dem er das Fleisch seiner Feinde zum Fraß gab.

Doch auf Allah vertrauend, auf die Hilfe des einzigen Allmächtigen, machte sich Muhammed bin Qasim bereit zur Schlacht. Seine Männer, die meisten um Jahre, Jahrzehnte älter als er, zitterten vor der Übermacht des Gegners und wünschten sich in den Schoß ihrer Mütter zurück. Doch Muhammed rief ihnen zu, auf seinem weißen Schimmel, den Krummsäbel in der Hand: »Was zittert ihr wie alte Weiber in ihren Erdlöchern? Allah schickt uns, die Botschaft Mohammeds des Propheten in diese gottlosen Länder zu bringen, in denen das Abschlachten von wehrlosen Waisen ungestraft bleibt. Allah ist groß und milde, größer als alles Sehnen der Menschen, doch unbarmherzig richtet er die, die sich an Unschuldigen, Hilflosen vergehen. Wer dennoch von Euch verzagt, der soll nun umkehren und jammernd vor Angst zu Hause in sein Bett kriechen, unwürdig, dem Schöpfer noch einmal unter die Augen zu treten. Die aber bleiben, die wird Allah zum Sieg führen, einem Sieg, strahlender als der Alexander des Großen vor eintausend Jahren.«

Kein Reiter riss die Zügel herum, keiner wendete sein Pferd. Sie machten sich bereit für den Angriff. Denn Muhammed war eine Raubkatze, für den Angriff geboren, und kein tönerner Bär, der sich in einer Höhle zur Verteidigung verkriecht. An einer verborgenen Stelle bauten seine Truppen eine Bootsbrücke über den Indus. Mitten in der Nacht, mit um die Pferdehufe gewickelten Tüchern, setzte seine Reiterarmee über. Im Morgengrauen des 20. Juni des Jahres 712 überraschten sie des Gegners riesige Streitmacht in der Flanke. Stunde um Stunde wog die Schlacht. Hart und unbarmherzig kämpfte der Feind. Doch dann, als alles Schicksal auf des Messers Schneide stand, gab Muhammed, der sich mit seiner Leibgarde in die Nähe von Dahirs Elefanten vorgekämpft hatte, das verabredete Zeichen. Einhundert berittene Bogenschützen schossen mit Baumwolle und Teer umwickelte Brandpfeile ab. Und Allah, der Großmütigste unter den Großmütigen, lenkte einen der Pfeile in jenen mit kostbaren Tüchern behangenen Stuhl, auf dem Dahir auf seinem Elefanten saß. Sofort fing der Stuhl Feuer. Der Elefant geriet in Panik, und Dahir stürzte zu Boden. Tapfer kämpfte der Brahmanen-König weiter und führte seine Männer von Angriff zu Angriff. Doch schließlich, am Ende des Tages, erfüllte sich sein Schicksal. Ein Pfeil traf ihn in seinem Bauch. Verblutend lag er am Boden. Seine Truppen, endgültig führerlos und entmutigt, flohen in wilder Auflösung. Muhammed fand den Sterbenden, beugte sich nieder zu ihm und sagte: »Zwei Reiche in friedlicher Eintracht hätten wir sein können, diesseits und jenseits des Indus. Doch wer die Mörder von Waisenkindern entkommen lässt, dem gewährt Allah keine Gnade.« Und Muhammed nahm seinen Krummsäbel, enthauptete Dahir und ritt davon. Den Kopf seines Gegners ließ er, mit dem Gesicht nach außen, in eine Säule einmauern. Als ewig währendes Zeichen für diejenigen, die an der Gerechtigkeit Allahs zweifeln wollten.

Wasims Augen begannen zu schmerzen. Jeden Abend las er in diesem Buch, bei schwachem Kerzenlicht, nun war er im Jahre 91 in der Zeitrechnung des Propheten angelangt, der Eroberung von Südafghanistan und Pakistan durch die Araber. Er legte das Buch zur Seite und wollte gerade das schwache Licht in seiner Unterkunft ausmachen, als er eine Stimme hörte. Es war Shahin, einer der arabischen Männer, die mit Wasim nach Afghanistan gekommen waren.

»Der Sheik möchte dich sehen. Sofort.«

Wasim fragte: »Ist sein Generator wieder kaputt?«

Shahin sagte: »Das weiß ich nicht.«

Wieder nahm Wasim seinen Werkzeugkoffer. Wieder ging er zur Hütte des Sheiks. Als er eintrat, saß der Sheik aufrecht auf seiner Liege. Der Generator war ausgeschaltet. Und der Sheik hatte keinerlei Schläuche an seinem Körper, sondern saß völlig angezogen da. Als sei sein Blut nun für immer sauber.

Der Sheik sagte: »Wasim, wir müssen uns trennen. Viele Jahre hast du mir treu gedient als Leibwächter. Nun aber habe ich eine andere Aufgabe für dich.«

Wasim stellte den Werkzeug-Koffer ab. Er sagte: »Was auch immer du als Aufgabe für mich bestimmt hast, ich werde es tun.«

Der Sheik sah ihn prüfend an. Dann sagte er langsam, wobei er Wasim zu beobachten schien: »Morgen wird ein Trupp unserer arabischen Kämpfer nach Norden aufbrechen, um unsere Taliban-Brüder zu verstärken. Sie leiden schwer unter den Amerikanern. Die feigen Hunde zerbomben jede Stellung, jedes Dorf, und hinterlassen die Frauen als Witwen und die Kinder als Waisen. Du wirst diesen Trupp anführen.«

Wasim nickte. Der Sheik hätte auch sagen können: Ich lasse dich hinrichten, weil du mich in Gedanken hast töten wollen. Das Ergebnis würde dasselbe sein.

Doch Wasim war ein Kämpfer. Ein wahrer Kämpfer urteilt nicht über den Sinn einer Operation. Er kämpft um Allahs Ehre. Und Wasim würde kämpfen. Kämpfen wie einst die Raubkatze Allahs, die auszog, um alle Waisen, alle getöteten Kinder auf immer zu rächen.

Erwachen

Kristian, wo bist du? Ich schaue deine Sachen durch, bei Schwester Martha. Ich finde meine Briefe an dich. Kleingeld. Doch wo ist dein Mantel? Dein Pass? So vieles ist weg. Hast du es mitgenommen? Hast du es geplant? Kristian, hast du geplant zu gehen? Warum? Was ist passiert?

Langsam, als wandere es aus einem dunklen Brunnen empor, schien sein Bewusstsein zurückzukehren. Kristian spürte zuerst seinen Mund, seine Augen, dann seinen Hals, seine Schläfe, seine Hände. Als gebe es eine geheimnisvolle Reihenfolge des Erwachens. Alles an ihm schien verklebt zu einer starren Masse aus Gewebe, Schmerz und Hilflosigkeit. Wer war er? Wo war er? Es war dunkel. Kein Licht war für ihn auf dieser Welt. Dann roch er etwas. Als sei er in einem Hühnerstall. Es roch nach Exkrementen. Doch kein Ton, keine Stimme, kein Geräusch war bei ihm, außer dem eigenen Atem.

Als sein Gehirn eine Vorstellung seines Körpers zurückgewonnen hatte, so als sei es ein neu gestartetes Rechnersystem, begriff er drei Dinge: Seine Hände und Füße waren gefesselt. Sein Kopf, sein Gesicht waren umhüllt von einem groben Stoff, einem Sacktuch vielleicht, nur mit einem Schlitz zum Atmen. Und er hatte furchtbaren Durst. Er versuchte zu schreien, nach Wasser, nach irgendetwas. In sich drinnen hörte er diese Schreie. Doch er war nicht sicher, ob sie seinen Mund verließen. Es war, als blieben diese Schreie kleben in seinem Mund. Und er hatte Schmerzen, die von einem Schlag auf den Kopf herrühren mussten. Er wusste nicht, ob er blutete.

Dann hörte er Stimmen. Als seien Münder, Zungen zu einem trockenen Brei verrührt worden. Eine krächzende Stimme, so hart, so ohne Schönheit und Liebe, als sei alle Hoffnung für immer für diese Stimme verloren. Es schien die Führungsstimme zu sein. Es war eine Art Paschtu, diese Stimme. So viel konnte Kristian hören. Ein ganz fremdartiges Paschtu. Wie von einer anderen Menschenart. Und doch war es Paschtu. Das Böse spricht in meiner Sprache, dachte er.

Ist das Bewusstsein zurück, so fragt der Neurologe: Ist die Erinnerung ein Vogel, der zurückkommt zu dir? Manche erinnern sich nie. Wenn die Kraft auf das Gehirn zu stark war, die Luftlosigkeit des Ertrinkenden zu lange, die Betäubung durch das Gift zu verheerend. Dann leben die, denen das Bewusstsein zurückkehrte, dennoch schattenlos weiter, für Monate, für Jahre, für immer. Doch Kristian erinnerte sich.

Seine Erinnerung wanderte zurück. Langsam wie eine Schnecke, die den umgekehrten Weg kriechen muss. Männer um ihn herum. Die auf ihn einreden. Ihn festhalten an seinen Armen. Der eine versucht, einen Sack über seinen Kopf zu ziehen. Kristian tritt ihn mit seinem Stiefel so stark ins Geschlecht, dass der andere aufschreit. Dann wird es schwarz vor Kristians Augen.

Vor dem Zusammenstoß mit diesen Männern: Er wartet auf einem Platz. Dann kommen die Männer. Die Schnecke wandert weiter zurück: Er ist auf dem Weg zu einem Treffpunkt. Entgegen aller Warnungen, die sein Innerstes ihm zuruft. Geh nicht. Doch ich gehe. Warum? Es ist Krieg. Krieg gegen mein Volk. Nicht weißt du, was Schein ist. Nicht, was wirklich. Ich gehe. Und davor, lange davor: die Vorbereitung der Falle? Ein zweiter Zettel. Komm dann und dorthin. Wir warten auf dich. Er packt seine wichtigsten Sachen zusammen. Er verlässt das Lager. Schwester Martha.

Der erste Stein, der erste Zettel. Der Stein fliegt durch den Vorhang in sein Quartier. Niemand bemerkt es. Nur er. Auf dem Zettel steht etwas in Paschtu. Komm und hilf deinem Volk. Kämpfe für dein Volk. Es ist der Wille Allahs.

Außer Kontrolle

Ein Rumpeln und Poltern im Flur riss Miller und Albert aus dem Schlaf. Dann trat Buck in ihr Zimmer. Er kaute seinen Kaugummi viel schneller als sonst.

»Captain«, fragte Buck, »haben Sie John und Rutger einen Nachtauftrag gegeben?«

Miller und Albert waren sofort auf den Beinen.

»Nein«, sagte Miller, »Nein, um Gottes willen, was ist los mit den beiden?«

Bucks Backen bewegten sich nun gar nicht mehr. So als hätte er seinen Kaugummi verschluckt. Dann sagte er:

»Die beiden sind jedenfalls weg. Ihr Zelt ist leer, und einer meiner Afghanen sagt, sie seien mit einem Jeep von uns das Tal hinunter.«

»Um Gottes willen«, rief Miller, »wir müssen die beiden sofort suchen.«

Buck sagte, wobei er wieder zu kauen begann: »Die beiden haben ihre gesamten Waffen mitgenommen.«

Miller, Albert und zwei ihrer Männer sprangen halb angezogen in einen der Jeeps, die draußen standen. Albert sah noch, wie Buck einen Pappkarton auf einen zweiten Jeep warf, und ihnen dann mit einigen afghanischen Männern folgte. Sie brausten los. Es war Albert, als seien sie eine hilflose Feuerwehr, ohne Martinshorn, ohne Wasser und ohne Kenntnis, wo der Brand genau war.

Sie fuhren mit überdrehten Motoren durch die Nacht. Es gab keine Laternen auf der Schotterstraße, nur die Scheinwerferkegel ihrer Jeeps zeigten ihnen den Weg. Zweimal wären sie beinahe von der Straße abgekommen und die Berghänge hinuntergesegelt.

Schließlich, 15 Meilen weiter südlich, fanden sie John und Rutger in einem Dorf. John lag tot, völlig zerschossen, an einer Häuserfront, Rutger verwundet daneben. Vor ihnen, im Umkreis von 50 Metern, lagen mindestens zwei Dutzend getöteter Dorfbewohner. Auch in einigen Häusern, in die offenbar Handgranaten geworfen worden waren, lagen Leichen. Hinter den Fenstern, Mauern und Türen der Lehmhäuser kauerten völlig verängstigte Menschen. Dann, als die Dorfbewohner bemerkten, dass Miller und die anderen nicht auf sie schossen, begann ein Schreien, wie es Albert in seinem Leben noch nie gehört hatte, ein Schreien, das wie zusammengebacktes dreckiges Glas Schmerz, Trauer und Hass miteinander verschmolz.

Miller beugte sich zu Rutger hinunter: »Rutger, um Himmels willen, was ist passiert?«

Rutger, der einen völlig zerfetzten Oberschenkel hatte, schien sich zu freuen, dass er Miller sah. Er lächelte. Als habe Miller ihm gerade einen Lottogewinn mitgeteilt. Dann stammelte er: »Captain, es tut mir so leid. Ich konnte nicht ahnen, dass es so endet.«

Albert versuchte, Rutgers Blutungen zu stillen. Ein anderer Mann ihrer Einheit, Mark, bemühte sich, über Funk einen Sanitätshubschrauber herbeizuholen. Buck stand mit versteinertem Gesicht auf der Mitte des Dorfplatzes und renkte nachdenklich seine Handknochen ein und aus. Neben ihm standen seine afghanischen Männer.

Miller redete weiter auf Rutger ein: »W-a-s i-s-t p-a-s-s-i-e-r-t?«

»Oh Captain, John sagte mir heute Nacht, er habe auf einer seiner Unternehmungen ein schönes afghanisches Mädchen kennengelernt und das wolle er besuchen. Ich könne mitkommen, und da gebe es noch viele andere schöne Mädchen, die froh seien, einen Amerikaner zu finden.«

»Und das haben Sie geglaubt, Rutger?«, fragte Miller.

»Ja, Captain, ich habe es geglaubt. Dann sind wir hierhin, in dieses schlafende Dorf, und John ging in ein Haus. Er sagte, dies sei das Haus mit dem Mädchen, und plötzlich kam er wieder rausgelaufen, und eine Granate drinnen explodierte und ich rief: John verdammt, was hast du getan? Aber er schien wie von Sinnen zu sein und schrie nur: Das sind alles Taliban hier, alle, das ganze Dorf, ich weiß es, ich töte sie alle, geh in Deckung, gleich schießen sie auch auf dich. Im Nu hatten wir das schlimmste Feuergefecht. Mein Gott, Captain, ich dachte, wir wollen uns bei ein paar Mädchen vergnügen und dann fängt John an, alle zu töten.«

Rutger verzog das Gesicht vor Schmerzen.

Mark sagte, er kriege keinen Empfang, es sei zwecklos.

»Wenn wir keinen Hubschrauber bekommen, verblutet er«, schrie Albert.

Buck hatte in der Zwischenzeit mit einem der Dorfbewohner geredet. Nun kam er zu ihnen und schaute sich Rutger an.

Dann sagte er ganz ruhig: »Captain, es ist ganz gut, dass kein

Hubschrauber kommt. Wir sollten jetzt fahren.«

Miller und Albert starrten ihn an.

Albert sagte: »Wir können Rutger nicht mit dem Jeep transportieren. Und bei uns im Lager auch nicht operieren.«

»Rutger bleibt hier«, sagte Buck. So als teile er jemandem eine Telefonnummer mit.

»Bitte was?«, sagte Miller. »Die US-Army lässt niemanden irgendwo zurück.«

»Captain, in diesem Land zählen die Regeln der US-Army nicht. Sondern andere Gesetze.«

»Was reden Sie da, Buck?«, fragte Miller.

Buck war ein Therapeut in einer psychologischen Sprechstunde: »Captain, die Lage ist mehr als ernst. Ich habe dem Dorfältesten bereits 100.000 Dollar als Blutgeld gegeben, doch das wird nicht ausreichen. In diesem Fall nicht. Sie brauchen einen, den sie töten können. Rutger und John wollten ihren privaten Krieg, sie haben ihn bekommen. John hat bereits gezahlt. Jetzt wird Rutger zahlen. Wir lassen ihn hier. Ich habe ihn dem Dorfältesten überlassen und den Familien der Getöteten. Im Gegenzug dürfen wir fahren, und er hält seine Männer zurück. Und wir werden jetzt fahren.«

»Sie sind wahnsinnig«, sagte Miller.

»Wenn Sie nicht machen, was ich sage, sind wir in zehn Minuten alle tot.«

Miller schaute auf Rutger. Dann schweifte sein Blick über den Dorfplatz. In jeder Gasse, jedem Fenster, jeder Tür blitzten ihm hasserfüllte Gesichter entgegen. Mittlerweile war auch ein halbes Dutzend bewaffneter Männer erschienen, mit durchgeladenen Gewehren.

Rutger sagte: »Captain, Buck hat recht. Lassen Sie mich hier, für mich ist das sowieso alles zu Ende.«

»So eine Scheiße«, sage Miller. »Ich kann das nicht glauben.«

Buck sagte trocken: »Wir fahren.«

Miller stand ratlos vor Rutger. Als sei er kein Offizier, sondern ein kleiner, hilfloser Junge an einer Schultafel.

»Captain Miller«, sagte Buck, »wir haben keine andere Wahl. Wenn wir uns an den Handel nicht halten, wird man uns töten oder aus unserem Lager vertreiben. Unsere Mission geht vor, nicht der einzelne Mann.«

Miller wandte sich Albert zu: »Geben Sie Rutger noch eine Morphiumspritze.«

Albert nahm einer der Einwegspritzen aus Rutgers Seitentasche und presste die Flüssigkeit in Rutgers unverletzten Oberschenkel. Rutger sagte: »Ist ein schönes Wässerchen, Doktor.«

»Rutger«, sagte Miller, »wir fahren jetzt los.«

»Machen Sie, dass Sie wegkommen«, sagte Rutger.

Sie bestiegen ihre Jeeps und fuhren davon. Und es war Albert, als sei dies alles, was sie jemals in diesem Krieg zustande brachten: Töten und davonfahren.

Ein Treffen in Peschawar

Um sie herum waren Stimmen, Menschen, Tiere. Und dazwischen, dahinter, davor: Vorhänge. Theken. Körbe voller Nüsse, Gemüse, Obst. Schatten. Gerüche. Vogelkäfige. Geschlachtetes Fleisch voller Fliegen. Sie stand auf einem Basar in Peschawar. Und hatte sich hoffnungslos verlaufen. Er wohne in der Afghanen-Kolonie, dritte Querstraße rechts, fünftes Haus rechts, Erdgeschoss. Wenn man von der Altstadt kam. So hatte es ihr Bruder vorgestern gesagt. Als sie ihn angerufen hatte von ihrem Hotel aus. In dem sie die einzige Insassin, Strafgefangene zu sein schien. Sie sah die dunklen Blicke der männlichen Hotelangestellten. Eine vom Aussehen her offenbar aus der Gegend stammende Frau alleine, ohne männliche Begleitung? Vielleicht weiter östlich in Islamabad oder im Süden in Karatschi. Aber in Peschawar? Der Vorstadt der Stammesgebiete, dem Tor zum Reich der Paschtunen, jenem Gebiet aus Staub, Dunst und uralten Traditionen, in dem die Gesetze des pakistanischen Staates so schnell zerbröselten wie ein Zuckerwürfel unter Pferdehufen? Dort war es nicht üblich, nicht ehrenhaft. Niemals darf eine Frau die Ehre ihrer Familie beschmutzen. Es nutzte nichts, wenn sie den Hotelangestellten sagte: Ich komme aus Deutschland. Wieder Blicke. Spricht man in Deutschland Paschtu? Lügnerin. Schlange. In manchen Gegenden kann man seine Biografie nicht erzählen. Also verließ Sarina in den zwei Tagen kaum ihr Zimmer, außer zum Essen oder um vom Hotelapparat aus zu telefonieren.

Dann stieg sie in ein Taxi, um zu ihrem Bruder zu fahren. Nach einer Weile sagte der Fahrer: »Raus jetzt.«

»Warum?«

Weiter fahre er nicht in diesem stinkendem Viertel. Nun stand sie orientierungslos auf dem Basar. Aus einer Tasche kramte sie ihr Mobil-Telefon. Aber es fand wie die Tage zuvor kein Netz.

Sie wanderte über den Basar, bis sie ein Geschäft fand, dessen Schaufenster überquoll mit Uhren, Kameras, Handys und anderer Elektronik. Dort erwarb sie ein weiteres Handy von einem einheimischen Anbieter und rief ihren Bruder an. »Ich kann den Weg zu dir nicht finden. Bitte hilf mir!«

»Wo bist du? Beschreibe es«, antwortete ihr Bruder. Sie sagte: »Ich bin ausgestiegen an der Ecke Dalazak Road / Afghan Colony Road. Jetzt bin ich auf einem Basar, in dessen Mitte ein Brunnen steht.«

Sie dachte an eine Tagung in Leipzig, die sie vor Jahren besucht hatte, kurz nach der deutschen Wiedervereinigung. Dort hatten viele Straßen außerhalb des Zentrums ebenfalls keine Schilder gehabt. Auf dem Weg zum Hotel hatte sie sich verlaufen und war auf dem Bürgersteig wegen schiefliegender Platten fast gestürzt. Manche Staaten wollen, dass man ihre Bürger nicht findet. Oder umgekehrt. Sie hörte die Stimme ihres Bruders: »Gut, dann weiß ich, wo du bist.«

Sie folgte dem von ihm beschriebenen Weg. Als die schier endlose Folge von Ständen, Läden und Krämerzelten zu Ende ging, verengte sich die Straße so sehr, dass die Häuser mit ihren unzähligen Fenstern, Holzbalkonen, Türmchen und Vorhängen aufeinander zuzufallen schienen. Kaum noch Licht fiel auf die Straße, und zum Himmel hin, der nur noch als blassblauer Spalt zu sehen war, spann sich ein unentwirrbares Geknäuel von Stromleitungen, Fernseh- und Radiodrähten, Computerkabeln sowie Gas- und Wasserrohren. Deutschland ist das Land, dessen Ordnungs- und Bauämter eine solche pakistanische Straße innerhalb von fünf Minuten sperren würden. Sarina kam ein Kleinlaster entgegen, aus dessen Dach ein Mann mit seinem Oberkörper ragte. Der Mann hob zu tief hängende Kabel nach oben, damit der Wagen durchfahren konnte. Der kleine Laster fuhr unbeeindruckt auf Sarina zu und machte keinerlei Anstalten zu bremsen. Sie musste sich in einen Hauseingang flüchten. Aus diesem Haus und den Nachbarhäusern drang ein Gemisch aus menschlichen Stimmen und Schreien, Tierlauten und unentwegter Musik. Sie war in einer Stadt voller Dämonen, die sie in eine Falle drängen wollten.

Endlich hatte sie das Haus ihres Bruders gefunden. Vor dem Eingang roch es angenehm nach gebratenem Fleisch. Auf einem Schild stand in Paschtu »Karims Bratstube«. Sie schob den Eingangsvorhang zur Seite und stand in einer kleinen Stube mit mehreren Tischen, Stühlen, einer Theke und einem riesigen Herd mit zwei zischenden Pfannen. Hinter der Theke stand ein bärtiger alter Mann. Vielleicht ein Angestellter von Karim. Mit dem rechten Arm rührte er mit einem Kochlöffel in einer der Pfannen. Mit dem anderen Oberarm machte er ständig seltsame, roboterartige Kreiselbewegungen, obwohl er gar nichts in der linken Hand hatte.

Sarina sagte: »As-salaamu' alaikum. Ich suche meinen Bruder Karim.«

Der Mann hinter der Theke antwortete: »Wa alaikum salaam, Sarina. Du musst nicht weiter suchen. Ich bin Karim.«

Sarinas Gesicht verzog sich wie nach einem Faustschlag. Karim redete weiter. So als hätte er zwanzig Jahre an dieser Rede geprobt: »Das hast du nicht erwartet, Sarina, nehme ich an. Als du uns verlassen hast, 1974, war ich zehn Jahre alt. Und du hast nun jemand erwartet, in dessen Gesicht du die Züge deines Bruders wiedererkennst? Doch was denkst du: Wie sieht jemand aus, der zehn Jahre gegen die Russen gekämpft hat, dann vor den Taliban nach Pakistan geflohen ist und dort die ersten zwei Jahre in einem Elendsviertel von Islamabad gelebt hat? Vor vier Jahren habe ich es geschafft, hier nach Peschawar zu kommen und mir eine kleine Existenz aufzubauen als Imbissbuden-Besitzer. Ich nehme an, in Deutschland hat es sich besser gelebt, Schwester, schöne reiche Frau aus Deutschland.«

Sarina hatte Mühe, dass ihre Stimme nicht wegrutschte wie an einem schlammigen Abhang. »Ich habe all das nicht gewusst. Erst vor einem Jahr hast du mir doch zum ersten Mal überhaupt geschrieben. Hättest du vorher ein Lebenszeichen von dir gegeben, ich hätte versucht, dir zu helfen.«

Karim ruderte weiter seltsam mit seinem linken Oberarm herum: »In den Slums von Islamabad ist das einzige Lebenszeichen, welches man von sich geben kann, *dass* man lebt. Es gibt dort keine Post, kein Internet, kein Telefon, sondern nur die Wasserleitung dreihundert Meter weiter, aus der alle drei Tage stinkendes Wasser kommt. Doch nun bist du ja hier. Weil dein Sohn verschwunden ist. Deswegen erst kommst du. Erinnerst du dich noch an das, was eine Familie in Afghanistan ist? Ein großer Kreis, Eltern, Großeltern, Kinder, Enkel, Brüder, Schwestern, Neffen, Nichten, und jeder würde für den anderen sein Leben geben. Und was lernt ihr in Deutschland? Offenbar ist Deutschland das Land, in dem außer der eigenen Brut sonst niemand aus der Familie von Interesse ist.«

Sarina sagte leise: »Ich habe Vater geholt, damit er in Deutschland einen würdigen Lebensabend verbringen kann.«

»Du wolltest sein Geld, nicht ihn«, sagte Karim ungerührt, während er weiter sein linken Arm kreisend bewegte.

»Das ist nicht wahr«, rief Sarina. Sie kämpfte, um nicht in Tränen auszubrechen. Sie setzte sich auf einen der Stühle. Dann fragte sie mit zitternder Stimme:

»Was ist mit deinem linken Arm? Hast du eine Nervenkrankheit? Oder ist das eine Kriegsverletzung?«

Karim schaute etwas verdutzt. »Eine Verletzung? Nein, so forme ich meine Hackfleischbällchen.« Er hob den linken Oberarm, entnahm mit der rechten Hand aus der Achsel eine Kugel aus Teig und Hackfleisch und legte sie in die Pfanne. Dann holte er aus einer Schüssel eine neue Portion Fleisch- und Teigmischung, schob sie sich in die Achsel und kugelte wieder mit dem linken Oberarm herum. Dann sagte er: »Ihr in Deutschland habt sicherlich Maschinen dafür.«

Sarina war so verblüfft, dass sie mit offenem Mund dasaß.

»Wissen denn deine Gäste, dass du das so machst?«

Karim sagte: »Es hat noch nie einer gefragt, wie ich die Hackfleischkugeln mache. Ich habe es mir in dem Laden abgeguckt, in dem ich als Hilfskoch anfing.«

Sarina schwieg und schaute auf den Boden.

Nach einer Weile hörte Karim auf, in der Pfanne zu rühren, und auch sein linker Arm kugelte nicht mehr herum. »Lass uns nach hinten gehen.«

Er schaltete den Herd aus, schloss seinen Imbiss-Laden ab und führte seine Schwester in den privaten Bereich. In der Wohnküche stand eine ältere Frau. Mit einem Rücken krumm wie ein Säbel. Ihre regungslose Gesichtshaut schien an die Schädelknochen genagelt worden zu sein. Am Tisch und auf dem Boden spielten zwei Mädchen und ein Junge. Als gäbe es nirgendwo in der Erinnerung einen Krieg.

»Das ist meine Familie«, sagte Karim. »Nuria, meine Frau, mein Sohn Farid und meine Töchter Kiana und Amira. Zwei meiner Kinder starben in Islamabad.«

Die Frau am Herd blickte kurz auf, um dann am Herd Wasser aufzusetzen.

»Lass uns einen Tee trinken«, sagte Karim, »und dann erzähl mir, warum du zu mir gekommen bist.«

Sarina setzte sich an den Tisch und erzählte ihm alles über Kristian. Dann sagte sie: »Hilf mir ihn suchen. Bitte! Er ist irgendwo da draußen.«

Karim sah seine Schwester an. Seine Frau schenkte den Tee aus. Er trank einige Schlucke. Dann sagte er: »Du bist wahnsinnig. Man kann nicht einfach nach Kurram, in die Stammesgebiete hinein. Es ist Sperrgebiet für alle, die nicht Stammesmitglieder sind. Außerdem…«

»Was meinst du…?«

»Ich fürchte, dass Kristian längst tot ist. Du sagst selbst, der letzte Kontakt, diese zweite Lösegeldforderung war vor knapp drei Wochen.«

»Er lebt, ich spüre, dass er noch lebt.«

Karim rührte in seinem Tee.

»Als unser ältester Sohn in Islamabad an einem schlimmen Fieber erkrankte, musste ich tagsüber weg, um Essen zu besorgen. Er hatte in der Nacht schwer gefiebert, und ich hatte kaum die Kraft, ihn zu verlassen. Aber es musste sein, sonst hätten wir alle am nächsten Tag nichts zu essen gehabt. Als ich morgens ging, war sein Fieber gesunken, und ich war so froh. Den ganzen Tag sprach ich in Gedanken mit ihm und freute mich, ihn wiederzusehen am Abend. Doch als ich zurückkehrte, war er tot. Er starb nur eine Stunde nach meinem Fortgang. Ich hatte mit einem Toten gesprochen. Ich hatte gefühlt, dass ein Toter lebt. Du kannst Gefühle haben, die dich schrecklicher verraten können als je ein Mensch. Du glaubst, dass Kristian noch lebt. Aber ich glaube es nicht.«

»Ich gehe dort hin, allein oder mit dir. Aber ich gehe und suche ihn.«

Karim sagte: »Dann geh allein.«

»Ist das dein letztes Wort?«

»Ja.«

Es war Sarina plötzlich, als würde alles in diesem Raum, alle Möbel, Regale, Schränke mitsamt allem Geschirr auf sie zustürzen. Als würde sie auf einen Boden fallen, der nachgab, wie eine steil nach unten führende Höhle. Sie sah in Nurias Gesicht. Und es schien ihr, als lächele Karims Frau sie zum ersten Mal an.

Ein Lagerfeuer aus Menschenfleisch

Sie standen rauchend in einem der Schützengräben, Wasim und Tarek, der Stellungskommandeur der Taliban. Es war eine bewölkte Nacht. Ein leichter Nieselregen fiel auf ihre Turbane und Schultern herab, und sie hatten sich lederne Mäntel umgelegt.

Tarek schaute in die Ferne. So als versuche er irgendetwas hinter der Dunkelheit und den Wolken zu erkennen. Alle wussten, dass die Amerikaner dieses Tal erobern mussten, wollten sie auf dem Vormarsch nach Kabul weiterkommen.

»Wie werden sie kommen, mit Panzern, mit Flugzeugen oder Hubschraubern?«, fragte Tarek.

»Wie Diebe in der Nacht«, sagte Wasim. »Sie haben kein Paradies für ihre Kämpfer. Das Diesseits ist alles, was sie haben, und darum sind sie feige und übervorsichtig. Sie werden Maschinen schicken.«

Wasim drückte seine Zigarette aus.

»Ich gehe ein wenig schlafen. Morgen früh löse ich dich ab.«

Tarek nickte. Er schien keine Angst zu haben. Wahrscheinlich glaubte er, bei diesem Wetter kann kein Amerikaner fliegen.

Wasim ging in seinen Unterstand. Er zündete eine Kerze auf dem Tisch an. Er hängte seinen Umhang über die Stuhllehne und zog seine Stiefel aus. Dann legte er ein kleines Tuch auf den erdigen nassen Boden. Er wusste, wo Norden war. Denn von dort würden die Amerikaner kommen. Also wusste er auch, wo Westen war. Das Land der zwei heiligen Stätten. Mekka und Medina. Noch nie war er dort gewesen. Obwohl jeder Muslim einmal dort hinpilgern sollte. Doch sie alle, der Sheik, er und die anderen arabischen Kämpfer, sie standen auf schwarzen Listen in diesem Land. Einlasslisten für Foltergefängnisse. Sie konnten nicht ins Land der zwei heiligen Stätten, um dort nach Mekka zu gehen. Wasim träumte davon, dass das Land der zwei heiligen Stätten eines Tages befreit werden würde. Das war auch der Traum des Sheiks. Wasim versuchte, seine Zweifel wegzuwischen, so wie die Nässe von seinen Kleidern.

Wasim kniete nieder auf seinem ausgebreiteten Tuch. Er spürte, wie die Feuchtigkeit durch seine Hose drang. Wasim betete. Er bat Gott um Vergebung, dass er vermutlich nie ins Land der zwei heiligen Stätten gelangen würde. Doch hier würde er kämpfen für Gott, für den Islam. Um Allah zu gefallen. Plötzlich merkte Wasim, dass er zitterte. Es war kalt. Der Winter hielt Einzug im Norden Afghanistans. Ein majestätischer und grausamer Winter, der von den Bergen des Hindukusch langsam hinunterwanderte in die Täler und Ebenen. Wasim erhob sich, nahm das Tuch und hängte es zum Trocknen auf. Er legte sich auf seine Pritsche, in voller Kleidung, nur ohne Stiefel. Er zog die Decke aus Schafsfell über sich. So war es wärmer. Er wünschte sich, dass es morgen früh etwas zu essen gab. Brot mit Sirup oder Käse. Und heißen Kaffee oder Tee.

Er schloss die Augen. Er wusste von anderen Stellungen, dass die Bomber oft nachts kamen. Unerreichbar für ihre Luftabwehr. Wenn man ihre veralteten russischen Boden-Luft-Raketen und ihre Flak eine Luftabwehr nennen konnte. »Zahnstocher« oder »Erbsenwerfer«, so nannten manche von Wasims Männern die Flugabwehr ihrer Taliban-Brüder.

Dennoch schlief Wasim ein. Trotz der Angst vor einem Angriff. Dem, den die Angst zuweilen übermannt, dem schenkt Allah Ruhe. Denn der Tod ist ein Weg. Kein Ende. Dieser Weg mag grausam sein, doch er führt in die Aufhebung aller Verzweiflung, allen Leids, aller Schmerzen.

Wasim schlief tief und fest. Manchmal, als würde er sich selbst im Schlaf beobachten, war ihm, als würde er träumen. Vieles sah er in diesem Traum. Er sah das Camp in Jordanien, in dem er aufgewachsen war. Er sah die Hoffnungslosigkeit in diesem Camp, die sich wie eine Schlammlawine durch die staubigen Gassen drückte. Er sah die betenden Muslime auf der Wiese bei Srebrenica. Er sah sich selbst. Nackt, kalt und ohne Mut. Dann wachte er auf. Er zog seine Stiefel an und legte seinen Regenumhang um. Er trat nach draußen. Es dämmerte bereits. Von Osten her schlich sich die Sonne wie ein Späher durch das Tal. Wasim ging den Schützengraben entlang. Vorne standen Tarek und ein halbes Dutzend seiner Männer. Sie schienen vergnügt. Sie tranken heißen Kaffee. Manche dieser Männer waren eigentlich keine Männer. Sie waren bestenfalls Jünglinge. Fünfzehn, vielleicht sechzehn Jahre waren sie alt. Die »Kuschelkinder Allahs«, so wurden sie von den meist viel älteren arabischen Kämpfern aus Wasims Einheit genannt. Wasim wusste, dass die Taliban viele von ihnen aus den umliegenden Gegenden in ihre Milizen pressten und sie zwangen zu kämpfen. Manchmal dachte Wasim, das ist nicht gut. Nur die sind es wert, für Allah zu kämpfen, die aus eigenem Entschluss kommen. Doch manchmal sagte er sich: besser ein erzwungenes Kamel für die Wüste als gar keines. Jeder Kämpfer war wichtig. Denn sie hatten keine Maschinen. Als Wasim noch etwa fünf Meter von der Gruppe entfernt war, hörte er ein Geräusch zu seiner Linken. Es war so leise wie das Summen einer Mücke. Er nahm es kaum wahr. So leise, so weit entfernt war es weg. Für gerade mal eine oder zwei Sekunden hörte er es. Dann war dieses Geräusch schon wieder verschwunden. Wasim schrie, als hätte ihn eine Tarantel gestochen.

»Runter! Runter! Sofort!«

Im nächsten Monat schon hörte er das Heranrauschen und Detonieren der Fliegerbombe. Es war, als würde die ganze Erde, der ganze Himmel auseinanderreißen. Kurz bevor Wasim sich zu Boden stürzte, sah er noch das Gesicht eines der Jungen. Ein unwirkliches Staunen lag auf diesem Gesicht. Und Wasim sah, wie dieses hilflose Gesicht durch die Druckwelle, die auf den Hinterkopf des Jungen gekracht war, zerplatzte. Das Gesicht flog einfach auseinander, so als sei eine Sprengladung im Gehirn gewesen. Im allerletzten Moment kam Wasim im Schützengraben auf dem Boden zu liegen und vergrub sein Gesicht in der Erde. Dann wurde er ohnmächtig, weil irgendetwas auf seinen Kopf schlug.

Lange spürte er nichts. Er hatte das Gefühl zu taumeln, sich immerzu zu drehen. Seine Hände und Gliedmaßen schienen wie gelähmt. So, als seien sie in flüssigen heißen Stahl gegossen worden, der nun erstarrt war. Er fragte sich, ob er ein Sterbender, ein Toter war, der den Tod in seine Adern hineinströmen fühlt. Wie ein kaltes Gift, das den Rachen, den Hals verätzt.

Dann kam er zu sich. Er öffnete die Augen. Neben ihm lag ein Stein, und über sein Gesicht sickerte Blut. Vermutlich war dieser Stein auf seinen Kopf aufgeschlagen. Er spürte eine furchtbare Übelkeit in seinen Gedärmen. Er tastete seinen Kopf ab. Der Schädel schien ohne Bruchstelle zu sein, offenbar war es nur eine Fleischwunde, die ihm der Stein zugefügte hatte. Doch als seine Hände über den Kopf strichen, hatte er das Gefühl, dass irgendetwas mit ihnen nicht stimmte.

Dann roch er etwas. Als sei in einem Kochtopf etwas angebrannt. Mühsam erhob er sich. Dann erst bemerkte er, dass seine Hände verbrannt waren. Und auch seine Kopfhaut, seine Haare. Wie durch ein Wunder schien der restliche Körper unversehrt zu sein. So wie sein Gesicht, das er auf die feuchte Erde gedrückt hatte. Offenbar waren die letzten Ausläufer des Explosionsfeuers bis an seinen Kopf herangekommen, hatten aber den Rest seines Körpers verschont. Als hätte Allah unterhalb seines Halses eine Schutzwand aufgebaut. Aus Wasser, aus kühlem, linderndem Wasser. Wasim hob seine verbrannten Hände nach oben. Als wolle er sie im Sonnenlicht bestaunen. Ein bestialischer Schmerz begann in sein Bewusstsein zu dringen.

Er stand auf, mühsam und unter Krämpfen. Er torkelte den Graben entlang. Er musste sich schnell verbinden lassen. Sonst würden die verbrannten Teile später zu eitern beginnen. Dann sah er auf dem Boden rechts vor sich eine Hand. Ganz allein lag sie da. Die Haut war nur noch schwarze Asche, die von den Knochen herunter bröselte. Wasim wusste, was ihn erwartete, wenn er weiter nach rechts blickte. Er wollte dort nicht hinschauen. Aber er tat es doch.

Rechts vor ihm, dort wo die Jungen und Tarek gestanden hatten, war nur noch ein großer rauchender Haufen. Der Haufen sah aus wie ein großes Lagerfeuer, das jemand hatte ausgehen lassen. So wie das Lagerfeuer letzten Winter, auf dem sie Fisch und anderes Fleisch gebraten hatten. Nach dem Ramadan, am Fest des Fastenbrechens. Nur, dass dieses Lagerfeuer vor ihm noch viel größer war. Und dass er wusste, dass dort rechts von ihm kein Fisch, kein Huhn, kein Rindfleisch lag. Es war schwarzes, verkohltes Menschenfleisch. Verbackt zu einer Masse aus Asche, Knochen, Kleidern, Lehm und Stein. Wasim sah eine verkohlte Wirbelsäule emporragen. Das war alles, was noch an Menschen erinnerte.

Er weinte. Aller Schmerz, alle Trauer brachen sich Bahn. Die anderen Überlebenden fanden ihn wimmernd auf dem Boden hockend. Sie brachten ihn auf die Krankenstation. Der Arzt spritzte ihm Morphium, eine halbe Ampulle. Der Arzt sagte: »Ich habe nicht viel davon. Also leg dir einen Stock zwischen die Zähne, wenn du den Schmerz nicht mehr aushältst.« Dann säuberte der Arzt seine Brandwunden am Kopf und an den Händen und verband sie.

»Ein Gewehr wirst du nicht mehr tragen und abfeuern können«, sagte der Arzt, als er fertig war. »Halte die Wunden sauber. Ich habe kein Antibiotikum hier. Falls es stark eitert, müssen wir die Hände abnehmen. Oder du stirbst sogar.«

Sie halfen Wasim auf eine Pritsche in der Krankenstation. Er bekam Fieber und dämmerte vor sich hin. Vier Tage lag er so da.

Doch er hatte Glück. Die Brandwunden eiterten nicht schlimm. Er konnte bald wieder aufstehen und essen.

Dann kam Shahin zu ihm. Wasim fragte: »Wie viele?«

Shahin sagte: »Nur du und ich und zwei andere von unserem Trupp sind noch da. Und unsere afghanischen Brüder haben drei Viertel ihrer Männer verloren. Es sind nur noch zwanzig. Wenn sie jetzt unsere Stellung mit Fußtruppen angreifen, werden wir sie nicht halten können.«

»Sie greifen uns nicht mit Fußtruppen an. Sie werden erst kommen, wenn sie uns alle zerbombt haben. Das ist ihre Art zu kämpfen. Dann müssen sie nur noch aufräumen.«

»Nicht uneffektiv«, sagte Shahin. »Hätten wir solche Flugzeuge, würden wir es nicht anders machen, oder?«

Dann musterte Shahin Wasim nachdenklich: »Was sagt der Arzt zu deinen Händen?«

Wasim hatte auf diese Frage gewartet. Er sagte: »Ich werde kein Gewehr mehr abfeuern können.«

Shahin sagte: »Dann wirst du auf andere Art kämpfen.«

Übelkeit beim Fahren

»Kristian, wir können nicht schon wieder anhalten.«

Thomas, der Vater, rührt am Gangschaltungs-Knüppel, als wolle er damit gleich den Sohn verprügeln.

»Wenn ihm doch übel ist«, sagt Sarina. »Das ist bei vielen Kleinkindern so.«

»Schau nach vorne. Kristian«, sagt Thomas. »Dann wird es besser.«

Wo ist vorne? Kristian weiß es nicht mehr. Nur hören kann er, mit seinem Sack über dem Kopf. Vorne, hinten, daneben ist allüberall. Wer hat mich entführt?

Etwas später verlassen sie die Autobahn und fahren auf den Parkplatz einer Raststätte. Sie sind auf dem Weg nach Italien. Urlaub in Afghanistan, denkt Sarina manchmal, wie wäre das? Granaten, Minen, Schreie. Durst. Zum Trinken nur Blut. In Italien: Sonne, Strand, gutes Essen. Trinkgeld. Wem kann man in Afghanistan Trinkgeld geben? Nur den Kopfgeldjägern. Sarina schnallt Kristian ab. Sie nimmt ihn an der Hand.

»Komm, wir gehen da den Weg entlang. Frische Luft ist gut.«

Thomas geht in die Raststätte. Für Kaffee und Zigaretten. So haben die Landser gekämpft, hat ihm immer sein Vater erzählt. Ihr bekommt Kaffee und Zigaretten, wenn ihr das übersteht. Als es Kaffee und Zigaretten nicht mehr gab, ging es bergab mit der Wehrmacht.

Kristian spielt auf einer kleinen Wiese. Daneben, in den Büschen, kann man nicht spielen, da sieht es aus, als hätte die ganze Autobahn Magen- und Darmgrippe. Autobahnen sind verkotete Straßen ins Nirgendwo. In Afghanistan findest du keinen Kot an den Straßen. Er geht gleich in Staub über. Auch das Blut sickert gleich ein, verstaubt und verschwindet. Das Blut auf Deutschlands Autobahnen bleibt. Bis zum nächsten Regen.

Sarina schaut Kristian beim Spielen zu. Drei Archetypen des Menschseins gibt es. Romeo und Julia. Mörder und Opfer. Mutter und Kind. Sarina nimmt Kristian auf den Arm. Ich liebe dich. Dieser Duft. Ein Kind ist ein Duft. Sie roch ihn schon bei der Geburt. Inmitten des Bluts, des Schweißes, der Krankenhausgerüche von Desinfektionsmitteln und Antiseptika. Der Geruch des Kindes. Es ist nicht der Geruch von Leben allein. Es ist der Duft von Reinheit. Von: Aller Tod ist fern. Von: Ich liebe dich.

Sie fragt: »Ist dir noch schlecht?« Kristian spielt. Die Farbe ist zurück in seinem Gesicht.

Sarina sagt: »Komm, lass uns zu Papa gehen. Er wartet im Cafe. Du kriegst einen Saft.«

Thomas sitzt in einer Ecke und schlürft Kaffee. Wenigstens ist er in die Nichtraucherzone gegangen. Die Zigaretten hat er für später.

Sarina sagt: »Nun guck nicht so grimmig. Er ist doch noch ein Kind.«

»Ich möchte nur gerne noch im Hellen in Italien sein. Wenn wir jetzt jede Stunde für eine halbe Stunde anhalten, dann ist es dunkel, wenn wir noch unterwegs sind. Ich hasse es, im Dunkeln in einem fremden Land zu fahren. Man verfährt sich, verbraucht mehr Sprit, baut Unfälle.«

»Du denkst immer nur an dein Auto, nicht an dein Kind.«

»Ich glaube, wenn ich versuche, Unfälle zu vermeiden, denke ich auch an mein Kind. Und auch an dich.«

Sarina schaut in ihren Kaffee.

Sie fahren weiter. Kristian spürt wieder diese Übelkeit in seinem Bauch. Niemand sagt: Schau nach vorne. Oder: Lass uns halten. Er liegt gefesselt in einem Kofferraum. Mit diesem Sack über dem Kopf. Wenn sein Herz schlägt, drückt es nicht nur das Blut, sondern auch den Schmerz durch seinen Körper. Eine Übelkeit tiefer als der Magen drängt nach oben. Nicht übergeben. Nicht übergeben. Soviel weiß er: Man kann an seinem Erbrochenen ersticken. Wenn die Hände nicht frei sind. Die Sinne. Am Morgen haben sie ihn aus dem Verschlag geholt. Ihn auf die Beine geprügelt. In den Kofferraum gezerrt. Mit diesem fremdartigen Paschtu. In Deutschland hat Kristian auch manchen Bayern auf der Fahrt nach Italien angestarrt. Ein Volk ist groß, wenn die Leute einander nicht mehr verstehen. Nur Wortfetzen erkennt er an diesem Paschtu seiner Entführer. Flüche vor allem. Es scheint etwas schief zu laufen. Seine eigene Entführung läuft schief. Also ist sein Tod nahe. Verbrecher werden zu Verbrechern, wenn die Tat schief läuft. Dieser Kofferraum ist ein Sarg. Der Wagen bockt und rüttelt wie ein wildes Pferd. Feldwege, Schlaglöcher. Dann wird es besser. Offenbar fahren sie über eine Straße. Jede Minute besteht aus zwei Dingen: Habe ich genug Luft? Und: Nicht übergeben. Manche Amateure vergessen, dass ein Opfer Luft braucht in einem Loch, einem Kofferraum, einem Verschlag. Und finden im Loch dann eine Leiche. Doch es ist genug

Luft da. Und er muss sich nicht übergeben. Das ist gut. Auch weil die Entführer ihn dann nicht noch mehr schlagen. Du dreckiges Schwein. Wer soll das sauber machen?

Nach Stunden hält der Kofferraum an. Licht von oben. Tageslicht offenbar. Sie zerren ihn raus. Er spürt jetzt diesen Durst. Wenn man sich um Luft sorgt, hat man keinen Durst. Nun atmet er freie Luft. Keine gefangene Luft. Sein Hals brennt. Er fragt nach Wasser: auf Paschtu. Ein Wunder geschieht. Einer reicht ihm eine Schale Wasser. Kristian trinkt aus wie ein Verirrter in der Wüste. Durch den Schlitz im Sacktuch. Danke. Danke. Sie zerren ihn wieder in etwas hinein. Es scheint ein Haus zu sein. Es ist wärmer als draußen. Sie stoßen ihn in einen Raum. Allah sei Dank. Es ist wärmer als im letzten Verschlag. Dort hat er gefroren. Gezittert. Und wusste zuweilen nicht, ob vor Angst oder Kälte. Manchmal vermischt sich die Angst mit der Kälte. Hier ist es wärmer.

Degradierung

Die Abenddämmerung hatte bereits begonnen. Albert sah, dass Miller draußen vor der Unterkunft stand und rauchte. Albert gesellte sich zu ihm. Miller starrte auf die Berghänge in der Ferne, so als hätte er irgendwo da draußen wieder eine Lasermarkierung gesetzt, um nun auf die amerikanischen Jagdbomber zu warten, die eine Taliban-Stellung in Schutt und Asche legen würden.

»Was ist los, Captain?«, fragte Albert.

Miller trat seine Zigarette auf der Erde aus.

»Vorgestern, als die Sache mit John und Rutger passiert ist, habe ich natürlich gleich einen Bericht an Oberst Mulholland geschrieben. Heute kam die Antwort.«

»Und?«, fragte Albert.

»Ich werde abgelöst«, sagte Miller. »Das war mir ohnehin klar.

Dass sie mich allerdings auch degradieren würden, damit hatte ich nicht gerechnet. Ich bin nur noch Leutnant und habe somit bis auf Weiteres kein eigenes Kommando mehr. Ich hätte meine Leute nicht unter Kontrolle.«

Albert entgegnete: »Wie soll man hier seine Leute unter Kontrolle haben? Wir setzten nur Lasermarker auf Ziele, sehen nie unsere Gegner und hausen, bei allem Respekt vor unseren Unterkünften, in einer steinernen Einöde. In meinem Combat Medic Field Reference sind psychische Katastrophen wie die bei John gar nicht vorgesehen.«

Miller sagte nichts. Zusammen schauten sie die Berghänge an. Wie ein verbrauchtes Ehepaar, dessen Blicke sich nicht mehr begegnen wollen.

Nach einer Weile fragte Albert: »Wie geht es nun weiter?«

Miller sagte: »In drei Tagen kommt ein Oberstleutnant mit drei neuen Leuten, als Ersatz für mich, John und Rutger. Und einem zweiten Team.«

»Warum gleich ein Oberstleutnant?«, fragte Albert.

»Sie ändern das Verfahren. Mehr Rang und Arroganz auf dem Boden für bessere Luftangriffe. Mehr weiß ich auch nicht. Sie werden es dann ja erleben.«

Miller setzte sich auf eine Holzbank an der Hauswand. Wer kein Kommando mehr hat, darf sich setzen. Im Veteranenheim sitzen sie auch alle.

»Lassen Sie uns über was anderes reden, Albert«, sagte Miller. »Was machen Sie, wenn all das hier fertig ist? Also die Taliban und Osama weg sind und Afghanistan der 51. Bundesstaat der USA?«

»Ich nutze die Gelegenheit und besuche Kalkutta«, sagte Albert.

Miller hob seinen Kopf. »Kalkutta? Was zum Teufel wollen Sie in Kalkutta? Sie haben doch einen katholischen Rosenkranz bei sich? Wollen Sie jetzt noch zum Hinduismus konvertieren?«

»Nein, nein«, sagte Albert, »ich will dort eine entfernte Verwandte suchen.«

»Wie das, erzählen Sie mal«, sagte Miller.

»Also, mein 90-jähriger Großvater hat mir letztes Jahr kurz vor seinem Tod erzählt, dass Ende des 19. Jahrhunderts sein Onkel als junger Mann auf einem Schiff in Neapel anheuerte, das nach Indien fuhr. In Kalkutta legte das Schiff an, aber nach einigen Tagen fuhr es wieder zurück. Nur dieser Onkel meines Großvaters blieb in Kalkutta. Er gründete eine Familie und hatte ein erträgliches Auskommen als Zimmermann. Doch in der dritten Generation, kurz nach dem Zweiten Weltkrieg, verarmte die Familie und musste in die Slums von Kalkutta ziehen. Dort lebt heute vielleicht noch eine Nachfahrin, jedenfalls hat sie vor fünf Jahren meinem Großvater einen Brief geschrieben. Und mein Großvater sagte zu mir: Alberto, geh sie suchen, hol sie nach Hause, zu uns nach Amerika.«

Miller schüttelte ein wenig den Kopf: »Wie wollen Sie denn in einer riesigen Slum-Siedlung Ihre Verwandte finden? Da gibt es doch keine Einwohnerlisten, oder?«

»Nein, sicher nicht«, antwortete Albert. »Ich frage einfach nach aus Italien stammenden Bewohnern. Vielleicht funktioniert es ja. Wenigstens versuchen will ich es.«

Miller sagte: »Ich wünsche Ihnen sehr, dass Sie Ihre Verwandte finden.«

Dann frage Albert: »Und was machen Sie, Captain? Wenn Sie nach Hause kommen?«

Miller sagte: »Leutnant, Albert, ich bin nur noch Leutnant. Ich muss mich eh dran gewöhnen.«

»Ok, Herr Leutnant, was machen Sie zu Hause? Gibt es jemanden, den Sie suchen können, ohne dass Sie ihn wie hier töten müssen?«

»Nein«, sagte Miller, »da gibt es niemanden. Meine Eltern…«, er rieb sich die Stirn, »meine Eltern starben beide, als ich acht war, und Geschwister habe ich nicht. Oft hatte ich das Gefühl, auf die Welt gekommen zu sein, um allein zu sein. Ich bin zur Army, um meinem toten Vater zu zeigen, dass er ein Vorbild für mich war.

Obwohl er so früh starb. Und weil ich eine neue Familie finden wollte.«

Miller überlegte eine Weile.

»Also, wenn ich die Army verlassen sollte, gehe ich zu einem Kumpel, der eine Sicherheitsfirma betreibt. Da kann ich dann kleine Einbrecher-Taliban jagen.«

»Ist doch was«, sagte Albert. Und schaute wieder zu den Bergen, weil er diesen nichts Tröstliches sagen musste.

Aufbruch in die Stammesgebiete

Karim brachte Sarina in einen fensterlosen Raum im ersten Stock.

»Hier kannst du schlafen. Wir haben nicht viel Platz.«

»Bekomme ich denn hier genug Luft?«, fragte sie, den Tränen nahe.

»Du bist der erste meiner Gäste, der dies fragt«, antwortete Karim. Er zeigte auf ein quadratisches, verstaubtes Gitter in der Decke.

»Das ist die Luft. Sie reicht aus. Gute Nacht.«

Karim gab Sarina noch wortlos eine Matte und einige Decken. Dann verließ er den Raum. Sarina schaute sich um. Drei Wände des Raums waren mit Regalen und Schränken zugestellt, aus denen Unmengen von Geschäftspapieren hervorquollen.

Sarina legte die Matte auf den Boden, zog ihre Schuhe und Jacke aus und legte sich zusammengekrümmt unter die Decken. Einige Minuten lang lag sie regungslos da. Als würde etwas in ihr auf der Lauer liegen, so wie ein alles zerreißender Leopard. Dann plötzlich, wie auf einen geheimen Befehl hin, sprang der Leopard.

Unsichtbare beißende Krallen aus Schmerz rissen an ihrem Brustkorb. Aus ihrem Gesicht pressten sich die Tränen wie Hochwasser durch die rissigen Wände eines Kellers. Sie zitterte, ihre Zähne schlugen gegeneinander wie die Kastagnetten eines Orchesters. Ihre Tränen liefen als salziges Rinnsal über ihre Wangen, stauten sich an den Lippen und tropften von ihrem Kinn herab. Und aus der Tiefe ihres Rachens kam ein Schluchzen, ein Gurgeln und Wimmern, das sie selbst beinahe staunend zur Kenntnis nahm. Sie verlor jedes Gefühl für ihren Körper, ihre Seele. Sie war nur noch ein sich auflösender Stoff. Dann, irgendwann, drückte sich eine nie gekannte Erschöpfung gleich einem Kissen auf ihr Gesicht. So wie man ein lästiges Kind erstickt. Sie fiel in einen bleiernen tiefen Schlaf. Ohne Traum, ohne Erkennen, ohne Hoffnung. Sie erwachte, als draußen das morgendliche Lärmen der Händler, Tiere, Maschinen, Kinder begann.

Sie zog sich ihre Schuhe an. Ihre schönen deutschen Schuhe. Was nützen sie mir, fragte sie sich. Ich habe alles verloren. Ich kehre zurück wie eine sündige, falsche Mutter. Ohne mein Kind. Mein Kind stürzte in einen Abgrund, doch ich folgte ihm nicht. Ich habe keine Kraft mehr, allein weiterzusuchen. Ein Fahrradfahrer kann nicht zum Mond fahren. Er mag einen unbeugsamen Willen haben, einen gestählten Körper. Aber er hat keinen Ansatzpunkt.

Sie ging nach unten. In die Küche. Nach dem Frühstück würde sie gehen. Ohne Vorwürfe. Ohne Gram. Leer wie eine Plastikhülle für eine aus dem Fluss gezogene Leiche. Sie würde von Peschawar nach Karatschi fliegen. Von Karatschi nach Europa. Von Europa nach Deutschland. Von Deutschland nach Düsseldorf. Dem Dorf an der Düssel. In der die Toten treiben jeden Tag von Neuem. Die aus den vergangenen Kriegen und den kommenden. Niemand mehr sieht diese Leichen. Sie sind zu alltäglich. Dann würde sie zu ihrer Wohnung gehen. Zu ihrem Mann. Und allein im Türrahmen stehen. Ohne Kristian. Und die Nachbarn würden von ihren Weihnachtseinkäufen zurückkommen.

Sie trat in die Küche. Karim saß am Tisch. Von seiner Frau und seinen Kindern war nichts zu sehen. Vielleicht waren die Kinder in der Schule und die Frau am Einkaufen. Wie gehen pakistanische Kinder in die Schule? Sarina wusste es nicht.

Sie setzte sich. Karim schenkte ihr eine Tasse Tee ein. Ohne aufzublicken. Sarina rührte in ihrem Tee herum. Obwohl weder Zukker noch Milch drin waren.

Karim sagte etwas. Ohne aufzublicken. Sie hörte es. So als würde ihr jemand etwas beiläufig zuflüstern. Etwas über eine fremde Welt.

»Ich begleite dich, um Kristian zu suchen.«

Sie sah, wie ihr der Löffel aus der Hand fiel. Dann, plötzlich, riss etwas sie von ihrem Stuhl. Ein scharfer Draht, der sie an ihren Armen nach oben zog.

Sie stand. Sie hörte sich brüllen: »Warum tust du mir das an? Erst nein, dann ja, wann wieder nein, wann ja? Spielst du mit meiner Angst, was soll das, willst du mich völlig zugrunde richten?«

Sie setzte sich wieder. Frierend. Schluchzend. Beide schwiegen. Als sie die Teetasse in die Hand nahm, merkte sie, dass sie den Tee vor Zittern aus der Tasse schwappen ließ.

Karim schaute sie immer noch nicht an.

»Morgen früh brechen wir auf«, sagte er.

»Ist das alles?« Sie schrie noch immer.

Er hob den Kopf ein wenig. Wie aus einer Deckung heraus, als sei er am Boxen, sagte er:

»Wir machen es auf meine Weise. Ist das klar?«

Sie hatte keine Kraft mehr zu sprechen. Sie schleppte sich in ihren Schlafraum im Obergeschoss wie eine lahmende Antilope. Sie versuchte, über dieses »auf meine Weise« nachzudenken. Es gelang ihr nicht mehr. Sie schlief wieder ein.

Am nächsten Morgen brachen sie auf. Sie betraten einen dunklen Hof hinter Karims Wohnung. Karim zeigte auf einen kleinen Pkw, der in einer Ecke stand. Der Wagen war so alt und verrostet, dass jeder Fußgänger mutig wurde.

»Steig ein«, sagte Karim. Sarina schaute ihn fragend an.

»Sag nichts. Wir machen es auf meine Weise.«

Sie fuhren durch Peschawar. Nach einer Weile hatte Sarina das Gefühl, dass sie die Stadt in Richtung Norden verließen, nicht in

Richtung Westen, wo sie eigentlich hinwollten.

»Wo fahren wir hin?«, fragte sie vorsichtig.

»Wir fahren jemanden abholen. Dort wechseln wir auch unser Fahrzeug.«

Sarina schloss die Augen. Sie sagte: »Wenn wir noch Proviant einkaufen müssen, ich habe genug Geld dabei.«

»Ich habe mich um alles gekümmert. Gestern, als du den ganzen Tag schliefst. Du bist mit dem Flugzeug und dem Bus gekommen, und hast trotzdem wie eine Tote geschlafen. Ich bin vor sechs Jahren elf Tage bei Tag und Nacht zu Fuß unterwegs gewesen, und konnte trotzdem keine Nacht mehr als ein oder zwei Stunden schlafen. Wir sind sehr unterschiedliche Geschwister.«

Sarina wollte bösartig sein: »Vielleicht sind wir ja nur Halbgeschwister.«

»Beleidige nicht unsere Mutter.«

Sie schwiegen. Karim fuhr. Sarina schaute auf die Straße. Nach etwa einer Stunde erreichten sie ein Areal voller Hallen, Garagen und halb fertigen Bürogebäuden. Vielleicht sollte hier einmal ein Gewerbegebiet entstehen. Bei dem man dann vergessen hatte, weiterzubauen.

Karim bog auf einen Parkplatz ein. Am anderen Ende des Platzes sah Sarina zwei Gestalten stehen. Ein Kind und einen Mann. Beide warteten offenbar auf Karim.

»Das ist unsere Begleitung«, sagte Karim.

»Ein Kind? Warum willst du ein Kind mitnehmen?«

Karim hielt an. Sie stiegen aus. Sarina erkannte, dass die kleinere Gestalt ein kleinwüchsiger Mann war. Er grinste Sarina mit einem freundlichen breiten Lächeln an. Der Andere war offenbar ein Ostasiate. Ein Vietnamese oder Chinese.

»Darf ich dir vorstellen?«, sagte Karim zu Sarina. »Meine Freunde Aban und Deng Han Jin aus China. Jin spricht sogar ein bisschen Deutsch.«

»As-salaamu' alaikum«, sagte der Liliputaner.

»Guter Tag«, sagte Jin auf Deutsch. »Unter deutschen Frachtern gearbeitet.«

Sarina schüttelte beiden die Hände. Sie brachte keinen Ton hervor.

Inzwischen hatte Karim eine der anliegenden Großgaragen geöffnet. Drinnen stand ein Lkw mit einem Zirkuswagen als Anhänger. Beide waren in pakistanischer Tradition über und über mit blumenartigen Mustern bemalt sowie mit gelben, roten und weißen Überresten von Reflektor-Leuchtplaketten, Kunststoff-Plättchen und Autoscheinwerfern beklebt. Es sah aus, als würden auf den Fahrzeugen Blumenbeete wachsen. So als seien sie für eine christliche Osterprozession in Europa bestellt.

Karim sagte: »Ich habe die beiden Wagen vom Lucky Irani Circus in Karatschi für einen Apfel und ein Ei gekauft. Vor einigen Jahren schon. Eines Tages will ich hier einen Zirkus mit Aban und Jin aufmachen.«

»Das ist sicher eine gute Idee mit dem Zirkus«, sagte Sarina, »aber warum haben wir so viel Zeit verloren, hier hinzufahren, nur um deinen Zirkuswagen anzugucken? Wir müssen doch in eine ganz andere Richtung. Bitte lass uns jetzt fahren.«

»Wir fahren auch«, sagte Karim langsam, »aber wir fahren mit diesen beiden Wagen.«

Sarina wurde weiß wie ein Salzstein. Sie lehnte sich mit dem Rücken an eine Mauer. Sie zitterte. Plötzlich begann sie so laut zu schreien, dass der Chinese und der Kleinwüchsige zusammenzuckten.

»Mit diesem Gefährt, einem Kleinwüchsigen und einem buddhistischen Chinesen willst du in die streng moslemischen Stammesgebiete? Du bist verrückt, du willst mich in den Wahnsinn treiben als Rache dafür, dass ich damals nicht das getan habe, was du erwartet hast.«

»Jin«, sagte Karim ganz ruhig, »ist kein Buddhist. Er ist zum Islam übergetreten.«

Sarina schrie einfach weiter: »Ist doch egal. Sie werden uns erschießen, bevor wir drei Meilen weit gekommen sind. Wir sind doch für alle sichtbar wie ein bunter Hund auf einem Tablett.«

»Genau das ist es«, sagte Karim. »Und jetzt beruhige dich bitte. Wenn du weiter so schreist, werden Aban und Jin nicht mitkommen, weil du so hysterisch bist.«

»Was meinst du mit ›genau das ist es‹?«

»Sarina«, entgegnete Karim, »ich sagte dir, wir machen es auf meine Weise. Es ist so oder so gefährlich. Doch unser Hauptproblem ist, dass wir die Stecknadel im Heuhaufen suchen. Und deswegen müssen wir auffallen. Es ist unsere einzige Chance. Wenn sich herumspricht, dass ein verrückter Haufen aus einem Zirkusfanatiker aus Peschawar, einem Kleinwüchsigen, einem Chinesen und einer Paschtunen-Frau mit einem Zirkuswagen unterwegs sind und Kunststücke vorführen, dann werden wir auf Leute treffen, die wir sonst nie zu Gesicht bekämen.«

Sarina atmete etwas ruhiger. »Was meinst du mit Kunststückchen?«

Karim schaute zu seinen beiden Freunden. »Meinst du, Aban und Jin sind Büroangestellte?«

Karim nickte zuerst kurz zu Aban. Aban stand einige Sekunden wie erstarrt da. Nur seine Wangen und sein Mund formten sich zu einem sanften Lächeln, das er Sarina entgegen streckte. Dann, ohne jede erkennbare Vorbereitung, machte er aus dem Stand einen Salto rückwärts.

Sarina trat einen Schritt zurück. Sie fragte: »Und Jin?«

Jin sagte: »Kannte Trick. Großer Trick.«

Er nahm aus der Tasche ein großes Messer. Er klopfte mit der Klinge auf das Auto, um durch den metallischen Ton zu zeigen, dass es eine echte Klinge war. Dann ritzte er ganz leicht damit über den Handrücken, sodass Sarina am sofort austretenden Blut sehen konnte, wie scharf es war. Plötzlich, schneller als Sarina schauen konnte, stach sich Jin damit mit aller Gewalt in den Bauch. Sarina schrie auf. Jin taumelte und krachte zu Boden. Dann stand er wieder auf, lächelnd und das vollständige Messer in der Hand. Kein Tropfen Blut war auf seinem Bauch zu sehen.

Sarina starrte Jin mit offenem Mund an.

Karim sagte: »Ist doch nicht schlecht für einen angehenden Zirkus, oder?«

Sarina fasste sich wieder: »Das mögen ja tolle Kunststückchen sein, aber wir fahren in die Stammesgebiete. Die werden uns massakrieren, wenn wir als respektloser Zirkus dort aufkreuzen.«

»Du weißt wenig über diese Stammesgebiete, Sarina«, sagte Karim. »Schon in Kabul und Islamabad denkt man, dort gäbe es nur archaische Wilde, Kriminelle und religiöse Extremisten. Und in Europa und den USA sowieso. Doch wenn die Taliban in Afghanistan so humorlos sind wie Eidechsen in einem Kühlschrank, dann heißt das nicht, dass alle Paschtunen in den Stammesgebieten dies sind. Außerdem müssen lustige Leute nicht respektlos sein. Und solange man sich in den Stammesgebieten an die Regeln hält, kann man durchkommen.«

»Welche Regeln meinst du?«

»Es gibt viele. Gastfreundschaft. Respekt. Ehre. Ein Mann darf eine fremde Frau nicht anschauen.«

»Muss ich einen Schleier tragen?«, fragte Sarina.

»Das sehen wir dann.«

Eine Pause entstand. Dann sagte Karim: »Nun, schau dir erst mal die Wagen von innen an.«

Er führte Sarina in das Innere des Anhängers. Es gab einen kleinen Tisch mit Stühlen sowie Schlafgelegenheiten mit Polstern, Decken und Kissen. Auch reichlich Vorräte hatte Karim eingekauft. Auf einem kleinen Gasherd würden sie kochen können.

»Welchen Weg werden wir fahren?«, fragte Sarina.

»Zuerst durch den Khyber Distrikt, dann in den Kurram Distrikt«, antwortete Karim.

»Es ist Wahnsinn, denkst du nicht auch, Karim?«, sagte Sarina.

»Ja, trotz allem ist es Wahnsinn«, sagte Karim und nickte mehrmals.

»Warum hilfst du mir trotzdem? Nachdem du erst Nein gesagt hast?«

Karim schaute eine Weile auf den Gaskocher. Als würde dort schon eine Suppe köcheln.

Dann sagte er: »Nach unserem ersten Gespräch, als ich es ablehnte, dir zu helfen, und du bereits oben am Schlafen warst, habe ich Allah all meine Wut, meine Verbitterung dargebracht, ja entgegengeschleudert. Meine Verbitterung über deinen Wohlstand und Reichtum in Deutschland, und meine Armut und mein Leid. Ich bat ihn um Rat, um Hilfe. Schließlich, inmitten meines Arbeitszimmers, fiel ich in einen tiefen Schlaf. Dann, plötzlich, der Morgen dämmerte bereits, stand meine Frau, Nuria, in der Tür. Seit dem Tod zweier unserer Kinder in Islamabad hat sie nicht mehr viel gesprochen, nur immer stumm und schweigend gearbeitet. Als könne sie damit unsere Kinder aus dem Himmelsreich wieder einlösen. Plötzlich also stand Nuria in der Tür meines Arbeitszimmers und sagte: ›Du musst deinem Neffen helfen. Er ist der Sohn deiner Schwester. Und du musst deiner Schwester helfen.‹ Ich verspürte eine ungeheure Erleichterung. Damit war es entschieden. Ich dankte Allah. Ich bitte dich, mir zur vergeben.«

Sarina umarmte ihn: »Eher muss ich dich um Verzeihung bitten. Dafür, dass ich einfach fortgegangen bin damals.«

Karim sagte: »Du hast damals das Richtige getan. Der Krieg zeichnete sich ab. Krieg ist nicht jedermanns Sache. Vor allem nicht die Sache der Frauen.«

Nachdem alles im Wagen verstaut war, fuhren sie gegen Mittag los. Karim und Sarina saßen im Führerhaus, Jin und Aban waren in den Anhänger gegangen. Sie verließen Peschawar in südwestlicher Richtung auf einer anfangs gut ausgebauten Straße. Unentwegt kamen ihnen rappelnde, pfeifende, mit ihren Keilriemen und Kupplungen schleifende und völlig überfüllte Autos, Busse und Laster entgegen. Nach etwa einer Stunde nahm der Gegenverkehr ab.

»Wie ist dein Plan?«, fragte Sarina, »Wie fahren wir genau?«

»Ich habe keinen Plan«, sagte Karim. »Heute fahren wir nach Süden bis kurz vor die Provinzgrenze zum Khyber Distrikt und übernachten dort. Morgen versuchen wir dann, über diese Grenze zu kommen. Das wird schwierig genug.«

»Warum?«, fragte Sarina.

»Der Khyber Distrikt ist, bis auf die Passstraße in Richtung Afghanistan, eigentlich nur für die dortigen Bewohner zugänglich und nicht für andere Einwohner Pakistans. Wegen der Sicherheitslage, den ständigen Stammesfehden.«

»Warum fahren wir dann nicht nach Jamrud zur Passstraße, und dann später erst nach Südwesten Richtung Kurram Distrikt? Du sagst doch, die Passstraße ist allen zugänglich.«

»Grundsätzlich ja. Nur werden jetzt wegen des Krieges die Kontrollen an der Passstraße viel stärker sein. Nein, ich denke, wir nehmen einen der südlicheren Grenzübergänge. Auch wenn die eigentlich ebenso für uns gesperrt sind.«

»Und wie sollen wir dann da hereinkommen?«, fragte Sarina. Sie spürte, wie ihre Stimme lauter wurde.

Karim antwortete nicht, sondern starrte eine Weile am Steuer in die Windschutzscheibe seines Lkws hinein. Als würde dort ein Fernsehprogramm laufen. Dann fragte er plötzlich: »Wie viel Geld hast du dabei?«

Sie sagte: »Etwas über 40.000 Dollar.«

Karim bekam fast einen Hustenanfall. Dann sagte er: »Ich kann nicht glauben, dass du soviel dabei hast. Nie habe ich mehr als 1000 Dollar auf einmal gesehen. Geschweige denn besessen.«

»Wie viel von dem Geld werden wir brauchen, um rein zu kommen?«, fragte Sarina.

»Nicht so viel«, sagte Karim.

Beide schwiegen.

Dann fragte Sarina: »Wie kalt wird es noch werden? Wir haben schon Herbst.«

»Es wird gehen«, sagte Karim. »Es wird hier erst im Januar kalt. Bis dahin, denke ich, sind wir zurück, so oder so.«

Sarina biss sich in die Faust, um ruhig zu bleiben.

Ihre erste Nacht verbrachten sie an der Grenze zum Khyber Distrikt in der Nähe einer stillgelegten Fabrik. Als sie sich im Wagen zur Übernachtung fertig machten, bemerkte Sarina, dass Jin einen Revolver reinigte. Jin sagte: »Von Frachter. Malaysische Piraten. Vielleicht auch hier Piraten. Bald.«

Als er die Waffe gesäubert hatte, holte er ein kleines Heftchen hervor und schaute sich mehrere Minuten lang eine Seite in diesem Heft an. Dann, plötzlich, schrieb er etwas hinein. Wieder besah er sich die Seite fast fünf Minuten lang, um erneut kurz etwas hineinzuschreiben. Sarina sah, dass es ein deutsches Kreuzworträtsel war. Als Jin bemerkte, dass sie ihn beobachtete, schloss er das Heft und sagte: »Querworträtsel. Von deutsch Frachter. Macht Ruhe.«

Sarina sagte: »Jin, ich danke Ihnen, dass Sie mitkommen und mich und meinen Bruder unterstützen.«

Jin schaute Sarina an und sagte: »Sie sind schöne Frau.«

Sarina ahnte, dass sie auf dieser Reise nicht zum letzten Mal jemanden entgeistert angestarrt hatte. Doch für heute war es genug. Sie drehte sich auf ihrer Schlafgelegenheit um, zog die Decke über den Kopf und spürte, wie der Schlaf sich wie ein warmes schwappendes Wasser über ihrem Körper, ihrer Seele ausbreitete.

Leben in einer Minute

»Wasim, Wasim«, rief er, »komm raus, da ist eine Überraschung für dich, dein Cousin.«

Pfeilschnell erhob sich Wasim. Und ging nach draußen. Draußen stand ein Mann im Alter von etwa zwanzig Jahren. Wasim erkannte ihn nicht. Er hatte viele Cousins gehabt. Manche waren in Palästina geblieben. Manche mit ihm im Camp in Jordanien gewesen. Viele Jahre war das her. Er kannte die meisten seiner Cousins nur als Kinder.

Wasim umarmte den Mann. »Verzeih mir, doch ich erkenne dich nicht. Wie ist dein Name?«

»Syed«, sagte der Mann, »der Sohn deines Onkels Dakil.«

Ja, Wasim hatte einen Onkel diesen Namens. Dennoch war er immer noch zögerlich.

»Sage mir, Syed, noch etwas, als Beweis, dass du tatsächlich aus meiner Familie kommst. Hier im Krieg streut der Satan uns viele Fallen. Man wird misstrauisch.«

Syed kramte etwas aus seiner Westentasche. »Ich sage dir nichts, sondern ich gebe dir etwas. Hier.«

Er gab Wasim einen Briefumschlag. Der Umschlag war schwer. Zu schwer für nur einen Brief. Wasim öffnete mühsam den Umschlag mit seinen Fingerstummeln.

»Was ist mit deinen Händen?«, fragte Syed.

»Ich habe vergessen, meine Handschuhe anzuziehen«, sagte Wasim.

Im Umschlag lag ein Brief. Und eine Armbanduhr.

»Lass mich für einen Moment allein, Syed«, sagte Wasim.

Wasim taumelte fast in seinen Unterstand. Im flackernden Schein einer Petroleumlampe entfaltete er zitternd den Brief.

»Liebster Wasim, wenn du diesen Brief liest, wird alles vergebens gewesen sein. Und meine Schuld so unermesslich, dass ich nicht mehr unter den Lebenden sein werde. Darum auch schicke ich dir diese Uhr zurück, denn mein Leichnam soll nicht verschönert werden durch sie. Als meine Eltern mit mir nach Damaskus gingen, weil dort Aussicht auf Arbeit und ein besseres Leben für meine Familie bestand, trug ich ein Kind von dir in meinem Körper. Als es nicht mehr zu verheimlichen war, wollte mein Vater mich verstoßen. Doch ich durfte bleiben, dank meinen Schwestern und meiner Mutter. Ich brachte einen Jungen zur Welt, wunderbar in seinem Wesen, wunderschön in seinem Antlitz, und jeden Tag sah ich in ihm dein Gesicht, als er aufwuchs. Ich gab ihm den Namen Djamal, der Schöne. Ich war glücklich, ihn zu haben, ich träumte davon, eines Tages zu dir zurückzufinden und dir dieses schönste Geschenk auf Erden zu zeigen. Dann jedoch, eines Tages, kurz nach Djamals achtem Geburtstag, endete meine Zeit. Sie brachten ihn mir tot, ertrunken in einem Schwimmbad, als sei er ein dort auf dem Grunde des Beckens gefundener Stein, ein Stein, mich für immer zu steinigen. Seitdem bin ich eine Hülle, ein Kleid, ein Körper, ohne Seele, ohne Wissen, ohne Trauer, nur voller Schuld und Hass auf mich selbst. Denn ich war nicht bei ihm, ihn zu beschützen. Ich war nicht bei ihm, als das Wasser sich um seinen Körper, sein Antlitz, seine Angst legte und alles erstickte. Jede Nacht wache ich auf und sehe sein Gesicht im Todeskampf. Jeden Tag gehe ich hinaus und erblicke Kinder an der Hand ihrer Eltern, dass ich mich vor Schmerz an den Hauswänden stützen muss. Jeden Abend sitze ich vor einem geöffneten Fenster. Dann, durch Zufall, erfuhr ich, dass Syed, dein Cousin, der dich für deinen Kampf über alles bewundert, in Damaskus war und zu dir nach Afghanistan wollte. So wusste ich, dass meine Qual zu Ende war. Nun habe ich dir diese Zeilen geschrieben und gebe diesen Brief bald Syed, der heute Abend von Damaskus nach Pakistan fliegen wird, um von dort zu dir zu gelangen. Dann werde ich im Wohnzimmer meiner Eltern im 8. Stock eines Hauses in Damaskus sitzen, wenn sie schon zu Bett gegangen sind, und zum letzten Mal werde ich das Fenster nach draußen öffnen. Habe keine Hoffnung, denn wenn du für deinen Kampf einst im Paradies bist, wirst du mich nicht finden. Denn ich gehe nun über die schmale Brücke der Ewigkeit, um ins Feuer zu stürzen, denn Vergebung und Gnade sollen meine Belohnung nicht sein, und selbst dieser Ort der Verdammnis erscheint mir nun als eine wahre Erlösung. Frage nicht Syed, was sich ereignet hat, er wird nichts wissen. Vergib mir nicht, denn meine Schuld ist zu groß für alle Gnade. Lebe du weiter, um mein Grab zu schänden, meinen Leichnam zu bestrafen, dann, wenn du das Grab deines Sohnes besuchen solltest, neben den sie mich legen werden, wenn aller Tod meine falschen Lippen küsst. Leb wohl. Aicha.«

Wasim faltete den Brief zusammen. Er sah sich nach draußen gehen. Draußen stand Syed und unterhielt sich mit Shahin. Wasim hörte sich sagen: »Syed, ich danke dir. Bitte verzeih meine Zweifel. Erzähle mir, warum du gekommen bist.«

Syed sagte: »Ich will mit euch kämpfen.«

Wasim sagte: »Das ist gut.« Er blickte sich um. Als würden gleich noch andere Cousins kommen, um mit ihm zu kämpfen.

Wasim sagte: »Ruhe dich nun von deiner langen Reise aus. Shahin wird dir morgen alles zeigen.«

Syed sagte: »Ich danke dir, Wasim.«

Shahin schaute zu Wasim. Mit einem Stirnrunzeln. »Wasim, ist alles in Ordnung?«

Wasim war ein sprechender Körper: »Es ist alles in Ordnung.«

Syed und Shahin gingen. Wasim blieb stehen. Er stand auf einem brennenden, riesigen Weltenball. Der Ball drehte sich. Bald würde Wasim hinunterstürzen. Ins schwarze Nichts hinein. Und alles mitreißen mit sich.

Zwischenkapitel 10/31

Gesetz der Paschtunen

Höre, Bewohner der Steppe, des Grenzlandes, der Berge, Kind Paschtuniens: Dies ist das unausweichliche Gesetz, das Pashtunwali, das zu befolgen dir höchstes Gebot ist. Vor Jahrhunderten schon, lange vor der Zeit deines Vaters und Großvaters, galten seine Gesetze, also beschmutze sie nicht mit deiner Unehre oder Missachtung, sondern betrachte sie als unumstößlich, heilig und unwiderruflich.

Melmastia, das erste Gesetz: Gewähre dem, der darum bittet, Einlass, und lass ihn dein Gast sein, der Geborgenheit, Essen und Trank findet bei dir. Kein Geschenk, keinen Lohn erwarte, sondern gewähre Zuflucht und die Sicherheit deines Dorfes jedem, wie auch immer seine Herkunft und sein Stand sind, wer auch immer ihn verfolgt oder nicht.

Badal, das zweite Gesetz: Die Rache folgt allem schändlichen Handeln. Wird dir Unrecht getan, so fordere Rache, übe sie aus, vollziehe sie, da sonst deine Ehre für immer beschmutzt ist. In minderen Fällen kann Geld, Waren oder Heirat das Unrecht sühnen, in schlimmeren Fällen nur der Tod eines aus der Familie des Schuldigen.

Nanawatay, das dritte Gesetz: Bist du besiegst, so gehe in das Haus des Siegers und bitte um Vergebung. Bedenke: Nicht einfordern kannst du Vergebung, wenn du eine Frau entehrt oder verletzt hast, oder einen Mann, ein Kind zu Unrecht getötet.

Nang, das vierte Gesetz: Die Ehre eines Paschtunen und seiner Familie ist unantastbar. Nicht gebrochen, nicht beschmutzt, nicht beleidigt werden darf sie, sonst gilt das zweite Gesetz. Und erneut gilt: Nur durch den Tod des Verursachers kann die beschmutzte Ehre einer Frau wieder hergestellt werden.

Aus einem Reiseführer für Pakistan

Früher fuhren Pakistanis nicht schnell, sondern nur gefährlich. Seitdem es bessere Straßen gibt, fahren die Pakistanis schnell und gefährlich.

Bevor Sie in Pakistan Auto fahren, schauen Sie als Fußgänger oder von einem Bus aus einige Tage lang zu: Der pakistanische Straßenverkehr hat einen Rhythmus, er kennt eine Art Tango des Fahrens, und Sie sind verloren, wenn Sie sich in diesen Rhythmus nicht einfügen.

Offiziell herrscht in Pakistan Linksverkehr, doch es herrscht ein starker Drang zum Fahren auf dem Mittelstreifen.

Es ist unbekannt in Pakistan, warum Rückspiegel in die Autos eingebaut werden. Sie werden als Erstes entfernt. Dasselbe gilt für Sicherheitsgurte.

Einige Autos geben Alarmtöne von sich, wenn die zulässige Höchstgeschwindigkeit überschritten wird. Doch diese Geräusche sind für Pakistanis eher eine Art Musik, zusätzlich zu der aus den meist auf volle Lautstärke aufgedrehten Radios.

Der Gebrauch von Blinkern ist uneinheitlich. Wenn ein Fahrer nach rechts blinkt, kann dies bedeuten, dass er die Folgenden rechts überholen lassen will. Es kann aber auch bedeuten, dass er selbst rechts abbiegen oder überholen will.

Fahren bei Dunkelheit ist immer zu vermeiden, da kaum Wert auf funktionierende Rücklichter gelegt wird.

Die Lichthupe meint nicht: »Nach Ihnen« sondern »Jetzt komme ich!«

JoPa II., Generalaudienz, 31. Oktober 2001

Liebe Schwestern und Brüder!

»Wahrhaftig, du bist ein verborgener Gott« (Jes 45,15). So beginnt das Canticum aus dem Buch Jesaja, das zum Bestandteil des Morgenlobes der Kirche geworden ist.

Jesaja betrachtet die Größe Gottes, die sich in der Schöpfung und in der Geschichte manifestiert: Gott der Vater ist der Gott der Offenbarung und zugleich der Gott der Verborgenheit, der »Deus absconditus«.

»Vor mir wird jedes Knie sich beugen, und jede Zunge wird bei mir schwören« (Jes 45,23). Beim Beten dieser Worte denken wir an die volle Offenbarung im Neuen Testament, dessen Höhepunkt Jesus Christus ist.

Ja, Gott wollte sich in der Gestalt seines eingeborenen Sohnes der Welt zeigen, um dem Menschen näherzukommen. Wir sind eingeladen, seinen Namen zu bekennen und zu preisen mit den Worten der Psalmen und der geistlichen Gesänge.

Herzlich begrüße ich alle Pilger und Besucher aus den Ländern deutscher Sprache. Besonders willkommen heiße ich die zahlreichen Jugendlichen. Bekennt euch zum eingeborenen Sohn Gottes, indem ihr mit Freude seinen Namen preist. Gerne erteile ich euch allen und euren Lieben daheim den Apostolischen Segen.

III

Oberstleutnant Ramses

Oberstleutnant Ramses kam nicht einfach, um ein Kommando zu übernehmen. Er kam so, als käme mit ihm die Richtigkeit, die Unfehlbarkeit, nur verkleidet in einem Gewand namens: Mut und Willen. Mutwilligkeit. Er kam mit drei Hubschraubern, drei Männern als Ersatz für Miller, John und Rutger, einem zusätzlichen Team und unzähligen Kisten und Kleincontainern. Allein zwei Paletten Starbuck Coffee. Ich, der Messias, bringe euch Starbuck Coffee, auf dass euer Leid für immer ein Ende hat. Empfangskomitee an den gelandeten, knatternden Hubschraubern. Wer von euch Flaschen ist Miller? Handzeichen. Hauen Sie ab. Miller stieg in einen der Hubschrauber und verschwand. Ein Soldatengrab mit Kreuz und seinem Namen wäre würdevoller gewesen, dachte Albert.

Buck wechselte die ersten Worte mit dem Oberstleutnant. Danach sah der CIA-Agent nicht so aus, als könne er einem Lungendurchschuss noch etwas Humorvolles abgewinnen.

»Sir, wie sollen wir all die Kisten zu unserem Camp bringen? Die Geländewagen kommen hier nicht durch«, sagte Buck.

»Nicht mein Problem«, sagte Ramses. »Ich bringe. Sie schleppen.«

»Sir, ich bin CIA-Angehöriger und nicht Mitglied der Army. Sie sind nicht berechtigt, mir Befehle zu erteilen. Unser Auftrag lautet: Kooperation. Nicht Unterordnung.«

»Ich kann Ihnen nicht befehlen? Ok, ich brauche Sie ja auch nicht. Aber ich kann es meinen Männern befehlen.«

Also schleppten Albert, die neuen Männer, die Begleit-Afghanen, alle zusammen die Kisten. Außer Ramses natürlich. Im Zweiten Weltkrieg gab es eine US-Einheit namens Lumpensammler-Division. Weil die alles nicht Niet- und Nagelfeste mit sich schleppte. Flugzeuge, Rotwein, Frauen, Essen, Geräte, Ziegel. Man könnte es ja noch brauchen. Vor sich die Deutschen, mit sich die Lumpen. So waren sie jetzt auch. Vor sich und nirgends die Taliban, mit sich die Kisten von Ramses. Nach zwei Stunden Schlepperei hatten sie befahrbares Gelände erreicht, um das Zeug in die herbeigerufenen Geländewagen zu laden.

Sie fuhren zum Camp. Ramses vorne mit Buck und einer schwanzgroßen Zigarre im Maul. Offenbar gehört zum US-Major aufwärts ins Gesicht das Großmaul mit Glimmstängel.

Im Camp ließ Ramses antreten. Er schrie, als seien die Männer vor ihm hinter den fernen Bergen bei den sieben Zwergen.

»Es läuft nun anders. E-f-f-e-k-t-i-v-e-r.« Wenn er die Bomber anfunkt, kommen die pünktlich und mit den richtigen Grüßen. Nicht wie bei Miller. Das zweite Team wird nördlich von hier stationiert. Zange. Die Taliban zu zerquetschen. Aber vorher gilt es, den Schwur zu erfüllen.

Welchen Schwur?

Buck schaute so drein, als ob er niemals mehr etwas witzig finden würde.

Ramses sagte: »Wir holen die Leichen von John und Rutger.«

Buck wurde aschgrau im Gesicht. »Sir, das ist unmöglich. Und lebensgefährlich. Sie wissen, was passiert ist, und warum wir die beiden, die für ihr Schicksal selbst verantwortlich sind, zurückgelassen haben. Wir wären sonst vermutlich alle umgekommen.«

Ramses: »Ich habe nichts dagegen, dass John und Rutger tot sind. Die US-Army kann mit toten Jungs leben. Aber nicht mit leeren Gräbern. Die US-Army hat geschworen, dass jeder Junge nach Hause kommt.«

»Das machen Sie allein, Ramses«, sagte Buck. Albert stockte der Atem. Wie sollten sie ohne Sprachkundigen überhaupt etwas erreichen?

»Macht nichts«, sagte Ramses. »Einer der beiden neuen Männer kann ein bisschen Farsi. Für ›Leichen her‹ reicht es. Und sind ja noch ein paar Afghanen-Lakaien dar.«

In Ramses Schnauze steckte noch die halbe Schwanz-Zigarre.

»Sieg Heil«, sagte Buck und drehte sich um.

Ramses ließ satteln. Auf die Jeeps. Vierzehn Männer mit schweren Waffen. Drei Afghanen dazu. Von denen hatte jeder 100 Dollar von Ramses bekommen. Spendier-Offizier. Beerdigungskomitee auf amerikanisch-afghanisch.

Sie fuhren los. Dieselbe Strecke wie vor ein paar Tagen. Nur im Hellen. Dann aber ging es nicht weiter. Steinschlag. Riesige Brocken auf der Straße. Albert: Als hätten die Götter mit ihnen ein Nachsehen. Ramses: unbelehrbar. Stieg aus mit dem Schwanz im Mund und brüllte den Steinschlag auf der Straße an. Die Steine gehorchten nicht. In fast jedem anderen Land hätte die Army sofort Bulldozer zur Hand gehabt. Nicht in Vietnam, nicht in Afghanistan. Deswegen verlor man solche Kriege ja auch.

Ramses brüllte: »Wir fahren einen anderen Weg. Los los.«

»Sir, an einigen der Steine sind Sprengpulver-Spuren. Wir sollten vorsichtig sein. Es riecht nach Falle«. So der Nachfolger von Miller, Captain Reilly.

»Und Sie riechen nach Angst«, schnatterte Ramses.

Lamentieren, Unsicherheit bei den afghanischen Fahrern. »Das ist nicht so einfach mit dem anderen Weg. Es gibt einen, ja es gibt einen. Aber…«

»Ja und? Und aber was?«

»Vier bis fünf Stunden Umweg. Und durch Hazara-Gebiet.«

»Hazara? Wer ist das, sind das Apachen oder was?«

»Ein anderer Stamm. Unberechenbar. Mal Freund von A, mal Freund von B. Morgens das, abends dies.«

»Na, dann heute Freund von uns«, kreiselte Ramses herum.

Sie drehten um und fuhren los. Eine Stunde, zwei Stunden, dann ein Dorf. Sie brausten durch, als sei es die Tribüne einer Rennbahn. Kein Zwischenfall. Dann, vor ihnen ein weiteres Dorf. Irgendwas stimmte nicht. Apachen?

Ramses ließ anhalten. Schickte drei Mann vor. Einen Spähtrupp. Klassische Infanterietaktik. Spähen. Schießen. Dann die Bomber rufen. Die schießen auch. Nur anders.

Der Spähtrupp kam zurück. Einer der Männer kaute auf einer ausgegangenen Zigarette rum, als hätte er Tage nichts zu essen gehabt.

»Was ist?«, schrie Ramses.

»Sir, das Dorf ist ausgelöscht.«

»Ausgelöscht?«

»Überall Leichen. Kinder. Erwachsene. Alte. Kann erst ein paar Stunden her sein. Die Brandstellen sind frisch, das Blut auch.«

»Unsere Bomber?«, fragte Ramses.

»Nein, alle erstochen, erschlagen, erschossen. Nicht wir.«

Albert dachte: Jetzt ist Ramses angekommen. Und seine Zigarre kein Schwanz mehr zum Lutschen, sondern ein Leichenteil.

»Wir kehren um.«

Aha und also: Die Army lässt niemanden zurück. Sie drehten die Wagen. Beerdigungsunternehmer ohne Umsatz. Das waren sie.

Grenzüberschreitung

Am frühen Morgen, nach einem Frühstück, das ihnen Jin aus Dosen zusammengekocht hatte, fuhren sie weiter. Nach etwa einer halben Stunde erreichten sie eine geschlossene Straßenschranke mit einem kleinen Häuschen, die Grenze zum Khyber Distrikt. Ein uniformierter Mann mit einer Pistolentasche an seiner Seite kam aus dem Häuschen.

Karim sagte zu Sarina: »Es ist besser, du gehst nach hinten.«

Karim stieg aus und zeigte dem Mann seine Papiere. Der Grenzbeamte schaute auf die Papiere wie auf einen Haftbefehl. Dann wies er Karim an, ihm in das kleine Wachhäuschen zu folgen.

Jin schaute aus dem Fenster zu. Nach einer Weile sagte er: »Dauert zu lange.«

»Was meinen Sie, Jin?«, fragte Sarina.

»Papiere gefälscht. Dauert zu lange.«

Sarina war froh, dass sie sich jetzt nicht in einem Spiegel sehen musste.

»Heißt das, sie werden uns verhaften?«

»Weiß nicht. Meistens geht schneller.«

»Jin, sind Sie öfter mit Karim hier?«

»Manchmal.« Jin fing an, in einer Schublade zu wühlen. Er holte ein Kreuzworträtsel heraus. Solange Jin diese Rätsel macht, sind wir noch nicht verloren, versuchte sich Sarina zu beruhigen. Nach einer Weile kam Karim zurück.

»Es wird noch ein wenig dauern.«

Sarina versuchte, ihren Mund zusammen zu pressen, um nicht wieder losschreien zu müssen.

»Du versuchst mit gefälschten Papieren über eine Grenze zu kommen und sagst, es wird noch ein wenig dauern? Wir landen alle im Gefängnis.«

»Der Beamte, Jaspal, den ich kenne, hat Urlaub, und der diensthabende Wachmann kennt mich nicht.«

»Und was passiert jetzt?«

»Er hat Jaspal angerufen, aber der ist mit seinen Kindern auf einem Ausflug, sagt seine Frau. Er wartet nun auf Jaspals Rückruf.«

Sarina entgegnete nichts.

»Gib mir zweihundert Dollar«, sagte Karim.

»Das ist aber billig«, sagte Sarina trotzig.

»Es wird schon noch teurer werden.«

Karim ging wieder in das Wachhäuschen. Eine halbe Stunde später kehrte er zurück. Die Straßenschranke blieb unten. Karim sagte: »Ich hau mich eine Weile aufs Ohr.«

Karim legte sich schlafen. Jin beschäftigte sich mit seinen ›Querworträtseln‹. Aban reparierte ein Radio. Sarina zitterte innerlich so stark, dass sie sich auf nichts konzentrieren konnte. Dann erinnerte sie sich an die Worte der Therapeutin, bei der sie vor Jahren wegen Angstzuständen in Behandlung gewesen war. »Wer schreibt, kann keine Angst haben.« Sarina kramte ein leeres Heftchen und einen Kugelschreiber aus ihrem Rucksack. Dann begann sie, in das Heft zu schreiben. Jin sah zu ihr und fragte: »Auch Rätsel?«

»Nein, keine Rätsel«, sagte Sarina.

Jin wandte sich wieder seinen Buchstabenkolonnen zu.

Stunde um Stunde verging. Die Mittagszeit war bereits vorbei. Plötzlich klopfte es an eines der Fenster. Karim sprang auf, als habe er gar nicht geschlafen. Nach einer Weile kam er zurück.

»Wir können weiter.«

Er setzte sich ans Steuer. Der Beamte öffnete die Straßensperre. Sarina fragte nicht, warum sie nun endlich über die Grenze durften. Ob der Beamte Karims Freund Jaspal erreicht hatte. Oder ob es wegen der zweihundert Dollar war.

»Sind wir nun im ersten Kreis der Hölle?«, fragte Sarina ihren Bruder, als sie so friedlich über die Landstraße tuckerten, als würden sie Verwandte besuchen. Mancher Hölle sieht man die Unterwelt nicht an.

»Das kommt darauf an«, sagte Karim, »wie man es angeht«.

»Wie muss man es angehen?«, fragte Sarina.

»Man muss warten können. Länger, als du es jemals kennengelernt hast. Das vorhin war ein kurzes Warten.«

Sarina schaute aus dem Fenster.

»Karim, sag mir, wie oft bist du in diesen Gebieten, und was machst du hier? Handelst du mit Drogen oder Waffen?«

Karim starrte nach vorne auf die Straße, als hätte er Angst, jemanden zu überfahren.

»Du musst es nicht wissen.«

»Nein, ich muss es nicht wissen«, sagte Sarina.

»Wie geht es nun weiter?«, fragte sie.

»Es wird bald dunkel. Ich möchte wenigstens noch bis zur Tankstelle kommen. Dort können wir dann auch übernachten.«

»Welche Tankstelle? Das sieht hier nicht so aus, als gäbe es irgendwo eine Tankstelle«, sagte Sarina.

»Ein Freund von mir, Vinay. Er betreibt eine Art Tankstelle auf der Straße Peschawar nach Parachinar. Wirst schon sehen. Genieß die Landschaft, bis wir da sind.«

Sarina schaute nach draußen. Ja, es war eine grandiose Landschaft. Berghänge, die einen frösteln ließen. Und vor ihnen eine Ebene aus Sand, Schotter, Steinen, verkümmerten Bäumen. So, als würden die Berge tagsüber Spalier stehen und nachts vorrücken, um alles zu erdrücken.

Liquidierung

Der hazarische Schafhirte Shah Mohsin wusste: Sie würden kommen, eines Tages, und ihm alles nehmen. Sechzig Jahre alt war er und hütete seit 50 Jahren die Schafe, erst die seines Vaters, dann seine eigenen. Und gehofft, ja Allah angefleht hatte er, dass wenigstens einer seiner drei Söhne einmal seine über hundert Schafe übernehmen würde. Doch den ersten Sohn hatten die Russen erschossen. Der Zweite war in den Kämpfen der Mudschahidin untereinander umgekommen. Der Dritte, erst acht, war von Geburt an geistig behindert und nicht fähig, das Haus seines Vaters zu verlassen, wo er lallend aß und wimmernd schlief.

Shah war der reichste Mann weit und breit und der Älteste seines Dorfes. Ja, sie würden eines Tages kommen, die paschtunischen Taliban, und ihm alles nehmen, die Schafe, den Sohn, die Familie, alles. So oft schon hatten die Taliban sein Volk, die Hazara, getötet, und waren dabei nicht einmal ins Schwitzen gekommen. So würden sie eines Tages auch in sein Dorf kommen. Auf diese oder jene Art und Weise, es spielte keine Rolle mehr, wie und wann genau.

Und sie kamen. Im Morgengrauen eines Herbstmorgens, auf drei Subaru-Geländewagen, fuhren die Taliban zu ihm ins Dorf und fragten den ersten Mann, den sie schnappen konnten: »Wo ist

Shah, eurer Dorfältester?« Der Mann sagte es ihnen, bevor sie ihm die Kehle durchschnitten. Dann traten sie die Tür zu Shahs Haus ein und zerrten ihn hinaus. Wie eine störrische Ziege, die man zum Schächten schleppt.

Shah rief: »Nehmt alle Schafe, alle meinen Besitz, ich schenke die Schafe euch. Und tötet mich, doch lasst die anderen im Dorf leben. Ich flehe Euch an.«

Einer der Taliban sagte: »Wir nehmen deine Schafe gerne, wenn du sie uns schenken willst. Aber deswegen sind wir nicht gekommen.«

Shah verstand nicht. Er kniete auf dem Boden, die schwerbewaffneten Taliban um sich herum in einem Halbkreis. »Warum seid ihr dann gekommen, Brüder, Wohltäter Afghanistans?«

Dann öffnete sich der Halbkreis. Shah sah einen Mann auf sich zukommen. Es war kein Talib. Sondern ein Araber. Der Araber hatte Lederhandschuhe an. Er beugte sich hinunter zu Shah, zog seine Handschuhe aus und zeigte Shah seine Hände. Fast hätte Shah gar nicht erkennen können, dass das Hände waren. Er sah nur zwei schwarze verstümmelte Fleischballen mit kleinen, ebenso schwarzen Anhängseln. Aber da sie an zwei Armen dran hingen, mussten es Hände sein.

Der Araber sagte: »Allah war gnädig zu mir und hat mir nur meine Hände genommen, doch mir mein Leben gelassen. Doch viele meiner Brüder sind verbrannt bis zur Unkenntlichkeit, so wie diese Hände, und von ihnen blieb nichts übrig als ein Haufen Asche und Knochen.«

Shah winselte: »Ich flehe Allah an, dass er deinen Brüder im Paradies Linderung verschafft, doch ich habe keine Schuld am Tod deiner Brüder. Wir sind ein friedliches Dorf von Hazara, wir kämpfen nicht gegen euch.«

Der Araber beugte sich nahe an Shahs Ohren und sagte leise: »Höre zu, Väterchen, man sagte uns, du bist der reichste Mann in der Gegend, treibst Handel mit allen und kennst alle. Ist das richtig?«

»Ja«, sagte Shah, »das ist richtig. Nehmt all meinen Reichtum, meine Schafe, als Zeichen meiner Freundschaft.«

Der Araber erhob sich, zog seine Handschuhe wieder an und ließ seinen Blick über das Dorf schweifen. Es schien menschenleer, nur einige Hühner gackerten vor sich hin. Doch der Araber wusste: Alle kauerten in ihren Häusern, starr vor Entsetzen, und wagten sich nicht einmal an die kleinen Fenster. Dann beugte sich der Araber wieder hinunter zu Shah.

»Wer«, zischte der Araber, »wer, und ich frage dich nur einmal, wer in dieser Gegend verrät den Amerikanern die genaue Position unserer Stellungen? Niemals könnten sie allein so genau treffen. Wer sind die Verräter?«

Shah wusste, dass das Ende seines Dorfes gekommen war. Sie würden alle getötet werden, ob sie die Verräter kannten oder nicht. Wer einen Verräter sucht, ist blind.

Shah schrie auf: »Bei Allah, ich schwöre dir, ich weiß es nicht, ich habe keine Amerikaner gesehen, und niemand hat mir etwas davon erzählt.«

»Wenn du es nicht weißt, wer soll es dann wissen?«, sagte der Araber. »Und einer muss es wissen.«

Shah bettelte nur noch um einen gnadenvollen Tod. »Ich schwöre dir beim Allmächtigen, ich weiß es nicht.«

Der Araber stand wieder auf. »Vielleicht kommt dir bald die Erinnerung zurück, wenn du uns zuschaust.«

Shah hatte keine Hoffnung mehr. Der Araber gab den Taliban ein Zeichen. Sie nahmen Benzinkanister von den Wagen, übergossen alles Brennbare und zündeten es an. Dann begannen sie in jedes Haus Handgranaten zu werfen und jeden, der herauslief, zu erschießen. Aus einem der Häuser rannte eine Frau mit einem Säugling im Arm schreiend hinaus. Eine Gewehrsalve zerfetzte ihren Unterleib, und sie verlor das ebenfalls getroffene Kind, das die Böschung vor ihrem Haus hinunterkullerte. Und während ihr die Därme aus dem Unterleib traten, versuchte sie verzweifelt mit ihren Beinen dem Kind nach zu rutschen und es mit den Armen zu greifen. Die nächste Gewehrsalve tötete sie und das Kind endgültig, und beide lagen einen halben Meter getrennt voneinander da. Shah lag ausgestreckt auf dem kalten Boden.

»Weißt du nun, wer die Verräter sind?«, fragte der Araber. »Wer hilft den Amerikanern?«

»Ich weiß es nicht«, schrie Shah. »Bei Allah, was tötet ihr Unschuldige, ich weiß es nicht.«

Tränen strömten über sein Gesicht, in seinen Ohren pfiff es, und er sah schemenhaft die Dorfbewohner, seine Freunde und seine Familienmitglieder aus den Häusern, über die Wege laufen, wie Geister, die bereits auf dem Weg ins Totenreich waren, brennend, verstümmelt, zerschossen, sich im Dreck windend und nach Erlösung brüllend.

Dann sah er, wie sie seinen behinderten Sohn Ismail aus dem Haus zerrten. Winselnd kauerte der Sohn nun vor dem Araber und lallte: »Sal-a-a-m a-le-i a-l-e-i …«

Der Araber fragte: »Ist dies dein Sohn?«

»Ja«, sagte Shah, »dies ist mein Sohn Ismail. Lasst wenigstens ihn leben.«

»Dann nenne mir die Verräter.«

Shan schrie einige Namen heraus. Solche, die ihm gerade einfielen.

Der Araber schlug ihn. »Du lügst.«

Shah vergaß seine Tränen, seinen Schmerz, sein Alter. Er brüllte auf einmal, dass selbst der Araber zusammenzuzucken schien: »Du bist ein Teufel, und Satan hat dich geschickt mit den anderen. In der Hölle wirst du schmoren, dass nicht nur deine Hände so schwarz werden.«

Der Araber rief einen der Taliban zu sich und sagte ihm etwas. Dieser zog eine Pistole und erschoss Ismail, den Sohn. So wie man eine Briefmarke stempelt. Ohne einen Schrei fiel Ismail zu Boden. Danach erschoss der Talib Shan. Eine andere Briefmarke. Nun kannte Shah die Verräter wirklich nicht mehr. Der Araber drehte sich um und ging zu einem der Wagen. Ein anderer Araber kam zu ihm und sagte: »Wasim, ist das alles in dieser Form nötig, was wir gerade hier tun?«

Der mit Wasim Angesprochene starrte den Fragenden an. So als blicke er durch einen Vorhang durch. Plötzlich stieg eine Erinnerung in ihm auf, die Erinnerung an diese Worte, die einst der Serbenschlächter Oric zu ihm gesagt hatte: »Ich rate dir: Töte Serben, solange du kannst. Es ist der einzige Weg.«

Wasim sagte hinter seinem Vorhang: »Syed, es ist der einzige Weg.«

Und fügte hinzu: »Oder glaubst du, die Amerikaner fragen vor ihren Angriffen, ob das alles in dieser Form nötig sei?«

Sie bestiegen ihre Wagen und verließen das brennende, leblose Dorf. Und es war Wasim, als übertöne die Leichenruhe, die sich nun über dem Dorf ausbreitete, selbst das Motorengeräusch ihrer Geländewagen.

Geschichtsstunde

Sie frühstücken. Sohn, Vater und Mutter. Der Vater liest Zeitung. In Afghanistan liest niemand Zeitung. Irgendwann wird auch der Tod langweilig. Der Vater steht auf und gibt Sarina einen Kuss. »Bis heute Nachmittag.« Zu Kristian: »Soll ich dich zur Schule mitnehmen?« – »Nein danke, ich laufe. Die Luft tut mir gut.«

»Und ich tu dir schlecht?«, fragt der Vater.

Jeden Morgen fragt er sowas. Kristian sagt nichts. Sarina sagt: »Es ist jetzt gut.«

Sie hören Thomas noch eine Weile im Bad, in der Diele. Dann schließt die Tür. Von außen. Heute nachmitttag ist er wieder da. Wenn sie ihn nicht erschießen. Vorletztes Jahr fuhren die Wagen der NRW-Polizei vier Tage mit Trauerflor. Weil einer der Polizisten vormittags aus seinem Haus ging und nachmittags nicht mehr zurück kam. Führerscheinkontrolle. Ohne Vorwarnung erschoss der im Auto den Polizisten. Als hätte er eine Leiche im Kofferraum. Es war aber keine im Kofferraum. Nur der Polizist war dann eine Leiche.

Kristian isst weiter seine Cornflakes.

»Was ist?«, fragt Sarina. »Du bist so unruhig.«

»Nichts ist«, sagt Kristian. Er denkt: gestern die Leistungskursarbeit Geschichte. 17. Jahrhundert. Nur 5 Punkte. Deutschland im 17. Jahrhundert ist ein Gesammel von Stämmen, die sich untereinander, übereinander und nebeneinander bekriegen, begatten, verhunzen. Grafschaften, Fürstentümer, Kurfürsten, Erzbistümer, freie Reichsstädte. Wer soll das verstehen? Afghanistan ist leichter. Es gibt nur Stämme. Mal so, mal so. Heute ist Facharbeitsvortrag. Sein Thema: Geschichte Afghanistans im Überblick von der Antike bis heute. »Na klar«, hat der Lehrer gesagt. Was ist ein Überblick? Eine Millionen Tote? Zwei?

Kristian zieht sich an. Hängt die Schultasche über. Tschüss Mama. Tschüss Kristian.

Zwanzig Minuten läuft er bis zur Schule. Raucherecke. Quatschen. Du Arsch. Du Depp. Bist selber ein Depp. Es gibt ein Mädchen, das er nicht anschauen kann. Sie ist zu schön. Sie hat einen Freund. Man ist immer der Hund draußen.

Es läutet. Hunderte von Strafgefangenen ziehen in ihre Zellen. Dann kommen die Lehrer-Wächter. Erste Stunde Mathematik. Integralrechnung. Nicht so schlimm wie Chemie oder Physik. Die Lehrerin philosophiert über die Integrale. Als seien sie Vermächtnisse. Oder erotisch. Der Kurs versucht aufzuwachen.

Fünf Minuten Hofgang. Die Zellen werden gelüftet. Die Lehrer-Wächter wechseln, so wie ein Torso Hemden wechselt. Geschichte. Die Ausarbeitung der Facharbeit hat Kristian bereits abgegeben. Nun der Fachvortrag. Damit ich weiß, dass Sie nicht irgendwo abgeschrieben haben. Der Lehrer grinst.

Klingeln. Die Klassenzellen füllen sich wieder. Vorbei an Bonsai-Schülern aus der 5. und 6. Klasse zieht Kristian in seinen Raum. Zwölf Schüler. Ein Wärter. Der Lehrer: Gut, heute haben wir auf dem Programm: Kristians Vortrag über die Geschichte Afghanistans. Kristian, fangen Sie bitte an.

Kristian nimmt seine Folien und geht nach vorne. An den Projektor. Er legt die erste Folie auf. Zwei Gegner hat er im Plenum, außer dem Lehrer. Lars und Holger. Lars ist: das Desinteresse aus Arroganz. Was interessiert mich Afghanistan? Wenn auf Afghanistan zwanzig Atombomben fallen, merke ich das hier nicht. Wenn in San Francisco eine Atombombe explodiert, merke ich das hier an den Wechselkursen. Das ist Lars. Dann Holger. Holger ist Desinteresse aus Dummheit. Verstehe ich nicht. Kapiere ich nicht. Also, los geht es.

Alexander der Große. Nomadenstämme. Arabische Truppen in Südafghanistan im Jahre 700. Seidenstraße und Marco Polo. Die Turk-Reiche bis ins 16. Jahrhundert. Die Engländer kommen. Kristian spürt, wie der Kurs aufhorcht. Die Engländer? Wann waren die Engländer da? Die Engländer kamen von Indien. Und von Norden kamen die Russen. Die Russen? Im 18. Jahrhundert. Sie kämpften gegen die Engländer um diese Sphäre. Afghanistan schmilzt die Großmächte ein. Die Engländer verlieren Regimenter wie andere ihre Taschentücher. Dann kommen die Deutschen. Nach dem Ersten Weltkrieg. Nicht als Soldaten. Sondern als Ingenieure. Nicht immer schickt Deutschland Soldaten, um die Welt zu beglücken. Auch nach dem Zweiten Weltkrieg. Eisenbahnbau. Niemals mehr fährt diese Eisenbahn. Russen. Mudschahidin. Bürgerkrieg. Taliban. Schleier find ich voll Scheiße. Marita. Etwas gewählter. Diskussion. Holger, verzweifelt aus Dummheit: Warum können die sich nicht endlich einmal beruhigen und Frieden machen? Niemand weiß, warum Holger Geschichte gewählt hat. Aber es wüsste auch niemand, warum er Englisch oder Mathe gewählt hätte. Nur in Sport ist er schlau. Oberschenkelschlau. Die sind so breit, dass er beim 100-Meter-Lauf immer 15 Punkte hat, dass dazwischen keine Eier und Sonstiges sein können. Lars zeigt auf. Lars ist gefährlich.

Er sagt: »Immerhin haben die Taliban das Land befriedet. Vorher war es eine einzige Ansammlung von Banden. Nicht einmal die Hauptstraßen konnte man sicher entlang fahren. Die Taliban haben das Land entwaffnet. Vorher gab es nur Banden. Afghanistan hat nur die Wahl: Diktatur oder Banden.«

»Eine provozierende These«, sagt der Lehrer. »Darüber sollten wir diskutieren.«

Provozierend ja. Aber Diskussion unmöglich. Denn Kristian brüllt rum. »Das ist doch Riesenscheiß. Bevor die Großmächte kamen, war Afghanistan ein System funktionierender Stammesgemeinschaften. Streit ja, aber es gab Schlichtung. Manchmal Krieg. Wo nicht ist der Krieg?« Kristian brüllt noch immer. Lars sagt: »Seht ihr? Wie soll ein Land Frieden finden, wenn die Afghanen immer gleich brüllen.«

Der Lehrer: »Lars, es reicht. Kristian, bitte beruhigen Sie sich. Danke für Ihren Vortrag.«

Die Klasse ist raus. Der Lehrer: »War ein schöner Vortrag. Viele Fakten gut aufbereitet, roter Faden.« Note Zwei plus.«

»Warum keine Eins?«

»Ich habe klar gesagt, dass die Diskussion auch mit bewertet wird. Wenn Sie bei der ersten unverschämten Frage gleich ausflippen, ist das nicht besonders wissenschaftlich. Deswegen Abzug.«

»Klar klar klar. Deutschland tötet mehrere Millionen Juden, um es dann wissenschaftlich zu analysieren: Warum haben wir das bloß gemacht? Hauptsache: Wissenschaft.«

»Kristian, es reicht. Raus.«

Kristian denkt nach. An das, was Lars damals gesagt hat. Ein Land voller Banden. Gestern kam ein Anführer rein zu ihm in den Verschlag und gab ihm etwas zu essen. »Wir haben ein Lösegeld für dich gefordert. Von der deutschen Regierung. Wenn sie zahlen, bist du frei.«

Dann ist der Anführer wieder raus. Als wolle er das Lösegeld gleich abholen. Kristian schlingt hungrig das Essen runter. Es ist zu Ende. Warum sollen die Deutschen zahlen? Deutsche zahlen nicht einmal für richtige Deutsche. Er hat einen Film über den Herbst 1977 gesehen. Der Kanzler zahlte nicht. Und Schleyer starb. Wenn Deutschland für Schleyer nicht zahlt, warum dann für ihn? Mutter, wo bist du? Hilf deinem Kind.

Eine Tankstelle im nirgendwo

Nach etwa vier Stunden erreichten sie die Tankstelle. Die Überdachung über den beiden Zapfsäulen schien jeden Moment auf den Boden zu krachen, und alles war so marode, dass man eher ein Rost-Staubgemisch aus den Schläuchen erwartete als Kraftstoff.

Karim stoppte den Motor und stieg aus. Ein hagerer Mann im Alter von etwa 60 Jahren kam aus der Tankstellenhütte heraus.

»As-salaamu' alaikum, Vinay«, sagte Karim. »Wie laufen die Geschäfte?«

»Wa alaikum salaam, Karim«, antwortete der Mann. »Ja, wie laufen die Geschäfte? Mal schlechter, würde ich sagen, und mal noch schlechter.«

»Hast du immer noch keine Angst, Vinay«, fragte Wasim, »dass sie dich hier irgendwann ausrauben?«

Vinay zuckte mit den Schultern: »Hab ja meistens nichts da. Und deswegen ist auch meistens meine Kasse leer.«

»Hast du jetzt Diesel?«, fragte Karim.

»Ein paar Tropfen. Morgen vielleicht mehr. Oder übermorgen.«

»Dann gib mir deine Tropfen.«

Vinay steckte einen halb verrotteten Schlauch in die Tanköffnung von Karims Laster. Das Geräusch aus der Tanksäule klang wie eine verendende Herz-Lungenmaschine. Wenigstens roch es nach Kraftstoff durch den porösen Schlauch. Die Durchlaufanzeige an der Säule war tot.

»Das waren höchstens zehn Liter«, sagte Karim, als Vinay den Schlauch zurück an die Tanksäule hängte wie einen Mantel an den Kleiderhaken.

»Ich sagte dir doch: Morgen vielleicht mehr«, frotzelte Vinay zurück.

»Können wir hier für die Nacht stehen bleiben?«

»Du bist immer willkommen. Wenn du keine Angst hast vor Banditen, die meine leere und wertlose Tankstelle überfallen.«

»Seid wir da sind, ist sie ja nicht mehr ganz so leer und wertlos«, gab Karim zurück.

Beide lachten schallend. Als würden sie in derselben Schule zur Hofpause gehen.

Karim ging zurück zu Sarina und den beiden anderen, die auch ausgestiegen waren. Er sagte: »Ich habe gerade mal zehn Liter bekommen. Wir warten bis morgen Mittag, ob Vinay Nachschub bekommt.«

Sarina biss an ihren Fingernägeln herum. »Bis morgen Mittag? Wir verlieren zu viel Zeit. Ich halte das nicht aus.« Sie überlegte. »Und wenn auch morgen Mittag kein Kraftstoff kommt? Was ist dann?«

»Dann fahren wir trotzdem weiter«, sagte Karim.

Plötzlich schob sich Aban vor. Als wolle er zeigen, dass er unterwegs nicht verloren gegangen war.

»Und wie weit kommen wir dann mit diesen zehn Litern und dem, was noch drin war in deinem Laster? Und deinen Reservekanistern?«

»Wohl noch bis zur Grenze nach Afghanistan, aber jedenfalls nicht mehr zurück.«

Aban und Sarina starrten Karim an. Niemand sagte etwas.

Karim sagte, wie vor Zeugen für eine spätere Gerichtsverhandlung: »Wir fahren in jedem Fall spätestens morgen Mittag. Geht jetzt schlafen.«

Karim ging noch zu Vinay ins Tankstellenhäuschen. Alte Freunde, die etwas tranken, wenn sie sich wiedersehen. Auch Aban ging mit. Jin und Sarina blieben im Anhänger. Jin machte Kreuzworträtsel.

Sarina schlief ein. Alles um sie herum wurde dunkel. Als gäbe es die Sonne nicht mehr. Und keinen Mond, keine Sterne. Sarina schwamm in ihrem Schlaf. Mal trieb etwas sie nach oben, an die Oberfläche, und sie wachte kurz auf, dämmerte vor sich hin, um wieder nach unten zu tauchen. Dann, plötzlich, hörte sie Motorengeräusche. Inmitten ihres Halbschlafes dachte sie: der Tanklastwagen. Sie setzte sich auf. Nein, ein Tanker klang anders. Tiefer, beruhigender. Sie schaute nach draußen. Es war ein normaler Geländewagen. Karim stand schon draußen und gestikulierte mit den Insassen des Geländewagens, zwei Männern. Dann sah Sarina, dass die Fremden Ostasiaten waren. Sie zog sich schnell an und weckte Jin. Jin ging nach draußen. Auch er gestikulierte wild mit den Fremden. Nach einer Weile kamen Karim und Jin zu ihr.

»Sarina, kannst du einmal dein Glück versuchen? Vielleicht mit Englisch. Es sind keine Chinesen, und Paschtu können sie auch nicht.«

Sarina ging nach draußen. Beide Fremde waren freizeitmäßig und westlich gekleidet, mit robusten Hosen und Jacken. Als seien sie auf Abenteuer-Safari.

Sarina sprach sie auf Englisch an: »Guten Tag, meine Herren. Mein Name ist Sarina Schmidt. Woher kommen Sie?«

Ein Leuchten ging über das Gesicht eines der Männer. Er antwortete ebenfalls in Englisch: »Guten Tag, meine Dame. Ich heiße Takumi Nakamura, und dies ist mein Begleiter Masaru Yoshida. Wir sind Japaner.«

Takumi gab ihr die Hand. Sein Begleiter, der offenbar kein Englisch kannte, machte es ihm nach. Sarina schaute wie ein Pferd, das vor einem Schachbrett steht. Dann fragte sie: »Was machen Sie in dieser Gegend?«

»Wir sind von unserem Unternehmen beauftragt worden zu klären, welche Route die illegalen Exporte von japanischen Wagen von Pakistan nach Afghanistan nehmen. Wir verlieren jedes Jahr Millionen Dollar dadurch. Das Taliban-Regime kennt die Erfindung der Import-Lizenzen leider nicht.«

Sarina fragte: »Und das machen Sie, obwohl Sie kein Paschtu können?«

Takumi blickte etwas verlegen drein. »Wir hatten einen einheimischen Führer. Doch der ist letzte Nacht verschwunden.«

»Und was wollen Sie jetzt machen?«

Takumi schaute wieder sehr entschlossen. »Nun, erst wollten wir umkehren. Aber da wir nun schon so weit sind, fahren wir weiter. Es geht um die Ehre unseres Unternehmens.«

Takumi schaute zu der Tanksäule. »Kann man hier tanken? Kennen Sie die Oktanzahl des Benzins hier?«

Sarina schüttelte den Kopf: »Wir haben schon die letzten Tropfen Diesel getankt. Benzin hat er gar nicht, glaube ich. Kehren Sie um.«

Takumi schaute sie fragend an. Sarina ging nach drinnen zu Karim und den beiden anderen und erzählte ihnen alles. Dann sagte sie: »Wir müssen die beiden davon abhalten, weiterzufahren. Das ist doch Wahnsinn, was die beiden vorhaben. Ohne jede Sprachkenntnisse.«

Karim schüttelte den Kopf. »Was wir vorhaben, ist auch Wahnsinn. Trotz unserer Sprachkenntnisse.« Dann fügte er hinzu: »Es ist nicht unser Problem, was die beiden machen. Ich kann mit ihnen nicht sprechen. Sag es ihnen auf Englisch. Vielleicht kannst du sie überzeugen umzukehren.«

Plötzlich hörten sie wieder Motorengeräusche. Sarina stieg schnell aus dem Anhänger. Die Japaner waren weitergefahren. Richtung Afghanistan. Als wollten sie nicht, dass noch jemand auf den Gedanken kam, ihnen zur Rückkehr zu raten. Sie waren motorisierte Ritter für die Ehre ihres Unternehmens.

Es wurde Tag. Die Vier warteten bis zum Mittag. Es kam kein Tankwagen. Karim entschied: »Wir fahren weiter.«

Niemand widersprach. Karim und Vinay umarmten sich.

Vinay sagte: »Allah sei mit dir und deiner Schwester.«

Karim sagte: »Allah sei mit dir und deinem Kraftstoff. Hast du keine Angst, dass dir bei deiner maroden Anlage einmal alles abbrennt oder um die Ohren fliegt? Wenn der Tankwagen irgendwann wieder da gewesen sein sollte?«

»Ich werde es nicht bemerken. Es wird ein schöner Tod sein.«

Vinay schmunzelte und schaute Sarina an.

Karim fragte: »Was ist, Vinay?«

Vinay sagte: »Eines finde ich ja doch lustig.«

»Was findest du lustig?«

»Sonst kommt du immer aus dem Westen mit Frauen und bringst sie nach Osten, jetzt kommst du mit einer Frau aus dem Osten und bringst sie nach Westen. Alles ist gleich, nur die Himmelsrichtungen ändern sich.«

»Halt den Mund, Vinay«, rief Karim.

»Was meint er damit, Karim?«, fragte Sarina scharf.

Karim sagte nur: »Wir fahren. Sarina mit mir vorne. Aban und Jin hinten.«

Sie stiegen ein. Sarina ließ Karim nun keine Ruhe mehr.

»Was meint er damit, Frauen aus dem Westen nach Osten?«, keifte Sarina. »Um Himmelswillen, was meint er damit?«

Karim starrte auf die Straße, als hätte er Angst, eine Schildkröte zu überfahren. Dann sagte er: »Manchmal schmuggele ich Frauen aus dem Grenzgebiet nach Pakistan hinein.«

»Du bist ein Mädchenhändler, du Schwein«, rief Sarina. »Das kann doch nicht wahr sein.«

»Ich sage: manchmal. Und sie gehen freiwillig mit. Sie wurden irgendeinem versprochen, den sie nicht lieben. Und sie wollen einer Welt entkommen, in der Frauen keine Gefühle, sondern nur einen Körper haben.«

»Du verspricht ihnen doch nur das Paradies, und sie landen in einem Bordell.«

»Ich verspreche ihnen gar nichts. Sie zahlen mir für die Fahrt. Dann setze ich sie südlich von Peschawar ab. Was dann passiert, ist nicht mein Problem.«

Sarina wischte sich mit ihren Händen ständig im Gesicht herum, als seien ihre Finger Scheibenwischer: »Das kann nicht wahr sein, das kann nicht wahr sein. Mein eigener Bruder ein Menschenhändler.«

Karim sagte: »Ich handele nicht mit Menschen, ich transportiere sie. Wenn dir meine Gesellschaft unangenehm ist, kannst du gerne aussteigen. Oder wir drehen um, und du fährst zurück nach Deutschland, wo alles so sauber, geregelt und friedlich ist.«

Sarina fiel zurück in den Sitz. Dann sagte sie:

»Da haben wir auch Menschenhändler. Nur bin ich nicht mit ihnen verwandt.«

Sie fuhren weiter. Karim starrte auf unsichtbare Schildkröten auf der Straße und Sarina begann, wieder an ihren Nägeln zu kauen.

Dann erreichten sie die Grenze zur Kurram Agency. Auch hier waren eine Straßensperre mit Schranke und ein Wärterhäuschen. Nur fehlte jedes menschliche Wesen. Karim versuchte die Schranke hochzudrehen, doch sie war verschlossen und bewegte sich kaum. Als ob sie noch nie geöffnet worden wäre. Zu beiden Seiten der Straße konnte man deutlich die Trampelpfade von Pferden und Kamelen sehen. Doch für einen Lkw, zumal mit Anhänger, war es zu riskant, die Straße zu verlassen und die Straßensperre zu umgehen, da das Gelände zu beiden Seiten der Straße abschüssig war und nur aus einem Gemisch aus Staub, Sand und Steinen bestand. Die Schranke mit roher Gewalt zu zerstören getraute sich Karim nicht. Also mussten sie warten. Wieder warten. Sarina dachte: Ich warte immerzu irgendwo in dieser Einöde, während mein Sohn stirbt.

Gegen Abend hörten sie einen Jeep heran tuckern. Ein Mann

stieg aus. Es konnte ein Bandit sein oder ein Grenzbeamter, man sah es nicht. Er trug keine Uniform, nur einen Revolver an jeder Seite.

»Hallo«, sagte der Mann. »Habt ihr lange gewartet?«

»Fast den ganzen Tag«, sagte Karim freundlich.

Der Mann grinste: »Es ist so: Ich schaue einmal am Tag, ob was ist. Sitze ich den ganzen Tag im Häuschen, werde ich melancholisch. Die Reiter und Viehtreiber scheren sich eh nicht um meine Grenze. Meistens kommt gar niemand. Wo wollt ihr hin?«

»Parachinar«, antworte Karim ebenfalls grinsend. »Eine Zirkusvorstellung geben.«

»Das ist gut«, sagte der Mann »Zu lachen gibt es derzeit nicht viel. Dauernd donnern amerikanische Flieger über uns weg. Erst schauen sie sich alles nur an. Doch bald werden sie Bomben werfen auf uns.«

Der Mann schloss die Schranke auf und kurbelte sie hoch.

»Gute Reise.«

Sie fuhren weiter. Ein Mädchenhändler mit seiner Schwester. Ein springender Zwerg und ein messerwerfender Chinese, die niemals zurückkommen würden, da der Kraftstoff fehlte. Manchmal kam ihnen ein Wagen oder ein Fuhrwerk entgegen, selten wurden sie von anderen Autos überholt. Aber es schien, als breche jenseits der gerade überquerten Provinzgrenze, weit hinter der letzten Tankstelle Pakistans, nun endgültig die Zivilisation zusammen. Es konnte gar keine Stadt mehr kommen. Parachinar war ein Mythos. Vor ihnen, plötzlich und ohne Warnung, würde die Ebene, die Erde abfallen in eine grenzenlose schwarze Schlucht, und sie alle, sie alle vier mitsamt ihrem lächerlichen Zirkus in den Abgrund reißen.

Kurz vor Parachinar mussten sie halten. Ein Trauerzug mit zwei Särgen zog über die Straße. Es waren Hunderte von schweigsamen, mit gesenktem Kopf gehenden Menschen. Karim stellte den Motor ab. Sie warteten, bis der Trauerzug die Straße überquert hatte. Zuletzt kam eine kleine Schafherde. Als würden auch die Schafe um die beiden Toten trauern und mit ihrem Mähen ein Klagelied anstimmen. Dann verschwand der letzte Trauergast, das letzte Schaf hinter einer Böschung. Karim startete den Motor. Vor ihnen erschien, eingekeilt zwischen Bergausläufern und mit den wie Nägel eingetriebenen Minaretten, die Silhouette von Parachinar, der letzten größeren Stadt vor der großen, tödlichen Grenze.

Mustafa Knall

Wasim und sieben andere Männer saßen in einem Zelt an Klapptischen, auf denen unzählige Schachteln mit Drähten, Schrauben, Klammern und Funktechnik ausgebreitet waren. Sie warteten auf Mustafa Knall. So nannten ihn alle im Camp. Mustafa Knall, oder: ›Der Knall des Herrn‹. Wasim saß in der zweiten Reihe ganz links, rechts neben ihm hockte Rifat, einer der arabischen Mitkämpfer, der vor einigen Tagen ins Lager gekommen war. Auf Rifats Stirn waren Schweißperlen zu sehen, obwohl es sehr kühl im Zelt war.

»Was ist mit dir?«, fragte Wasim, »ist dir heiß?«

»Ich habe Fieber, Wasim«, sagte Rifat.

Wasim entblößte seinen rechten Unterarm und berührte damit Rifats Stirn. In seinen Handstummeln hatte er nicht mehr genug Gefühl. Rifats Stirn war wirklich glühend heiß.

»Du musst dich auf dein Lager legen, Rifat«, sagte Wasim, »du bist richtig krank.«

»Ich mache noch diese Unterrichtseinheit bei Mustafa, dann lege ich mich hin«, antwortete Rifat.

Nach einer halben Stunde endlich kam Mustafa, begleitet von zwei Leibwächtern und einem Assistenten, der ihn in einem Rollstuhl hereinschob. Mustafas Unterleib war von einer Wolldecke bedeckt. Er trug eine Augenbinde über seiner rechten Gesichtshälfte. Sein rechter Arm fehlte. Wasim und die anderen Männer erhoben sich von ihren Stühlen und begrüßten den Ankömmling mit ›Salam aleikum‹ und ›Zenda Baschi – Du sollst leben‹. Wasim sah, wie schwer es Rifat fiel, mit seinem Fieber aufzustehen. Mustafa ließ sich von seinem Assistenten an den vordersten Tisch rollen, sodass er den acht Männern gegenüber saß. Dann gab er allen mit der linken Hand ein Zeichen, sich zu setzen. Nur die beiden Leibwächter blieben hinter seinem Rollstuhl stehen. Wie zwei Säulen am Thron eines Kalifen.

Mustafa begann. Er sprach sehr leise. So als säßen Wasim und die anderen Männer direkt an seiner Seite: »Allah liebt den großen Knall. Ich zeige euch, wie ihr die Liebe Allahs erringt. Nun…«, er machte eine kurze Pause, »warum sehe ich so aus, wie ich aussehe? Habe ich mich selbst in die Luft gesprengt? Nein, ich habe es nicht. Die Russen haben mir mit einer Mine die rechte Seite zerfetzt. Die Russen waren es. Das sage ich euch, damit ihr nicht denkt, ich verstünde nichts von meinem Handwerk. Ihr habt verstanden.«

Wieder machte er eine Pause. Er schaute dabei angespannt auf die Wolldecke auf seinem Schoß. Als liege dort eine Bombe, die jederzeit losgehen konnte.

Dann fuhr er fort: »Nun versuchen die Amerikaner mit ihren Bomben und Raketen, meine linke Seite zu vernichten. Doch das wird ihnen nicht gelingen. Niemals wird es ihnen gelingen. Ihr alle habt unter den Bomben dieser ungläubigen Hunde gelitten, doch in meinem Unterricht werdet ihr begreifen, dass ihr selbst noch bessere Bomben seid: geschmeidig, täuschend, verheerend. Der Feind schickt seine Bomben mit Maschinen. Aber wir, wir schicken sie mit den Menschen.«

Mustafas Stimme klang mit einem Male sehr metallisch, so als sei auch in seinem Körperinneren, in seinem Hals und an seinen Stimmbändern die Hälfte weggeschossen und durch Metallprothesen ersetzt worden. Doch mit seinem linken Auge starrte er die Männer vor ihm so unerbittlich an, dass es keiner wagte, auch nur eine Sekunde lang wegzuschauen.

Mustafa fuhr fort: »Ich weiß, was euch bedrückt. Doch seid gewiss, wie auch immer ihr diesen irdischen Weg zu Ende geht, mit welchem Schmerz und Hass, mit welcher Angst, an den Pforten des Paradieses werden die vier höchsten Engel euch mit einem neuen Körper versehen, sodass ihr die Jungfrauen ohne Mühe befriedigen könnt.«

Wasim hatte das Bedürfnis zu lächeln oder zu schmunzeln. Doch Mustafa schaute sie an, als hätte er gerade in eine Zitrone gebissen.

»Wahrlich, Brüder, ich beneide euch. Denn bald werdet ihr von aller Leiblichkeit befreit sein, während ich, der nur mit Morphium-Spitzen leben kann, von Allah den Auftrag erhalten habe, euch und viele andere hier auf Erden zu unterrichten.«

Es entstand erneut eine Pause. Dann jedoch schien ein Ruck durch Mustafas Rest-Körper zu gehen, und er fuhr fort. Dieses Mal jedoch klang seine Stimme viel fester, so als sei alles Bisherige nur lästige Vorrede gewesen, und das Folgende die eigentliche Offenbarung. Sein ganzer Oberkörper richtete sich auf. Fast schien es, als wolle er aufstehen. Als gäbe es den Rollstuhl gar nicht.

»Brüder, lasst uns mit dem Unterricht beginnen. Drei Arten von Bomben gibt es für uns:

Die erste Bombe, ich nenne sie ›Die feige Bombe‹, ist diejenige, die ihr irgendwo platziert und fernzündet mit einem Draht oder einer Funkeinrichtung. Sie ist ineffektiv, da ihr sie meist nicht bis ins Herz des Feindes tragen könnt.

Die zweite, ich nenne sie ›Die mutige Bombe› tragt ihr an eurem Körper in Gürteln oder in Taschen, und geht damit zum Feind, möglichst nahe, um sie dann zu zünden.

Die dritte Bombe, ich nenne sie ›Die heilige Bombe‹ ist die, die ihr in eurem Inneren tragt, in eurem Magen, in euren Gedärmen, oder von einem Chirurgen irgendwo in euren Bauchraum implantiert. Mit ihr kommt ihr bis in den innersten Kreis des Gegners, und ihr zündet sie, um ihn zu vernichten, seine Führer, seine Ratgeber. Sie ist sehr schwer zu erkennen.

Es bleibt uns versagt, diese letzte Stufe zu bauen, denn wir haben nicht die richtige medizinische Ausrüstung dafür. Auch geht es in den nächsten Wochen nicht darum, die Führer des Gegners zu vernichten, denn diese sitzen weit weg in Amerika, Europa und Saudi-Arabien. Nein, für euch geht es darum, mutige Bomben zu werden, um die Soldaten des Gegners, sein Fußvolk zu treffen, auf dass der Gegner das Land verlässt. Denkt immer daran, dass die Amerikaner keine Opfer bringen können. Wenn auch nur ein paar Soldaten sterben, ziehen sie sich feige zurück. Also helfen wir ihnen dabei, feige zu sein.«

Mustafa begann mit seiner linken Hand in dem vor ihm liegenden Haufen von Schachteln, Drähten und Werkzeugen zu wühlen. Wie in einer Geschenke-Kiste. Dann plötzlich hielt er ein rechteckiges braunes Päckchen hoch. Als wolle er dieses Päckchen bald zur Post bringen.

Er fuhr fort: »Unser Brot, unsere tägliche Nahrung, die Allah uns gibt, heißt C4, Plastiksprengstoff. Dieses Brot wird für euch beschafft, damit ihr nicht hungern musst. Solltet ihr einmal selbst euer Brot besorgen müssen, achtet darauf, dass keine Geruchsstoffe enthalten sind und kein Metallstaub. Denn diese Geruchsstoffe, die ihr selbst nicht riechen könnt, können die Spürhunde des Feindes erschnüffeln, und den Metallstaub finden sie mit Detektoren. Sodass ihr vielleicht schon entdeckt seid, bevor ihr eure Bombe ans Ziel bringen könnt. Wenn ihr selbst nicht die Möglichkeiten habt, diese Geruchsstoffe und Metalleinstreuungen zu überprüfen, nehmt im Zweifelsfall immer russisches C4 aus den achtziger Jahren. Der Russe ist ein Ungläubiger, aber schnörkellos und einfach in seinen Dingen, nicht überperfektioniert wie der Amerikaner, der noch in seinen Toilettenspülungen einen Computer hat.«

Mustafa wippte leicht mit dem Kopf, als würde er lachen. Doch wiederum verzog er keine Miene. Vielleicht waren seine Gesichtsmuskeln gelähmt, Wasim wusste es nicht.

Mustafa fuhr fort: »Nun, Brot alleine reicht nicht aus, ihr musst es dem Gegner noch etwas schmackhafter machen. In kleine Kästchen aus Pappe oder dünnem Holz legt ihr das Brot, und füllt es dicht mit Nägeln, Stahlschrot, allem, was tief hineindringen kann in das Fleisch des Feindes. Wenn ihr euch wiederum vor Metalldetektoren fürchten müsst, so nehmt Glas, Murmeln, feuerfeste Keramik. Vor allem das Glas ist gut, ja, es ist wirklich gut.«

Er schien zum ersten Mal zu schmunzeln, so als hätte er es endlich geschafft, seine Wangen und Backenmuskeln aus ihrer Lähmung zu befreien.

»Warum ist Glas gut? Nun, die Amerikaner haben in Vietnam zum ersten Mal mit Glasgeschossen experimentiert. Denn Glas zerplatzt bei einer Hitzeexplosion weit mehr als Stahl in viele Tausend kleine Stücke und Fasern, die sich tief in den Körper hineinfressen und darum kaum heraus zu operieren sind. So verletzt ein solches Geschoss, ein solcher Sprengkörper sein Opfer bereits dann schwer, wenn dieses nur leicht getroffen wird, in den Arm oder das Bein zum Beispiel, das Glas brennt sich ein in das Fleisch, das Fleisch muss amputiert werden…«

Wasim hatte das Gefühl, dass »Fleisch« eines der Lieblingswörter von Mustafa war. Er zelebrierte dieses Wort so, als habe er den ganzen Mund voll davon.

»Nun, die Amerikaner, ängstlich wie immer, haben diese Geschosse nicht oft eingesetzt, weil sie befürchteten, auch der Gegner würde sie dann anwenden, und Amerika liebt seine feigen Söhne und will ihnen nicht zu viel zumuten. Auch wir lieben unsere eigenen Söhne, doch wir schonen sie nicht, denn in diesem Heiligen Krieg ist nicht unser Wohlbefinden, sondern der Tod des räudigen, ungläubigen Gegners das heiligste Ziel, dem alles andere sich unterordnen muss.«

Plötzlich entstand hinter ihnen, am Eingang des Zeltes, eine Art Tumult. Wasim hörte aufgeregte Schreie von draußen. Dann stürmten zwei bewaffnete Männer hinein und schrien: »Alle auf den Boden, bei Allah, alle auf den Boden.«

Schnell warf sich Wasim auf den Boden. Vermutlich drohte ein Luftangriff. Doch im Fallen sah Wasim, dass Rifat, sein Nachbar, sich nicht hinwarf, sondern sitzen blieb. Vielleicht war sein Fieber so hoch, dass er die warnenden Rufe nicht wahrnahm oder keine Kraft mehr hatte, den Stuhl zu verlassen. Wasim rief: »Rifat, Rifat, geh in Deckung!«

Dann geschah etwas Seltsames. Rifat blieb nicht sitzen, sondern stand sogar auf. So als wolle er inmitten des drohenden Luftangriffs eine Rede halten. Dabei hob er seinen linken Arm und ballte die Faust. So als sei er wütend über etwas. Wasim hörte immer noch kein Flugzeug, keine heranrauschende Rakete, keine Explosion. Nichts.

Dann schrie einer der Männer, die hereingestürmt waren: »Rifat, du bist ein räudiger Verräter. Du bist des Todes.«

Doch niemand schoss auf Rifat. Als sei er unverwundbar. Oder als sei alles nur ein Spiel, eine Übung. Instinktiv kroch Wasim fort von Rifat. Dann sah er etwas, dass ihn den Atem stocken ließ: Von Rifats linker Faust ging ein Draht in seinen Ärmel hinein. Rifat war eine Bombe. Deswegen schoss auch niemand auf ihn.

Wasim hörte auf zu kriechen. Er blieb liegen. Er atmete. Sekundenlang herrschte eine Grabesstille im Zelt. Als seien sie alle schon tot. Zerfetzt von Rifats Bombe.

Dann hörte Wasim Mustafas Stimme. Wasim sah über den Boden hinweg, dass Mustafa immer noch auf seinem Rollstuhl saß. Wasim sah auch die Beine der Leibwächter neben Mustafas Rollstuhl. Sie würden immer neben Mustafa stehen, bei jedem Luftangriff, jedem Attentat, bis zu ihrem gemeinsamen Eintritt ins Paradies. Mustafas Assistent lag zitternd auf dem Boden.

Mustafa sagte: »Rifat, Bruder, was hast du getan? Willst du in die Hölle eingehen für deinen Verrat?«

Rifat antwortete nicht auf Mustafas Frage. Er schien große Mühe zu haben, stehen zu bleiben und die Faust mit dem Zündauslöser nach oben zu halten.

Mustafa sprach weiter. Ruhig und ohne jede erkennbare Erregung. Als stelle er Prüfungsfragen in einem Kurs.

»Was haben sie dir dafür versprochen, dafür, dass du mich tötest?«

Rifat schwieg.

»Geld, was sonst, Geld haben sie dir versprochen. Geld für deine Familie, deine Geliebte, die nie deine Geliebte war, sondern die Schlange der Amerikaner. Einen Teil haben sie dir sicherlich schon ausgezahlt. Nun, es mag sein, dass sie das restliche Geld ebenfalls an deine Familie entrichten, wenn du ihren Auftrag ausführst. Doch welchen viel schlimmeren Preis wird deine Familie letztlich zahlen?«

Mustafa sprach und dozierte, als sei er ganz allein im Zelt, und nicht umgeben von waffenstarrenden Männern, die alle ihre Waffen auf einen Selbstmordattentäter richteten.

»Nun, sie werden dir versprochen haben, deiner Familie eine neue Identität zu geben, doch meine Brüder werden sie finden, aufspüren, töten, sodass all dein schändliches Tun umsonst gewesen sein wird. Und dann werden alle, deine Eltern, deine Kinder, dein Weib, deine Geschwister zu dir in die Hölle kommen, dort, wo du ewig für deinen schändlichen Verrat verdorren wirst wie ein elender Strauch in der Wüste.«

Rifat wankte an seinem Tisch. Wasim hob ein wenig den Kopf und konnte nun auch Mustafas Gesicht erkennen.

Mustafa schien zu überlegen. Dann sagte er: »Nun, da du die Kontrollen offenbar passiert hast, trägst du deine Bombe wohl im Körper, ich vermute, sie haben sie dir in den Darm implantiert. Doch bist du keine heilige Bombe, sondern eine Bombe des Satans. Wo haben sie den Eingriff gemacht? In Pakistan? Ja, es war sicher dort. Und dann haben sie dich wieder hierhin geschickt, gestern, vorgestern, denn lange kann man so eine Bombe nicht sein.«

Mustafa schaute Rifat prüfend an: »Ich sehe, du hast Fieber. Ich denke, sie hätten dir ein wenig mehr Medikamente geben sollen. Du siehst, nicht einmal deine letzten Stunden wollten sie dir erträglicher machen, Hund des Teufels. Nun denn, zünde, was spielt es für eine Rolle? Ich werde eingehen zu Allah, andere werden meine Aufgabe hier auf Erden übernehmen, du verschaffst mir nur eine große Erlösung. Du aber und deine Angehörigen werden für immer in der letzten Finsternis darben und dahinsiechen.«

Wasim erstarrte vor Angst. In seinen Gedanken rief er Allah an, ihn zu verschonen. Plötzlich schien eine Regung durch Rifats Körper zu gehen. Er hob die Faust noch höher, als wolle er damit zeigen, dass er zur Zündung entschlossen sei.

Mustafa schien völlig unbeeindruckt. Er sagte: »Rifat, dies ist mein Angebot an dich: Geh hinaus, hinter den Hügel neben dem Zelt, und mache deinem unwürdigen Dasein ein Ende. Deine Familie lassen wir leben, und durch deine Reue ist Allah vielleicht gnädig zu dir. Also geh hinaus.«

Wieder entstand eine eisige Stille im Zelt. Wasims Herz schlug bis in seine Ohren hinauf. Auch die anderen lagen wie umgefallene Salzsäulen erstarrt auf dem Boden.

Rifat rührte sich nicht. Mustafa saß regungslos in seinem Stuhl. Als sei er plötzlich verstorben.

Ein halbes Dutzend Gewehre und Revolver sowie fast zwei Dutzend Augen waren immer noch auf Rifat gerichtet. Nach wie vor wagte niemand zu schießen.

Dann drehte sich Rifat langsam um. Langsamer als der Stundenzeiger einer Uhr, so schien es Wasim. Noch immer hielt Rifat die Zündschnur in seiner Faust. Er ging zum Ausgang des Zelts.

»Lasst ihn gehen«, befahl Mustafa.

Rifat verließ das Zelt. Niemand folgte ihm. Niemand wusste, wie viel Sprengstoff er in seinem Körper trug. Die Sekunden vergingen. Alle warteten atemlos. Dann, plötzlich, gab es einen heftigen Knall, abgedämpft durch einen Hügel zwischen der Detonation und ihrem Zelt.

Mustafa sagte: »Es hätte gereicht, uns alle zu töten. Er hat sich nun selbst gerichtet.«

Zu seinen Leibwächtern und den anderen Bewaffneten sagte er: »Verschont seine Familie. Sie wird von alledem nichts wissen. Seine sterblichen Überreste gebt den Hunden.«

Und zu Wasim und den anderen: »Der Unterricht ist für heute beendet.«

Und als Wasim noch einmal, im Herausgehen, zu Mustafa sah, hatte er das Gefühl, dass der Bombenexperte eine Aufblasfigur war, die nun völlig in sich zusammengesunken auf dem Rollstuhl lag.

Ein fiktives Gespräch

Mein Sohn, ich habe zu lange nach dir gesucht. Wo ist dein Körper, deine Seele? Du bist ein Pfeil, den man schoss in mein Herz. Kristian, sprich mit mir. Wer bist du? Du musst reden, um zu leben. Sonst wird der Wahnsinn dir wie ein Boxer im Ring entgegentreten. Woran erinnerst du dich?

> Ich liege fiebernd auf einem Sofa, und du bist fort.

Ich habe dich nie allein gelassen.

> Doch. Ich war allein. Einsamkeit war mein Schatten. Stille mein Gesang.

Und weiter? Geh weiter in deinen Erinnerungen, Kristian.

> Ein paar Häuser weiter starb eine junge Mutter an Krebs. Einer ihrer Söhne kam zu mir zum Spielen, er war wie ich sieben. Wir haben in den Wiesen hinter dem Haus Erdburgen gebaut. Es war, als versuche dieser Junge, seine Traurigkeit in den Erdtürmen zu verbauen. Ich sagte ihm: Meine Mutter bekommst du nicht.

Was noch? Woran erinnerst du dich noch?

Wir waren in den Bergen. Auf Wanderurlaub, ich war zehn oder elf. Ein Bus mit einem Blindenverein kam in den Ort. Die Hälfte der Insassen blind, die andere Hälfte Betreuer. Mit langen Stöcken in jeder Hand, immer abwechselnd Betreuer und Blinder, wanderte dieser seltsame Trupp durch das Gebirge. Sie sahen die Berge nicht, aber sie spürten sie. Nun bin ich auch blind. Ich sehe meine Entführer nicht, aber ich spüre sie. Sie sind die Bestien vor meinem Schädel.

Du erzählst so wenig von Vater?

Ich hasste ihn.

Warum?

Immer tötete er zu Weihnachten, für den Braten, meine Lieblingskaninchen. Immer genau diese. Er wollte mich demütigen, dachte ich. Jahre später begriff ich, dass er nur die getötet hatte, die am besten genährt waren. Eben meine Lieblingskaninchen, denen ich immer extra zu fressen gegeben hatte. Mein Hass wurde eine lahmende Ziege. Hast du ihn geliebt?

Ich liebte die Zuneigung, die er mir entgegen brachte. Sein Pflichtbewusstsein, seine Verantwortung, aber ich glaube, seine Seele liebte ich nicht.

Wo ist er?

Er sitzt in seinem Sessel im Wohnzimmer. Als ich ging, um dich zu suchen, sagte er nicht einmal ›Auf Wiedersehen‹. Ich glaube, er wird in diesem Sessel verhungern, während ich fort bin.

Mutter, wo bist du jetzt?

Ich weiß es nicht mehr. Ich werde Teil einer Landschaft, einer Epoche, eines Schicksals. Ich bin der Körper für meine Verzweiflung. Karim, Jin, Aban, sie sind wie Wesen aus einem furchtbaren Märchen. Sie helfen mir, durch dieses Märchen zu reisen. Ich glaube, ich werde nie mehr zurückkehren.

Die beiden letzten Juden von Afghanistan

Ein Helikopter nahm ihn mit nach Bagram Airfield. Der Flughafen war ein einziger Friedhof. Als sie landeten, sah Albert die Wracks und Überreste Dutzender verrosteter russischer Jäger, Transportmaschinen und Hubschrauber. Im braunen Gewand des verratenen Metalls. Zwischen all diesen Maschinen, auf den Landebahnen und bei den verfallenen Gebäuden waren unzählige Granattrichter und Einschlagspuren, alte mit verwitterten Rändern und Oberflächen, und frische von den Amerikanern und den Taliban. Als sei hier immer schon gekämpft und geschossen worden, und der Frieden zusammen mit den Urlaubern und Geschäftsreisenden seit langem verreist.

Albert verließ den Hubschrauber und ging zu einem der Gebäude. Es war mehr ein Hindernisrennen als ein Gehen, denn überall standen und fuhren Laster, Planierraupen und Bagger herum, um die Landebahn für Flugzeuge wieder verfügbar zu machen.

Albert meldete sich bei einem Gebäudeeingang mit rotem Kreuz. An einem Tisch stand ein Feldwebel in der Haltung eines Duce, der einen ganzen Flughafen kommandierte.

»Ginovatti, Special Forces, ich soll hier Medikamente und Ausrüstung abholen«, sagte Albert. Er zeigte dem Feldwebel die Papiere.

Der Feldwebel hielt sich Alberts Zettel vors Gesicht: »Haben wir nicht.«

»Bitte, was soll das heißen ›Haben wir nicht‹. Oberstleutnant

Ramses hat per Funk vereinbart mit Bagram Airfield, dass ich heute die Sachen abholen kann. Wir haben kaum noch etwas bei uns.«

»Kann schon sein«, sagte der Feldwebel, »aber die beiden Hubschrauber aus Usbekistan mit Ihrer Ladung mussten wieder umdrehen, Wetter war zu schlecht, die kommen wahrscheinlich erst übermorgen.«

Der Feldwebel-Duce kommandierte wieder den Flughafen.

Albert suchte die Kommunikationszentrale. Von dort aus ließ er sich mit Ramses verbinden. Zuerst brüllte dieser in das andere Ende der Leitung, als sei dort ein Trommelfeuer im Gange. Schließlich verstand Albert die folgenden Worte: »Ok, Albert, Sie warten, bis die verdammten Hubschrauber da sind.«

»Aber das sind zwei Tage, Sir.«

»Sie bleiben da. Fahren Sie in der Zwischenzeit nach Kabul, ob Sie da etwas finden, was wir gebrauchen können. Buck sagt, da sind jetzt auch einige Lager und Depots von uns. Aber fahren Sie in einer einfachen Uniform, nicht als Mitglied der Special Forces. Man weiß ja nie. Ich erwarte Sie in zwei Tagen. Mit den Kisten. Egal, wo Sie die herbekommen haben. Sie haben mich verstanden?«

»Ja, Sir, ich habe Sie verstanden.«

Man konnte Ramses nicht verstehen. Nur hassen.

Albert verschaffte sich einen Kaffee und eine normale Armee-Uniform. Dann fragte er einen der herumlungernden Militärpolizisten: »Wie kommt man hier am schnellsten nach Kabul?«

Der Militärpolizist zeigte auf eine Ansammlung von Pkws nicht weit von der Flugbahn entfernt.

»Kabul Taxis light. Billig, schnell, nach Kabul oder ins Paradies.«

Albert ging langsam auf die Wagen zu. Bei den Wagen standen einige Einheimische, die ihm sofort entgegenliefen und in einem afghanisch-englischen Durcheinander auf ihn einredeten. Albert verstand Wortfetzen wie ›Kabul‹, ›billig‹, ›schnell‹. So, wie es der Militärpolizist gemeint hatte. Nur das Wort ›Paradies‹ hörte er nicht. Doch dieser Zusammenhang ergab sich aus dem Zustand der Wagen. Die meisten waren verrostet, die Reifen abgefahren, die Windschutzscheiben rissig, bei einem fehlten sogar die Türen.

Albert zeigte auf das Auto, das ihm am sichersten schien. Sofort riss ein junger Mann die Beifahrertür auf, drückte Albert ins Auto und stieg auf der Fahrerseite ein. Wild hupend fuhr er los. Inmitten des Hupens und der wenig beruhigenden Motorgeräusche hörte Albert den Mann in einem unstillbaren Redefluss Wortfetzen sagen wie: »Haschem. Kabul. Frau. Taliban. Alles.«

Albert sagte nur: »Kabul«.

Sie erreichten die Hauptstraße. Albert fragte: »Sie heißen Haschem?«

»Ja ich Haschem. Zeige alles von Kabul.«

Wenn wir je ankommen, dachte Albert. Die Hauptstraße war eine Friedhofsallee. Nur ohne Bäume. Alle zehn Meter säumten zerschossene Panzer, Fahrzeuge, Busse die Straße. Die warnenden Fingerzeige der Russen. Für alle Kreuzritter, Befreier, Heilsbringer, die je nach ihnen kommen würden. Auf Landkarten hat Afghanistan die Farbe Rot. Die Straße selbst war ein einziger Flickenteppich. Zwar hatten Pioniereinheiten der Amerikaner offenbar bereits die etwa siebzig Kilometer nach Kabul weitgehend befahrbar gemacht, aber nur für schwere Militärtransporter oder Geländejeeps, nicht für zivile Pkws. Während Alberts Kopf wegen der vielen Schlaglöcher ständig gegen die Autodecke schlug und er sich deswegen auf seinem Sitz nach unten kauerte, begann er, die Hubschrauberflüge und Eselsafaris der letzten Wochen als geradezu angenehm zu empfinden.

Haschem redete unentwegt, so als sei dies zum Betrieb des Pkws nötig. Ein zu voller Lautstärke aufgedrehtes Autoradio war offenbar das am zuverlässigsten arbeitende Teil in diesem Wagen. Denn alle paar Kilometer gab der Motor seinen Geist auf, und Haschem werkelte mit bedrohlichen Werkzeugen unter der Motorhaube herum, während Albert sich die Beine vertrat.

Nach etwa eineinhalb Stunden Fahrt erschien die Silhouette von

Kabul mit dem hohen Minarett der Hauptmoschee und den die Stadt umgebenden Berghängen, die mit unzähligen lehmfarbenen Häusern bebaut waren. So als wachse die Stadt seit Jahrtausenden langsam die Berghänge hinauf, oder die Berghänge in die Stadt hinein.

Ein Geräuschkegel von Autohupen, Musik, Schreien und Stimmen drang langsam an Alberts Ohren, wurde lauter und lauter, bis er schließlich Haschems unstillbaren Redefluss und das Autoradio neutralisierte. Obwohl der kühle Herbsttag wenig zu Ausflügen einlud, waren die Straßen voller Menschen. Frauen, Männer, Kinder, Tiere, Fahrzeuge, alle waren ineinander verschlungen, gingen, liefen, hüpften über die Straßen, sangen, redeten, schrien.

»Kabul, fröhliche Stadt«, sagte Haschem. »Nicht still, wie bei Taliban. Bei Taliban keine Musik.«

Sie bogen ein in die fröhliche Hauptstraße der fröhlichen Stadt.

»Fotos machen. Gute Fotos zeigen«, sagte Haschem.

»Ich habe keine Kamera dabei«, sagte Albert.

Einige Minuten später hielt Haschem plötzlich an, stieg aus und verschwand in einem Hauseingang. Kurz danach kehrte er zurück, drückte Albert eine Kamera in die Hand und sagte: »Gut. Zwanzig Dollar. Später. Jetzt Fotos.«

Sie fuhren weiter. Nach einer Weile hielt Haschem den Wagen wieder an. Sie stiegen aus, und Haschem führte Albert in einen Park.

Dort war bereits eine größere Menschenmenge versammelt, die sich aufgeregt etwas anschaute. Da die Menge mit dem Rücken zu ihnen stand, konnte Albert nicht erkennen, was sie so faszinierte. Haschem bahnte sich mit Albert einen Weg durch die Menge.

»Gute Fotos, gute Fotos«, sagte er dabei ständig. Albert bemerkte plötzlich eine unterschwellige Übelkeit in seinen Gedärmen, die sich bis in seinen Hals hinaufschlich. Dann sah er den Grund der Aufregung.

Vor ihm, an einem halben Dutzend Masten, hingen die aufgeknüpften Leichen von mehreren Arabern und Taliban-Kämpfern, schrecklich zugerichtet und verstümmelt. Sie hingen offenbar schon seit der Räumung von Kabul durch die Taliban da. Trotz der kalten Temperaturen hatte die Verwesung eingesetzt, und Raben oder Ratten hatten sich bereits bedient. Albert zuckte zurück. Die Armee hat mich ausgebildet, frische Tote zu sehen, nicht aber Verwesende. Er hatte Mühe, sich nicht zu übergeben.

Haschem schnalzte mit der Zunge.

»Machen Foto. Diese Taliban-Kämpfer nicht weg aus Kabul. Doch getötet und besiegt.«

Albert stand wie gelähmt vor den Toten. Haschem nahm ihm die Kamera aus der Hand, machte ein paar Fotos und drückte das Gerät Albert wieder in die Hand. Dann zog er Albert weg von den Leichen zum Ausgang des Parks.

»Ablenkung. Ablenkung«, meinte Albert aus dem ununterbrochenen Redefluss von Haschem herauszuhören. Offenbar hatten die Taliban auch das Reden verboten. Albert hatte genug. Er gab Haschem dreißig Dollar und sagte: »Fahr mich ins Zentrum, zu meinen Leuten. Dort trennen wir uns.«

Haschem steckte das Geld ein. So selbstverständlich, als hätte es ihm schon immer gehört. Dann sagte er: »Ablenkung wichtig. Ablenkung.«

Albert ahnte, dass er Haschem noch nicht los war. Sie fuhren einige verschlungene Straßen entlang. Es war, als sei eine Stadt aus einem Jahrtausende dauernden Schlaf erwacht. Basare, Musik, Männer, schallende Kinder, singende Frauen, Feste überall. Albert ließ sich treiben. Von Haschems Zielstrebigkeit. Von all diesen Eindrücken. Amerika denkt, es gibt nur seine Cities. Doch das hier war so anders, so unnahbar wie Heilung für einen Krebskranken.

»Taliban weg«, sagte Haschem immer wieder, »Allah sei Dank. Taliban weg. Entspannung.«

Sie hielten vor einem unscheinbaren Gebäude. Haschem stieg aus und ging auf einen Hauseingang zu. Er gab Albert ein Zeichen, ihm zu folgen. Sie betraten einen Hausflur. Albert hatte das Gefühl, in einer erst kürzlich verlassenen Wohnung zu sein. Dann öffnete Haschem eine Tür und sagte wieder »Entspannung«.

Kaum war Albert in den Raum eingetreten, verließ Haschem den Raum wieder und schloss die Tür hinter sich. So als sei all das, was nun kommen würde, unwiderruflich, als würde es einem unentrinnbaren Gesetz aus Abertausenden von Jahren gehorchen. Der Raum war in ein mattes dämmriges Licht getaucht, nur durch ein mit Gardinen behangenes Fenster schnitten Lichtstrahlen hindurch. Vor sich sah Albert eine vollständig von einem Schleiergewand verhüllte Gestalt. Nur die Fußspitzen und die Hände lugten hervor. Sie waren so zart und weiß, als habe niemand sie je zuvor berührt. Und noch etwas sah Albert, obwohl es hinter dem Schleier verborgen war. Er sah, als hätte er ein neuartiges Nachtsichtgerät auf seinen Augen, die sanften Hüften, die weichen Brüste, den feinen Hals einer Frau, die sich wie geheimnisvolle, nur ihm zugängliche Umrisse in der milden Dämmerung abzeichneten. Die Frau ging auf ihn zu. Sie fasste ihren Ganzkörper-Schleier an den Hüften und zog ihn über den Kopf. Unentrinnbar trat Albert in das Gefängnis ihres Körpers ein. Er war ein Verhungernder vor einem wunderbar duftenden Kuchen. Noch bedeckte eine Bluse den Oberkörper dieser Frau und ein seidenes Tuch ihre Scham, doch ihre Arme, ihr Gesicht, ihr Füße, ihre Beine waren von solch einer Anmut, dass Albert unmerklich zu zittern begann. Die Haut dieser Frau war so unendlich rein, so alabasterfarben weiß, als hätte ihr Körper niemals das Angesicht der Sonne gesehen. Er war verloren, für immer und bis an das Ende der Zeit. Die Frau öffnete ihre Bluse. Sie kniete nieder vor Albert. Sie strich mit der Hand über seine Hose, seinen Bauch, seine Oberschenkel. Sie öffnete seinen Gürtel. Sie drückte ihre Finger in sein Geschlecht. Er war ein willenloses Kind. Ein Pubertierender, der in einem süßen Mahlstrom trieb. Sein Glied verbrannte. Er spürte, wie die Brustwarzen der Frau über seine Eichel glitten. Er fühlte ihren Mund, ihre Zunge. Er war besiegt. Wenn du eine Armee nicht besiegen kannst mit Waffen, schicke Frauen. Amerika verliert seine Kriege gegen Frauen. Die wunderschöne Vietnamesin, die eine Granate in einen Sanitätshubschrauber wirft. Die Afghanin, deren Taliban-Freunde im Zimmer nebenan warten. Nur die Deutschen, damals 1945, hatten schöne Frauen, die keine Guerilla-Kämpferinnen waren.

Die Frau stand wieder auf. Sie entkleidete sich nun vollständig. Als ob alle Kleider für immer fehl wären an diesem Platz. Sie zog Alberts Uniformrock und Hemd aus. Er roch einen fernen Duft aus Fremdheit, Milde, Schweiß und Sünde an dieser Frau. Ihre Scham war voll und breit, als müsse sie ein riesiges, männerverschlingendes Geschlecht verbergen. Die Frau zog Albert auf ein Bett, das auf der einen Seite des Raumes stand. Sie legte sich auf ihren Rücken. Sie spreizte ihre Beine zu festen Säulen auf, zu Säulen, die in eine Halle der Sehnsucht, des Vergessens führten. Sie drückte Alberts Gesicht in ihr Geschlecht. Er tauchte ein. Er tauchte ein in eine unendliche Zartheit, Weichheit, Zärtlichkeit, die ihn umfasste wie eine warme sanfte Klammer, die sich niemals mehr öffnen würde. Wie wächst das Fleisch einer Frau? Er wusste es nun. Niemand weiß es, der nicht seinen Mund auf das Geschlecht einer Frau gelegt hat. Die Frau führte seinen Kopf, sie drückte sich sanft gegen seinen Mund, er verschmolz mit ihrer Scham wie ein Gesicht aus Wachs im Kerzenlicht. Es gab nur diesen einen Moment, diesen Moment ohne Vergangenheit, ohne Zukunft. Er war ein Mund im wunden, wunderbaren, wundervollen Schoß einer Frau. Er war ein Körper an einem anderen Körper. Er hörte die Frau leise wimmern. Doch er bewegte sich kaum. Er atmete nur diese Frau ein. So als gebe sie ihm allen Sauerstoff seines zukünftigen Lebens zu atmen. Dann, nach einer Ewigkeit, spürte er, wie die Frau ihn nach oben zog. Zierlich und sanft waren ihre Hände und Arme, und doch war es eine unwiderstehliche Kraft, die ihn führte. Bis er ihre Brust mit seinen Lippen berührte. Er war ein Kind, das an der Brust seiner Mutter saugte. Mit geschlossenen Augen küsste er ihren Hals, ihre

Wangen, ihren Mund. Er spürte, wie die Frau ihren Mund fest auf seinen drückte, so als wolle sie ihr eigenes Geschlecht wiederfinden an seinen Lippen. Ihr Atem war mild, süßlich fast und dennoch kühl, als gehe all ihre innere Wärme in ihre Brüste, ihre Scheide. Dann spürte er ihre Finger an seinem Glied. Langsam, so als seien Sekunden in Wirklichkeit Stunden und Wimpernschläge ganze Tage, vereinigten sie sich. Er spürte ihre warme, feuchte Weichheit, die sich langsam, wie auf eine stumme Bitte hin, öffnete, so wie warmes Eis, durch das sanft ein Kanu fährt. Es war ihm, als dränge alles in seinem Körper, alles Blut, alle Wärme, alles Sehnen sich in seinem Glied, in seiner Eichel zusammen, während er sanft durch ihr Innerstes, Zartestes hinauf- und hinabglitt. Dann entlud sich alles in ihm. Es schien ihm, als ströme sein ganzes Leben auf einmal in diese Frau, und er wusste, es gab kein Ende ihrer Vereinigung, er und diese Frau waren für immer ein Körper, eine Seele, ein Wesen. Er umschlang sie wie ein Kind die tote Mutter, und er hörte ihr totes Herz, ihren auslaufenden Atem, ihre Stille für immer.

Eine nie gekannte Müdigkeit umfloss ihn. Als hätte er auf all seinen Einsätzen bisher, in den vergangenen Wochen und Monaten, nicht eine Stunde geschlafen. Er wartete auf den Taliban-Kämpfer, der ihn nun rücklings erstechen würde. Es war ihm gleich. Sein Leben hatte seine Erfüllung gefunden. Schließlich hörte er Geräusche an der Tür. Doch es war Haschem.

Albert erhob sich und zog sich an. Auch die Frau kleidete sich an. Er suchte ihren Blick. Doch sie schaute nur nach unten. Doch als sie im helleren Teil des Raums die Burka wieder über ihren Kopf zog, sah er für einen winzigen Moment zum ersten Mal ihr Gesicht in aller Deutlichkeit. Es war verzerrt von hässlichem Schmerz. Als habe jemand ein Messer durch ihren Leib gezogen. Albert war dieses Messer. Er gab der Frau fünfzig Dollar. Schmutziger war es nicht möglich. Er taumelte hinaus.

»Gute Entspannung, nicht wahr«, sagte Haschem, der im Flur gewartet hatte. Und fügte hinzu: »Fünfzig Dollar für mich«.

»Dreißig Dollar für dich« sagte Albert. Und dachte: Ich habe gar nicht mehr als vierzig übrig.

»Vierzig«, sagte Haschem.

»Fünfunddreißig«, sagte Albert.

»Fünfunddreißig«, sagte Haschem, »Und raus. Ist genug. Ich nicht mehr fahren für Sie.«

Albert gab ihm das Geld und verließ das Haus. Haschem kam ihm fluchend nach, stieg in sein Auto und fuhr allein davon. Dabei hupte er, als transportiere er einen Notfall.

Albert schlenderte durch die Straßen. Er musste bis zum Abend seine Leute finden. Er war ein Special Force Soldat, der in jeder Landschaft nur mit einem Zeitungspapier übernachten konnte, wenn es sein musste. Aber nicht in einer fremden Stadt. Ständig liefen Kinder, junge Männer auf ihn zu und zeigten ihm Dinge, die er kaufen sollte. Duschgel, Tupperware, Uhren, Fernseher, der ganze Ausstoß des Westens in einem östlichen Land. Es wurde dunkel. Hattest du geglaubt, Albert, nur für dich scheint die Sonne länger, wenn du eine Frau so liebst, als sei ihr Schoss deine Vergebung? Das ist der Plan deiner Mörder. Dass du bei einer Frau die Stunde des Tages, dich selbst vergisst, bis es Nacht wird. Um dann dich zu töten. Haschem ist einer von ihnen. Du Narr.

Albert wurde unruhig. Er suchte ein Hinweisschild zu den amerikanischen Truppen. Die Amerikaner waren seit zwei Wochen hier, irgendwo mussten sie sein. Aber nichts war von ihnen zu sehen. Nicht einmal ein Jeep oder ein Lkw war auf der Straße. Amerika ist so groß, dass es nirgendwo ist. Alles schien Albert fremd. Die Menschen, ihre Augen, die Art der Häuser, die Autos.

Dann plötzlich stand er vor etwas, das ihm bekannt vorkam.

Auf den ersten Blick war es ein zweigeschossiges Haus, nicht anders gebaut und verputzt wie die anderen in der Straße. Doch die Fenster waren anders behangen. Es waren goldene Vorhänge, mit anderen Zeichen bestickt, als er sie sonst in der Stadt gesehen hatte. Hebräischen Zeichen. So wie diejenigen, die er oft in seiner

Heimatstadt Boston in Stadtteilen mit jüdischen Bewohnern gesehen hatte.

Er klopfte am Eingang. Es musste jemand da sein. Denn er hörte einen Gesang. Einen Gesang, den er kannte. Der zuweilen aus den Häusern jüdischer Familien oder aus den Synagogen seiner Heimatstadt geklungen war. Aber es öffnete niemand. So oft er auch klopfte.

Albert ging um das Haus herum. Als er an der Seitenfront stand, sah er hinter einer Glasscheibe Bewegung. Er klopfte wieder.

Eine Tür öffnete sich. Vor ihm stand ein untersetzter, kräftiger Mann von etwa vierzig Jahren. Er trug Sandalen, eine weite afghanische Hose und am Oberkörper nur ein Unterhemd, obwohl es recht kalt war. Auf seinem Kopf saß eine jüdische Kippa.

»Schalom«, sagte der Mann und musterte Alberts Uniform. Und dann in einem etwas fremdartigen Englisch: »Du bist aber hartnäkkig.«

»Schalom«, erwiderte Albert den Gruß. Und fragte: »Sie haben mich die ganze Zeit klopfen gehört?«

»Ja«, sagte der Mann. »Wer etwas Wichtiges von mir will, wird mich schon finden. Ich bewege mich nicht gerne unnötig. Mein Name ist Zablon Simintov, und das ist mein Haus und meine Synagoge.«

»Ich heiße Albert Ginovatti und bin US-Soldat«, antwortete Albert.

»Ich habe mich schon die ganze Zeit gewundert, wo ihr bleibt. Willst du hereinkommen?« »Ja, gerne«, sagte Albert und trat ein. Er schaute sich um. Dann sagte er:

»Das Haus sieht nicht aus wie eine Synagoge.«

»Nein«, sagte Zablon, »in diesem Land ist es besser, nicht so auszusehen wie eine Synagoge.«

Albert fragte: »Haben die Taliban Sie und Ihre Undercover-Synagoge nicht entdeckt und geschlossen?«

»Sie wussten von uns, aber sie haben die Synagoge nie geschlossen. Ich bin aus diesen Kerlen nie schlau geworden. Ihre eigenen islamischen Frauen steinigen sie beim geringsten Anlass, einen Juden lassen sie unbehelligt am Leben. Meine Thora-Rolle haben die Halunken allerdings mitgenommen und nie wieder gebracht. Wahrscheinlich, weil sie einiges wert war.«

Zablon führte Albert in den hinteren Bereich des Gebäudes. Albert fragte: »Wie viele seid ihr?«

Zablon sagte: »Nur ich bin noch da, die andern sind alle weg.«

»Sie sind ganz allein hier?«, fragte Albert.

»Ja, warum nicht?«, antwortete Zablon. »So gibt es weniger Streit.«

Sie gelangten in ein Zimmer mit einem Tisch und einigen Stühlen. Zablon bot Albert einen Platz an und setzte Teewasser auf. Er fragte Albert. »Woher kommst du, und woher stammt deine Familie?«

»Boston«, sagte Albert, »und meine Familie stammt aus Süditalien.«

Zablon schaute ihn angriffslustig an. Dann sagte er: »Ich wusste nicht, dass Italiener in der amerikanischen Armee kämpfen.«

»Warum sollten wir nicht?«, fragte Albert. Zablon Gesicht hellte sich auf.

»Die italienischen Divisionen in Rommels Afrika-Armee sind doch schon weggelaufen, wenn die Briten einen einzigen scharfen Schuss abgegeben haben.«

»Ich war nicht dabei damals in Afrika«, sagte Albert, »und Sie vor sechzig Jahren wohl auch nicht. Sie scheinen gerne andere zu beleidigen, scheint mir. Vermutlich sind deswegen alle anderen Juden weg von hier.«

»Das ist ein Punkt für dich, du Rosenkranz-Beter«, sagte Zablon. Zablon goss das mittlerweile kochende Teewasser ein und stellte einige Kekse auf den Tisch.

»Lass es dir schmecken.«

»Ich danke Ihnen.« Albert probierte den Tee. »Kann ich bei Ihnen übernachten? Ich habe mich in der beginnenden Dunkelheit verlaufen und will nicht mitten in der Nacht nach meinen Leuten suchen.«

»Das sollte kein Problem sein«, sagte Zablon. »Ich gebe dir eine Matte und eine Decke, dann kannst du hier in diesem Zimmer schlafen.«

Plötzlich höre Albert ein schepperndes Geräusch in einem der Räume neben an.

Er schaute Zablon fragend an. »Sagten Sie nicht, Sie sind der Einzige hier?«

Zablon rührte einige Sekunden in seinem Tee. »Nun ja, einer ist noch hier und will nicht gehen. Aber man kann ihn eigentlich gar nicht mitzählen.«

»Sind Sie nicht froh, doch nicht ganz allein zu sein?«, fragte Albert.

»Wenn du Isaak kennen würdest«, entgegnete Zablon mit einem Ausdruck von Verachtung und Mitleid in seinem Gesicht, »wärst du auch lieber alleine. Er hält sich für einen Dämonen-Austreiber und verkauft Frauen Liebesgetränke. Bis vor einigen Jahren hat er irgendwo in der Nachbarschaft auch ein Bordell betrieben. Bis ihn die Taliban erwischt, verprügelt und das Bordell geschlossen haben. In diesem einen Fall muss ich den Taliban sogar recht geben, er hat es nicht besser verdient. Und er macht alles kaputt. Eben ist ihm wieder was heruntergefallen. Es war ja nicht zu überhören.«

Zablon rührte weiter in seinem Tee. Dabei wurde sein Gesicht so braun wie das Getränk.

»Außerdem hat er mich bei den Taliban angeschwärzt. Ich sei ein Dieb und israelischer Spion. Drei Tage saß ich deswegen bei den Taliban in einem Kerker, bis sie mich wieder gehen ließen. In der Zwischenzeit hatten sie meine ganze Wohnung verwüstet, aber offenbar nichts gefunden, was meine Spionagetätigkeit hätte belegen können.«

Sein Gesicht hellte sich wieder auf.

»Nur seine Bordell-Abrechnungen fanden sie, weswegen dann *er* gewaltig Ärger bekam.«

Eine Pause entstand. Dann sagte Zablon: »Nun, er ist in seiner Hälfte der Synagoge und ich in meiner. So koexistieren wir leidlich.«

»Darf ich einmal rüber gehen zu ihm?«, fragte Albert.

»Du bist ein freier Mensch«, sagte Zablon, »aber bitte erwarte nicht, dass ich mitgehe und ihn dir vorstelle. Auch warne ich dich: Das meiste, das er sagt, ist gelogen.«

»Ich sehe, ihr seid zwei unzertrennliche Freunde.«

»Von einem italienischen Witz habe ich noch nie etwas gehört«, konterte Zablon, wobei seine Augen wieder angriffslustig funkelten.

Albert stand auf und ging in Richtung des Zimmers, aus dem er die Geräusche gehört hatte. Nachdem er sich eine Weile umgeschaut hatte, entdeckte er einen etwa siebzigjährigen Mann, der mit einigen Schüsseln hantierte. Albert klopfte höflich an den Türrahmen und stellte sich vor: »Schalom. Ich bin Albert von der US-Armee.«

Der alte Mann hantierte völlig unbeeindruckt weiter mit seinen Schüsseln. Dann sagte er: »Ich habe dich schon erwartet.«

»Aha?«, entgegnete Albert. Der alte Mann sagte: »Auch wenn ich in dieser Hälfte der Synagoge lebe, so weiß ich doch stets, was in der andern Hälfte vor sich geht. Der Halunke von drüben meint, ich sei ein tauber und blinder Tattergreis. Doch ich merke alles. Auch wenn er wieder seine Hehler-Ware verkauft.«

»Hehler-Ware?«, fragte Albert.

»Zablon«, entgegnete Isaak, »hat dir wahrscheinlich gesagt, dass du mir kein Wort glauben sollst.«

»Ja, das hat er gesagt.«

»Auch wenn du mir nicht glaubst, er hehlt mit allem Möglichen. Er hatte nur Glück, dass er gerade an dem Tag, an dem die Taliban hier alles durchsucht haben, das Meiste kurz zuvor verkauft hatte.«

Isaak seufzte, so als sei damals eine historische Chance verpasst worden. Und schaute dabei prüfend Albert an.

»Nun, aber was du mir in jedem Fall glauben kannst, ist mein Name. Ich heiße Isaak Levy. Und ich wünsche mir nichts mehr als den Tag, an dem Gott Zablon zurück zu sich ruft. Was hat er dir von mir erzählt?«

»Dass Sie ihn an die Taliban verraten haben und er deswegen im Kerker saß.«

Isaak schmunzelte: »Ja, er war im Kerker, aber nicht, weil ich ihn verraten habe, sondern weil die Taliban schließlich seine illegale Schnapsbrennerei im Nachbarhaus ausgehoben haben.«

»Aha«, sagte Albert. »Zablon sagte auch, Sie treiben Dämonen aus.«

»Ja«, sagte Isaak, »das tue ich, denn dieses Land ist seit mehr als zwanzig Jahren von Dämonen besetzt. Nur die Dämonen von Zablon konnte ich noch nicht austreiben, er scheint sie zu lieben und dann habe ich keine Chance.«

»Zablon erlaubte mir, bei ihm in seiner Hälfte zu übernachten. Sind Sie damit einverstanden?«

»Natürlich«, sagte Isaak. »Es ist ja auch seine Hälfte. Ich würde dir zwar empfehlen, in meiner Hälfte zu schlafen, da ich dir nicht garantieren kann, dass Zablon dir heut Nacht nicht doch die Kehle aufschlitzt. Aber du hast ja nun dort schon zugesagt.«

»So ist es«, sagte Albert, »ich muss nun bei ihm übernachten.«

Nach einem Abendessen mit Isaak legte Albert sich bei Zablon zur Nachtruhe nieder. Und er schlief vergnügt ein mit dem Gedanken, dass sich allein für diese beiden Querköpfe der ganze bisherige Krieg gelohnt hatte. Am nächsten Morgen frühstückte er bei Zablon, verabschiedete sich voller Dank bei beiden und machte sich, nachdem Isaak ihm den Weg erklärt hatte, auf den Weg zu seinen Leuten.

Diese fand er dann zügig, allerdings konnte er auch hier die benötigten Materialien und Nachschubgüter nicht auftreiben. Ein

Militärtransporter nahm ihn schließlich wieder zurück nach Bagram Air Base.

Dann rief Albert Ramses an. Um ihn zu sagen, dass er keine Ausrüstung, keine Medizin habe. Damit Ramses wieder brüllte, als sei er in allen Trommelfeuern aller Kriege zusammen. Doch Ramses war ganz ruhig. Als sei der Frieden ausgebrochen. Oder als habe ihm jemand gesagt, er sei der Beste aller Oberstleutnante.

»Ist nicht schlimm, Albert«, hüstelte Ramses in die Funkanlage. »Wir werden nach Süden verlegt an die Grenze nach Pakistan. Neuer Sonderauftrag. Hab schon alles bekommen, was wir brauchen. Wir sind morgen früh an Bagram Air Base. Warten Sie dort auf uns und halten Sie sich bereit.«

Eine Zirkusvorstellung

Sie erreichten Parachinar am frühen Nachmittag und parkten auf dem ersten größeren Platz. Innerhalb weniger Minuten waren sie von neugierigen Kindern und Jugendlichen umstellt. Sarina schaute vom Inneren des Wagens aus zu, wie Jin und Aban Süßigkeiten verteilten und Kunststückchen machten. Dann sah Sarina die beiden plötzlich nicht mehr, und die Kinder machten Anstalten, wieder zu gehen. Doch plötzlich hörte sie ein Poltern und Knakken über sich. Offenbar waren Kinder auf das Dach des Wagens geklettert. Sie ging nach draußen, um die Kinder herunterzubitten. Doch gerade, als sie die Tür öffnete, hörte sie ein ohrenbetäubendes Kreischen und Schreien über sich. Es war Aban. Es war, als verfüge er über den Resonanzkörper eines Riesen.

»Bewohner Parachinars«, schrie er, »Männer, Frauen und Kinder der Stammesgebiete. Hart ist euer Tagwerk, und wenig Muße habt ihr. Doch morgen Nachmittag, wenn die Sonne sich bereit macht für ihre wohlverdiente Ruhe, wenn der Mond seines bleiches Licht über das Bergland gießt, dann kommt zu uns, zum Zirkus ›Die Vier aus Peschawar‹, der für euch eine Vorstellung gibt.«

Sarina hatte auf einmal das Gefühl, dass jemand ihren Gürtel enger zog. Warum sagte Aban »vier«? Es waren nur drei Aufführende, wenn man Karim dazu zählte. Wer würde noch kommen?

Aban schrie unentwegt weiter: »Kommt also, und vergesst eure Sorgen, euren Schmerz in unserer Zirkusvorstellung. Kommt alle, um unsere Kunststücke zu sehen und unsere Darbietungen. Der Eintritt ist frei. Kommt, kommt, kommt!«

Aban sprang mit einem Mal mit einem doppelten Salto rückwärts vom Wagen herunter. Ein Aufschrei ging durch die Menge, denn es sah wirklich halsbrecherisch aus. Dann gingen Aban und Jin singend und johlend durch die Menge und schrien beide unentwegt, als wollten sie überteuerte Teppiche verkaufen: »Kommt, kommt, morgen Nachmittag, und vor Staunen werden eure Münder sich nicht wieder schließen.«

Sarina entdeckte Karim, der in der Stadt gewesen war und nun zurückkam. Wieder steigerte sich ihre Stimme zu einer Art Schreien, obwohl sie ruhig bleiben wollte.

»Karim, was meint Aban mit ›Die Vier aus Peschawar?‹ Ihr seid drei, nicht vier. Kommt noch jemand, den ich nicht kenne? Einer von deinen seltsamen Bekanntschaften?«

»Nein«, sagte Karim, »es kommt niemand mehr.«

»Bitte was?«, fragte Sarina.

»Du bist die vierte Person.«

»Bist du verrückt?«, rief sie. »Ich kann keine Kunststücke. Ich breche mir alle Knochen, wenn ich Aban nur zuschaue bei seinen Sprüngen.«

»Es geht nicht um Kunststücke«, sagte Karim. »Die machen Jin und Aban. Ich kann auch nicht herumspringen und mich in der Luft drehen oder Messer in mich stechen. Das ist nur ein Teil unseres Programms.«

»Und was bitte ist der andere Teil?«, fragte Sarina.

»Szenische Darbietungen.«

»Was denn bitte für szenische Darbietungen?«, fragte Sarina.

»Das wirst du schon sehen morgen.«

»Und was soll ich dann bitte bei diesen szenischen Darbietungen machen?«

»Du bist die verzweifelte Frau, die ihren Sohn sucht.«

»Bitte was? Du verlangst von mir, mein Leid zur Schau zu stellen?«

Karim blickte sich um. Als suche er irgendwo nach Hilfe. Dann begann er in jenem Ton, den Sarina nicht mochte.

»Schwester, ich sage es dir noch einmal im Guten und zum letzten Mal: Wir machen es auf meine Weise. Du bist in einem Land, in dem man nur schreit oder hysterisch wird, wenn das Kind, der eigene Mann, die eigene Mutter tot in den Armen liegt. Dann darfst auch du schreien. Wir sind in einem Land, in dem vieles vergessen wird und manches nie. In dem eine Nachricht durch einen Zufall verschluckt werden kann vom nächsten Brunnen für immer, oder den Weg von Kind zu Mutter, von Mutter zu Vater, vom Vater zum Cousin, vom Cousin zum Bruder, vom Bruder zum Neffen, vom Neffen zum Großvater gehen kann. Und vielleicht eine andere Nachricht den Weg zurückfindet zu dem, der sie aussandte, und die besagt: Höre, ich weiß etwas, das dir weiter hilft. Zwei Dinge brauchen wir: Geduld, Geduld, Geduld. Und: Aufmerksamkeit. Also spielen wir dein Leiden, damit die Menschen es sehen, erspüren, in ihren Köpfen mit nach Hause tragen, sich erinnern, es weitererzählen. Nur so können wir, wenn überhaupt, etwas erfahren über Kristian.«

»Du bist wirklich wahnsinnig«, sagte Sarina ruhig. Sie überlegte. »Hast du eine Szenenbeschreibung oder irgendetwas, mit dem ich mich vorbereiten kann?«

»Deutsche Theaterleute und Zirkusmanager mögen Drehbücher oder Choreografien machen, hier hat keiner so etwas. Du kommst auf die Bühne, so wie du bist. Zeige deine Trauer, deinen Schmerz, so gut du kannst. Den Rest mache ich.«

»Ich kann das nicht. Ich kann das nicht«, jammerte Sarina.

»Du hast eine Nacht und einen halben Tag Zeit, um es zu können. Es geht um Kristian. Es ist unsere einzige Chance, die Leute auf uns und deine Situation aufmerksam zu machen. Jede Polizei, jeder Geheimdienst ist hier machtlos. Abgesehen davon…«

»Abgesehen was…?«, fragte Sarina.

»Abgesehen davon, dass die Behörden hier teuer und falsch sind.«

Sarina schluckte einen ganzen Berg hinunter. Der Hals tat ihr weh, von all dem eingeatmeten Staub und der trockenen Luft. »Ich werde es versuchen.«

»So ist es gut«, sagte Karim. »Wir fangen auch nicht an mit deinem Auftritt. Erst kommen die Kunststücke, dann eine Darbietung nur mit Aban, Jin und mir. Dann, irgendwann, rufe ich dich auf die Bühne. Versuche, solange du noch nicht dran bist, dich ins Publikum zu setzen und zu erspüren, wann sie lachen, wann sie aufschreien, wann sie nachdenken. Du bist nicht in Deutschland in einem Wohnzimmer, in das ständig der Fernseher herein rieselt. Du bist unter Menschen, die einen Fernseher haben mögen, doch ihre Welt ist dennoch vollständig anders.«

»Was meinst du eigentlich mit Bühne?«, fragte Sarina. »Wir haben doch gar keine.«

»Nenn es Arena oder wie auch immer du willst. Du wirst morgen sehen, wie wir es angehen werden.«

Sie aßen gemeinsam zu Abend. Dann machten sie sich für die Nachtruhe bereit. Karim schlief vorne im Führerhaus, Aban, Jin und Sarina waren im Anhänger. Aban schnarchte schon in seiner Koje vor sich hin, wie es nur Salto mortale springenden Schreiriesen möglich war. Jin lag in einer Art religiös-mystischer Verklärung rücklings und mit geschlossenen Augen auf seiner Matte.

Sarina saß noch am Tisch und schaute sich Fotos von Kristian an. Wir sind eine Zirkusnummer, die das Lachen will und doch nur das Grauen erschafft. Sie begann leise zu weinen. Plötzlich, als habe er sich schwebend wie ein Geist erhoben, stand Jin neben ihr und legte ihr die Hand auf die Schulter. Zuerst wollte sie seine Berührung abwehren. Doch seine Hand war so ruhig und schwer, dass sie ihn gewähren ließ. Dann hörte sie Jins Stimme: »Mut kann weg sein. Freude, Glück. Aber nicht Hoffnung. Wenn Hoffnung weg, alles weg. Ich habe Hoffnung. Allah lässt jeden Morgen die Sonne aufgehen. Auch für Kristian.«

»Ich danke Ihnen, Jin«, sagte Sarina. Doch sie hatte nicht die Kraft, ihn anzuschauen.

Sie stand auf, um sich für die Nacht fertig zu machen. Mit gesenktem Kopf sagte sie zu Jin: »Lassen Sie uns schlafen gehen, Jin. Morgen ist unsere Aufführung.«

»Ja, morgen Aufführung«, sagte Jin. Und fügte hinzu: »Sie sind so schön.«

Sarina schüttelte den Kopf: »Jin, Sie dürfen das nicht sagen. Ich bin verheiratet.«

»Ich auch«, sagte Jin.

»Wo ist Ihre Frau, Jin?«, fragte Sarina verblüfft.

»Ich weiß nicht«, sagte Jin.

Sarina legte sich angezogen in ihre Koje, nachdem sie erst eine Anzahl von Konserven und Geräten von der Bettdecke in den Schrank hatte räumen müssen. Alles in ihr war leer. Sie war eine Hülle aus undurchsichtiger Seide. Ihre Hoffnung bestand aus einem messerschluckenden Chinesen, der sie schön fand und ihr sagte: »Wer die Sonne aufgehen lässt, kann auch uns helfen.« Ja, vielleicht war es so. Wenn man in den Untergang geht, kann man die Schritte dorthin wenigstens genießen.

Am nächsten Morgen begannen Karim, Aban und Jin, den Wagen für die Aufführung vorzubereiten. Zwei Lautsprecherboxen wurden am Anfang und am Ende des Lkws aufgestellt und mit einem uralten, batteriebetriebenen Kassetten-Rekorder verbunden, der im Führerhaus installiert war. Alle verfügbaren Klappstühle aus dem Lkw sowie aus den umliegenden Häusern wurden in einem

Halbkreis aufgestellt und eine Leiter an das hintere Ende des Lkw gelegt. Eine Stange wurde senkrecht in die Dachluke des Lkw gestellt und so befestigt, dass sie einige Meter über das Dach des Wagens ragte. Offenbar plante Aban entsprechende Luftdrehungen aus weit größerer Höhe als bisher. Und auch wenn alles, so fand Sarina, recht zusammengeschustert wirkte, schien es doch, als hätten die Drei eine solche Aufführung schon mehrfach gemacht. Jeder Handgriff war eingespielt und saß.

Sie fragte Karim: »Habt ihr solche Aufführungen schon öfter gegeben?«

»Ja, in Peschawar vor Freunden und Bekannten. Aber…«

»Was aber?«, fragte Sarina.

»Nun, Peschawar ist nur das Tor zu den Stammesgebieten, nicht die Stammesgebiete selbst. Ich weiß also nicht in jedem Punkt, wie das Publikum hier reagieren wird.«

Sarina spürte wieder diese Wut in sich. Diese deutsche Wut auf nicht-planbare Dinge. Doch sie öffnete ihren Mund nicht.

Karim fragte: »Was ist, Sarina?«

Sie hörte sich sagen: »Ich bleibe locker.«

»Ich bin überrascht, das aus deinem Mund zu hören.«

»Ich auch«, sagte sie.

Am Nachmittag kamen die ersten Zuschauer und nahmen auf den Stühlen oder auf dem Boden Platz. Es waren vor allem Väter mit ihren Kindern. Vereinzelt erschienen auch Frauen, manche verschleiert, manche nicht. Nach einer dreiviertel Stunde hatte sich fast der halbe Platz mit Menschen gefüllt. Sarina, die sich ebenfalls verschleiert auf einen der Stühle gesetzt hatte, litt unter einer grässlichen Übelkeit. Sie hatte die Nacht kaum geschlafen. Und auch jetzt war ihr nicht klar, was sie bei ihrem Auftritt sagen sollte. Ein Schleier, dachte sie, hat einen großen Vorteil: Niemand sieht mein Leichengesicht.

Die Zirkusvorstellung begann. Karim stellte sich vor den Halbkreis und rief: »Brüder und Schwestern, liebe Gäste, Bewohner von Parachinar! Seid alle willkommen zur Vorstellung ›Die Vier aus Peschawar‹. Von weit her bin ich, Karim, gekommen, doch von noch viel weiter stammt Jin, der Messerschlucker aus dem Reich der Mitte. Applaus, Applaus für Jin, der den Schmerz nur aus den Geschichten seiner Ahnen kennt.«

Karim verschwand im Lkw. Sekunden später ertönte eine wilde Tanzmusik aus den Lautsprechern. Plötzlich stand Jin in der Arena. In beiden Händen hatte er mehrere Messer. Um zu zeigen, wie scharf die Messer waren, durchschnitt er blitzschnell eine Tomate. Die Schnittflächen waren spiegelglatt, ohne jede Vermatschung. Dann warf er jonglierend ein Messer nach dem anderen in die Luft, fing jedes abwechselnd wieder auf, drehte sich dabei, sprang und lief im Kreis umher. Es war, als sei er ein messerwerfender, messerfangender Tornado. Die Zuschauer johlten vor Freunde. Dann plötzlich wechselte die Musik: Ein Trommelwirbel hämmerte aus den Lautsprechern. Jin hatte wieder alle seine Messer in den Händen, legte seinen Kopf nach hinten und riss seinen Mund weit auf. Dann nahm er eines seiner Messer mit der Spitze in die rechte Hand, taxierte mit auf- und abwippendem Unterarm die Wurfbahn, und warf das Messer in hohem Bogen nach oben. Es war, bis auf die Trommelwirbel, totenstill. Das Messer drehte sich mehrfach um die eigene Achse. Es schien für Sekunden in der Luft stehen zu bleiben. Als zögere es die Vernichtung seines Opfers hinaus. Dann landete es mit der Spitze nach unten bis zum Griff in Jins Mund. Die Leute schrien auf. Jin taumelte mehrere Male im Kreis umher und schien umzufallen. Als hätte er sich tödlich verletzt. Sarina ging ein Riss durch die Brust. Doch dann stand Jin wieder kerzengerade und zog das Messer blitzblank und ohne jede Spur von Blut aus seinem Mund. Solche Würfe machte er noch mehrere Male, jedes Mal schien er tödlich getroffen, jedes Mal stand Jin wenige Sekunden später freudestrahlend und mit einem völlig blutfreien Messer wieder vor den Zuschauern.

Dann warf er noch einmal das Messer in die Höhe. Er warf es

dieses Mal fast doppelt so hoch wie bisher. Die Zuschauer stöhnten. Niemand konnte glauben, dass er dieses Messer mit dem Mund auffangen konnte. Das Messer kam herunter. Wie eine Art spitzes Fallbeil. Jin reckte das Kinn, den Mund nach oben. Das Messer raste in seinen Mund. Er taumelte. Er wankte. Plötzlich rann eine rote Flüssigkeit aus seinem Mund. Die Leute schrien auf. Jin ging zu Boden.

Er röchelte. Karim kam. Doch er schien nicht sehr besorgt zu sein. Er trat Jin in den Hintern. Jin sprang auf und grinste, er war völlig unversehrt. Die Zuschauer atmeten auf. Jin verbeugte sich, und ein lauter Applaus umbrandete ihn.

Wieder änderte sich die Musik. Ein schneller Derwisch-Tanz krachte aus den Lautsprechern. Karim kündigte die nächste Nummer an: »Seht nun, liebe Gäste, den wilden Aban. Es beliebte Allah, ihn als Zwerg aufwachsen zu lassen, doch als Trost schenkte er ihm die Überwindung der Schwerkraft.«

Karim klatschte in die Hände. Aban erschien plötzlich auf dem Lkw-Dach. Er stellte sich an das eine Ende des Daches, rannte wie von einer Tarantel gestochen los und legte die Strecke bis zum anderen Ende mit mehreren Saltos zurück. Dann stellte er sich in die Mitte des Daches und machte auf ein- und derselben Stelle mehrere Saltos nach vorne und wieder zurück, ohne auch nur ein wenig das Gleichgewicht zu verlieren. Dann kletterte er wie ein Eichhörnchen die aus dem Lkw herausragende Stange hoch und machte einen doppelten Salto rückwärts auf das Lkw-Dach. Danach sprang er mit einem doppelten Salto vorwärts hinunter. Dort stand Jin mit seinen Messern bereit. Die Leute johlten vor Begeisterung. Auch Sarina war sprachlos. Aban sprang nun auf Jins Schultern. Jin jonglierte wieder mit seinen Messern, als sei Aban nicht schwerer als eine Fliege, und die nächste halbe Stunde war ausgefüllt von einem einzigen Gehüpfe, Messerwerfen, gegenseitigem Verfolgen und lautem Brüllen der Zwei. Die meisten Zuschauer waren aufgestanden und klatschten im Takt der Musik.

Dann, auf einmal, verstummte die Musik. Jin und Aban verbeugten sich. Karim erschien wieder vor den Zuschauern. Er bat mit den Händen um Ruhe. Und proklamierte: »Genug der Kunststükke nun. Ernst genug sind diese Zeiten. Ihr alle wisst es. Seht nun unsere Darbietung über die großen Männer unserer Zeit.«

Karim, Jin und Aban verschwanden im Lkw. Aus den Boxen ertöne ein melancholisches Lied. Nach einer Weile tauchte Aban wieder aus dem Lkw auf. Sarina musste schlucken, als sie ihn sah, während die Zuschauer vor Freude grölten. Denn Aban trug einen westlichen Anzug und hatte auf seinem Kopf einen Zylinder mit aufgeklebter amerikanischer Flagge.

Aban stellte sich vor die Leute und schrie: »Wer von euch hat meine beiden Türme kaputt gemacht? Wer ist es gewesen?«

Er ging auf die Zuschauer zu und schrie jeden einzeln an, wobei er mit den Fingern auf ihn zeigte: »Warst du es? Warst du es?«

Und die Männer, Frauen und Kinder schrien zurück: »Ich war es. Ich war es.«

Aban schrie zurück: »Ich versohle euch die Hintern«. Dabei stolperte er ständig absichtlich zu Boden. Sarina wünschte sich taub und blind zu sein. Doch es kam noch schlimmer. Jin und Karim stiegen aus dem Wagen. Karim trug einen Turban, eine grüne Militärtarnjacke und eine Kalaschnikow, während Jin, der ebenfalls einen Turban trug, eine Binde um sein rechtes Auge gebunden hatte.

Karim sagte zu Jin: »Mullah Omar, hast du den irren Amerikaner gesehen? Er ist aus seinem Käfig entlaufen.«

Jin sagte: »Nein, Osama. Ich habe ihn nicht gesehen, aber er kann nicht weit sein. Wir fangen ihn wieder ein.«

Wieder begann ein Riesenspektakel. Aban George Bush versteckte sich zwischen den Zuschauern, die ihn festhalten wollten. Doch aufgrund seiner Geschicklichkeit gelang es ihm immer wieder, rennend und springend zu entkommen. Jin Mullah Omar und Karim Osama hetzten ihm hinterher und versuchten ihn mit den Worten »Zurück. Zurück in den Käfig!« wieder einzufangen. Nach einer Viertelstunde Jagd durch die Menschenmenge ließ sich Aban George Bush schließlich fangen, und er wurde unter wildem Johlen von Jin Mullah Omar und Karim Osama in einen aus dem Lkw hervorgezogenen Käfig gesperrt, wo er wie ein geprügelter Hund winselte.

Dann, als die Weltpolitik wieder in Ordnung war, proklamierte Karim die nächste Darbietung. Er hatte zuvor Sarina ein Zeichen gegeben, dass nun ihr Auftritt gekommen war. Mühsam erhob sie sich. Sie wünschte sich meilenweit entfernt, so wie eine Debütantin, die ihre erste Rolle nicht gelernt hat. Sie trat, vollständig verhüllt, in die Arena. Eine Gladiatorin, nur ohne Waffen, ohne Gegner. Hilflos. Leer. Karim rief: »Seht nun, Bewohner von Kurram, von Parachinar, die traurige und wahre Geschichte einer Mutter Afghanistans.«

Sarina hob ihre Hände auf islamische Gebetsart nach oben. Fast eine halbe Minute lang stand sie so, unfähig ein Wort zu sprechen. Dann, stockend, als ringe ihre Stimme unter Wasser mit dem Ertrinken, rief sie: »Allah, Herr über das Leid und das Glück, Herr, hilf meinem Sohn Kristian, und schenke ihn mir zurück. Verschleppt wurde er aus einem Flüchtlingslager, wo er den Söhnen und Töchtern Afghanistans half in ihrem Leiden. Verschleppt wurde er, vor sieben Wochen bald, in diese Gegend, um ein schmutziges Lösegeld zu erpressen. Ich suche ihn, doch ich kann ihn nicht finden, Allah, hilf du mir.«

Dabei traten Karim, Jin und Aban auf, wobei Karim und Jin als Banditen verkleidet waren und Aban als gefesseltes Bündel mit sich schleppten. Abans Augen waren mit einem Tuch verbunden. Karim und Jin schlugen wie wild auf das Bündel ein und zerrten es weiter, während Sarina weiter rief: »Allah, meinen Sohn gib mir zurück, ich fühle, dass er hier ist, bitte schicke ihn zurück zu mir.«

Dann war sie mit ihrer Kraft am Ende. Und es griff die alte Theaterregel: Wer etwas wirklich erlitten hat, kann es nicht spielen. Die Tränen schossen ihr in die Augen, über die Wangen bis in den

Mund. Ihre Worte begannen, ins Unverständliche hinein zu gurgeln. Sie fiel auf die Knie, beugte sich vornüber und war sie selbst: eine Mutter ohne Hoffnung. Eine Mutter, die ihr eigener Schmerz war. Das Publikum war totenstill. Die Aufführung kollabierte zu einer Andacht, einem Anteilhaben an einer gebrochenen Frau, die auf den Knien hockte und wimmerte. Die Grausamkeit Karims endete auch hier nicht. Er ließ keine Musik spielen. Er sagte nichts. Er zementierte diesen Moment von Sarinas Hilflosigkeit auf der Bühne wie ein Voyeur. Er kniete nieder bei ihr. Er, der Grausamste unter den Grausamen, zog ihr den Schleier vom Gesicht. Er streichelte ihre Wangen. Sarina hasste ihn. Ihr Gesicht, ein aufgequollener wässriger Matsch, sah in die Menge. Und die Menge sah zurück. Und begriff wie auf ein Zeichen hin, dass in diesem Gesicht dieser Frau alle Wahrheit des Leidens war.

Die Vorführung ging ihrem Ende entgegen. Die Ersten erhoben sich von ihren Plätzen. Die Kinder begannen wieder zu spielen, zu lachen, zu scherzen. Das Publikum verlief sich in den Abendstunden der Stadt.

Karim half Sarina auf. Sie wimmerte noch immer.

»Es hätte besser nicht sein können, Sarina«, sagte er. »Die Leute müssen diesen Eindruck mit nach Hause nehmen. Eine andere Chance haben wir nicht, etwas zu erfahren.«

Sarina: »Ich kann das nicht noch mal machen. Ich kann nicht. Und warum musstest du den Schleier öffnen?«

Karim war ein Intendant. »Leid muss ein Gesicht haben. So werden wir es jeden Nachmittag machen. Bei jeder Aufführung. Bis wir eine Nachricht bekommen, die uns weiterhilft. Oder…«

»Oder?«

»Oder wir wissen, dass mein Neffe tot ist.«

Zwischenkapitel 12/20

Aktuelles Jahresklima der Region

In Afghanistan herrscht auch 2001 ein überwiegend kontinentales Klima, das durch heiße Sommer sowie kalte Winter gekennzeichnet ist. Maritime Einflüsse, gestartet von US-Flugzeugträgern im Indischen Ozean, wurden im Oktober 2001 vereinzelt, im November und Dezember 2001 täglich beobachtet.

Der nördliche Teil des Landes erlebt schwere Winter von Dezember bis Februar, mit Höchsttemperaturen um 8 °C und bis zu -8 °C kalten Nächten. Lokal kann die Höchsttemperatur auf mehrere hundert oder gar tausend °C ansteigen, vor allem im Intimbereich detonierender Minen, Bomben und Raketen.

Eine leichte bis mittelschwere Regenzeit liegt zwischen Oktober bis Mai, März und April sind besonders nasse Monate. Dies erschwert die täglich nötige Bergung der Leichen zuweilen erheblich.

Zwischen Juni und September ist es recht trocken mit durchschnittlichen Höchsttemperaturen von 30 bis 32 °C und somit relativ angenehm, wenn man vom Schatten aus den Kampfhandlungen zusehen kann. Lediglich sehr trockene Winde aus Iran, ausgesandt als Rache für die von den Taliban ermordeten iranischen Diplomaten im Jahre 1998, belasten das Mikroklima teilweise erheblich.

Klimatisch gehört das südliche Afghanistan zu den Subtropen, wo u. a. auch der Anbau von Dattelpalmen möglich ist, mit denen sich weite Teile der Bevölkerung überwiegend ernähren, da vielerorts die Ernährungsversorgung zusammengebrochen ist.

Auch Westpakistan hat ein mildes Klima, mit teilweise bis zu 10 bis 15 °C noch im November und Dezember. Erst im Januar und Februar setzt auch dort die Leichenstarre ein.

Taliban-Matrix

Frauen

1. ist der Besuch von Bildungseinrichtungen untersagt

2. dürfen keinem Beruf nachgehen und nur im Haus arbeiten

3. dürfen ihr Haus nur in Begleitung eines nahen männlichen Verwandten verlassen

4. dürfen sich nicht von männlichen Ärzten behandeln lassen.

1, 2, 4 → Frauen dürfen medizinisch nicht behandelt werden

5. müssen einen langen Schleier tragen, der sie vom Kopf bis zu den Zehen einhüllt.

6. dürfen nur mit Männern sprechen, die nahe Verwandte sind

7. dürfen nicht laut lachen und keine Stöckelschuhe tragen

8. dürfen nicht in Film, Funk, Fernsehen etc. auftreten und nicht fotografiert etc. werden

9. dürfen keinen Sport betreiben

10. dürfen nicht aus einem Fenster schauen (alle Fenster müssen bemalt werden.)

usw. usf.

Männer

1. dürfen ihren Bart nicht schneiden

2. müssen einen Turban tragen

3. müssen regelmäßig in die Moschee gehen

4. werden bei kleineren Vergehen ausgepeitscht

5. erhalten bei Diebstahl die Hände und Füße abgehackt

6. werden bei Homosexualität lebendig begraben

7. werden bei Mord von Verwandten des Opfers exekutiert

8. müssen bei Sportveranstaltungen beim Anfeuern »Allah-o-Akbar« (Gott ist groß) rufen und mit den Händen klatschen

9. Taxifahrer werden in der Öffentlichkeit geschlagen, wenn sie Frauen befördern.

usw. usf.

alle

1. Allen ist es verboten, Musik zu hören oder Filme anzuschauen

2. Alle müssen islamische Namen tragen

3. Alle müssen fünf Mal pro Tag beten

4. Alle, die Tauben halten oder mit Vögeln spielen, werden eingekerkert

5. Alle, die Drachen steigen lassen, werden eingekerkert

6. Alle, die im Besitz von verbotener Literatur sind, werden exekutiert

7. Alle, die vom Islam zu einer anderen Religion übertreten, werden exekutiert

usw. usf.

Die Welt zieht weiter

Versorgungsänderungsgesetz 2001 vom 20.12.2001

Die wesentlichsten Änderungen in der Beamtenversorgung

1. Stufenweise Absenkung des Versorgungsniveaus

Im Zuge der nächsten acht folgenden Bezügeanpassungen fällt die Erhöhung der Versorgungsbezüge geringer aus, als die der noch im Dienst befindlichen Beamten. Diese Absenkung des Versorgungsniveaus führt letztendlich zu einer Reduzierung des Ruhegehaltssatzes pro Jahr von bislang 1,875 % auf 1,79375 % und hat eine Senkung des Höchstruhegehaltssatzes von 75 v. H. auf 71,75 v. H. zur Folge. …

20.12.2001: Die mit Spannung erwartete Verfilmung von J.R.R. Tolkiens Erfolgsroman »Der Herr der Ringe« startet in den deutschen Kinos

Der abgrundtief böse Sauron hat einen Ring geschmiedet, um alle Völker zu beherrschen und zu versklaven. Der kleine Hobbit Frodo macht sich mit acht Gefährten auf einen abenteuerlichen Weg, um den Ring dort zu vernichten, wo er geschmiedet wurde: auf dem feurigen Schicksalsberg …

http://www.zierfischforum.info/ 20.12.2001, 19:57, Diana

Hallo Kahebro, ich hab es mal bei Flossenfäule probiert. Aus verlegenheit, da ich kein Medikament griffbereit hatte und KMnO4 in der Apotheke zu haben ist. Dabei hab ich mich strikt an die Anweisung in Mergus Bd. 1 gehalten. Da werden kurzbäder empfohlen. Dazu kann ich sagen, daß ich (immerhin) keine negativen Auswirkungen bemerkt hab. Ob es was genutzt hat, kann ihc nicht so sicher sagen, da ich kurz danach im Bekcen mit einem Medikament behandelt hab. Ich hatte das Gefühl, daß auch die KMnO4 Behandlung was genutzt hat. …

TU Chemnitz: Pressemitteilung vom 20.12.2001

Weihnachtsmann verteilt 1.455 Tonnen Geschenke; 8.084 Rentiere reisen in Sachsen mit Lichtgeschwindigkeit von Haustür zu Haustür

… Nach Angaben des Statistischen Landesamtes in Kamenz freuen sich auf diesen Tag die 727.215 Kinder des Freistaates – also alle Sachsen unter 18 Jahre – wohl am meisten. Bei einer durchschnittlichen Kinderzahl von – rein statistisch gesehen – 1,5 pro Haushalt ergibt das 484.810 Wohnungstüren, an denen der Weihnachtsmann unbedingt klingeln muss. Somit hat er für jeden sächsischen Haushalt, in dem Kinder leben, nur etwa 0,18 Sekunden Zeit. In diesem Bruchteil einer Sekunde muss er seinen Schlitten parken, die Geschenke verteilen, den Weihnachtsbraten kosten, ein Lied anstimmen und zur nächsten Haustür eilen. Legt man die Fläche des Freistaates von 18.413 Quadratkilometern zu Grunde, muss er im Schnitt mehr als zwei Kilometer von Haustür zu Haustür eilen. Um das Mammutprogramm zu schaffen, wird er wohl mit Lichtgeschwindigkeit reisen - ein wahres Blitzlichtgewitter aller Radarfallen zwischen Oberwiesenthal und Görlitz ist also vorprogrammiert …

Land aus Staub, Erde, Stein

IV

Aufbruch nach Tora Bora

Albert wartete in Bagram Airfield. Es war, als zöge die ganze amerikanische Armee nach Süden. Lkws, Panzer, Jeeps wurden gesammelt. Ständig landeten schwere Transport-Maschinen. Hubschrauber. Jagd auf Osama. Wir wissen, wo er ist. In Tora Bora. Dem unterirdischen Festungssystem, in dem sich schon die Russen selbst in die Luft gesprengt hatten. Die Russen waren keine Amateure. Aber sie, die Amerikaner, sie waren mehr als nur keine Amateure. Sie waren die Spreng-Osama-Heraus-Spezialisten.

Nach einigen Stunden Warten sah Albert Buck und die Männer seines Teams. Sie kamen aus einem Hubschrauber gekrochen. Auch Ramses kam aus dem Hubschrauber. So breitbeinig, als hätte er den Hubschrauber selbst geflogen. Ramses konnte alles. Auch das, was er nicht konnte.

»Hi Albert«, sagte Buck. Er grinste nicht.

»Wie läuft das jetzt ab, Buck?«, fragte Albert.

»Nicht gut, wie mir scheint«, sagte Buck. »Wir sollen mit runter für Bombenangriffe und so fort, aber die Ausputzarbeiten machen Kämpfer der Nordallianz.«

»Das spart amerikanisches Blut«, sagte Albert.

Buck grinste immer noch nicht. Und sagte: »Es wäre besser, unsere Leute machen das. Auch wenn es viele Tote kosten wird. Aber dann wäre es endlich überstanden.«

Ramses brüllte dazwischen.

»Macht euch fertig, wir fliegen von hier in einer halben Stunde ab.« Ramses war so stark, er konnte die Zeit anhalten.

Sie beluden den Hubschrauber mit der Ausrüstung, die in Bagram auf sie gewartet hatte. Dann ließ der Hubschrauber die Motoren wieder laufen. Man kann einen Krieg nicht verlieren mit solchen Motorengeräuschen. Diese Geräusche sind Macht. Allmacht. Sieg.

Sie hoben ab. Flogen über Kabul. Das hatte Ramses zum Piloten gesagt. Zeig uns die verdammte Stadt, wegen der wir hier rumballern.

Es war ein wunderbarer Anblick, Kabul von oben. Fast wie eine antike, gerade erst ausgegrabene Siedlung sah diese Stadt aus. Und sie, die Soldaten, waren die Archäologen, die Kabul aus der Finsternis ans Licht gegraben hatten. Nur Buck grinste nicht.

Nach etwa einer halben Stunde Flug Richtung Südosten landeten sie. Sie hörten aus der Ferne schon die Detonationen. Als würden die Bomben aller amerikanischen Fabriken direkt dort entladen werden. Die Strategie war einfach: Erst die Berge wegbomben, dann in die Höhlen das ganz spezielle Zeug rein. Kriegsgeschichte ist nicht Sache der Amerikaner. Selbst die Engländer haben es nicht geschafft, eine Landschaft zu eliminieren. Helgoland 1947. Außer Spesen nichts gewesen. Und das Tunnelsystem der Vietnamesen haben die Amerikaner mit Gas, Bomben, Minen, mit allem nicht klein gekriegt. Amerika ist immer geschichtslos. Ohne Erinnerung.

Ramses zeigte in Richtung der Detonationen und sagte, als wäre es ein Tagesbefehl: »Mein Großvater war bei Dresden dabei.«

»Dresden?«, fragte einer der Männer, »was war da?«

»Nichts war da mehr, nachdem mein Großvater da war«, sagte Ramses. Er war ein Poet. Ein Krieger-Poet. Amerika ist das einzige Land, das in jedem anderen Land der Welt schon gebombt hat. Das mache einer uns nach.

Sie überprüften ihre Ausrüstung. Morgen würde sein der Tag aller Tage. Wieder Lasermarkierungen sollten es sein auf die Stützpunkte, Höhleneingänge, welche die großen Brüder in den Lüften und die verfetteten Planungsstäbe in CENTCOM nicht sehen.

»Wir sind die Augen des Todes«, sagte Ramses.

Ramses wurde mythologisch. Aller Tod ist mythologisch. So geht es leichter von deiner Hand.

Warten

Warten

Ich warte auf meine Augen.

Ich warte auf meinen Mund.

Ich warte auf das Warten.

Drei Nachmittage hintereinander, an verschiedenen Plätzen in Parachinar, hatten sie die Botschaft gesendet, Sarinas Leiden gespielt, dargeboten. Wer wusste etwas? Wer hatte etwas gehört? Wer munkelte worüber?

In der folgenden Nacht warf jemand einen Stein gegen eines der Fenster. Jin zimmerte Bretter davor. Es konnte alles bedeuten: ein Jungenstreich. Oder: Ihr habt Osama beleidigt. Oder: Wir wissen, wo Kristian ist. Doch nichts geschah weiter.

Sie warteten.

Dann, am vierten Tag kam ein Mann zu ihnen und sagte: »Seid morgen am südlichen Ausgang der Stadt.«

Jin reinigte seinen Revolver.

Sie warteten an der Stelle, die der Mann genannt hatte. Jin, Karim und Sarina. Aban blieb in Parachinar am Lkw. Es konnte eine Falle sein. Um den Lkw, den Anhänger auszurauben. Um sie selbst auszurauben.

Niemand kam. Nicht am vereinbarten Tag, nicht die beiden Tage danach. Warten ist eine Form der Hoffnungslosigkeit.

Jin las Sarina etwas vor: »Deutscher Fluss mit drei Buchstaben?«

Sarina schloss die Augen. Ihr Kopf war leer. Jin schaute wieder in sein Rätselheft.

Dann entschied Karim: »Wir fahren weiter.«

Sarina fragte: »Wohin?«

»Nach Ali Mangal Post. Richtung Westen. Noch näher an die Grenze zu Afghanistan. Dort war ich noch nie. Es ist gefährlich. Noch gefährlicher. Aber wir müssen es wagen.«

Jin sagte: »Ich war dort. Man braucht viele Revolver.«

Sarina hatte das Gefühl, unter ihr ginge die Erde auf. Aus Jins Mund floss wieder Blut.

Sarina keuchte: »Jin, bitte, lassen Sie das.«

Jin holte einen kleinen Farbbeutel mit roter Flüssigkeit aus seiner Innenbacke. Er grinste nicht.

Sie packten ein. Sie fuhren los. Sie waren ein Zirkus, der unter dem Vorwand, Leute zu belustigen, nach Verbrechern, nach Verlorenen suchte. So viel Absurdes gibt es auf dieser Welt. Stunde um Stunde tuckerte ihr Lkw dem innersten Kreis der Hölle entgegen.

Dann hielten sie an. Vor ihnen, mitten auf der Schotterstraße, die sie entlang gefahren waren, stand ein ausgebrannter Pkw. Sonst niemand weit und breit. Karim und Jin stiegen aus. Karim sagte zu Sarina: »Es ist besser, du bleibst drinnen.«

Karim ging auf den Wagen zu. Jin folgte mit entsichertem Revolver. Aban blieb mit Sarina im Lkw zurück.

Sarina sah, wie Karim und Jin mehrmals um den Wagen herumgingen. Dann beugte sich Karim auf den Fahrersitz. Vermutlich, um die Handbremse zu lösen und den Gang rauszunehmen. Karim und Jin schoben das Auto von der Straße. Weiß wie Kreidefelsen kamen die beiden zurück.

Karim sagte nur: »Schnell weg von hier.«

Er startete den Motor. Sarina fragte: »War das ein Luftangriff?«

Karim sagte nichts. Im Vorbeifahren schaute Sarina auf das ausgebrannte Auto neben der Straße. Auf dem Rücksitz starrte das halb verkohlte Schädelgesicht eines Mannes zu ihr. Sie schrie auf. Sie erkannte den Wagen. Es war der Wagen der Japaner, die ihnen an Vinays Tankstelle begegnet waren. Sie wurde hysterisch: »Was ist das, was ist hier passiert?«

Karim antwortete. Und zum ersten Mal hörte Sarina in seiner Stimme ein leises Zittern. »Das war kein Luftangriff. Da sähe das Auto ganz anders aus. Der Japaner wurde erschossen und dann mit seinem Auto angezündet. Ich weiß nicht, was da passiert ist. Es ist mindestens einen halben Tag her. Kriminelle, Raubmörder, ein Attentat. Die beiden sind wohl auf die Falschen gestoßen. Der andere wurde vermutlich verschleppt.«

Sarina hatte das Gefühl, dass ihr ganzer Oberkörper, ihr Hals und ihre Gliedmaßen nur noch ein Betonblock waren. Sie keuchte: »Ich habe Angst.«

Karims sagte: »Wir fahren weiter. Oder hast du geglaubt, hier wohnen nur die freundlichen Menschen von nebenan?«

Sie fuhren weiter. Nicht zurück. Sondern immer weiter nach Westen. Als wollten sie noch weitere verbrannte Autos mit Schädel-Leichen sehen. Sie fuhren dorthin, wo der Krieg war. Jene an den Himmel reichende Pinnwand mit Namen, Namen, Namen.

Der Lkw tuckerte weiter und mit ihm die Angst, das Entsetzen. Die Leiche im verbrannten Auto wurde Vergangenheit. Im Grauen vergisst man das Grauen schnell.

Dann, plötzlich, hörten sie Motorengeräusche hinter sich. Karim wich, so gut es ging, ein wenig auf die Seite aus. Zwei, drei, vier Lastwagen, voll beladen mit bewaffneten Männern, rappelten an ihnen vorbei. Offenbar wollten sie zu diesem Krieg, der irgendwo vor ihnen in den Bergen zu finden war. Wie die amerikanischen Jäger und Jagdbomber, die zuweilen über sie hinwegbrausten wie überschnelle, metallische Raubvögel.

Dann überholte sie noch ein Lkw. Doch dieser fuhr nur noch einige Dutzend Meter weiter. Dann hielt er an und versperrte die Straße. Karim musste anhalten.

Karim sagte: »Jetzt wird es wirklich ernst.«

Aus dem Laster vor ihnen stiegen drei schwerbewaffnete Männer aus. Patronengürtel, Kalaschnikows, Handgranaten. Sarina spürte, wie ihr Kopf zu zittern begann. Als sei ihr Herz bis in den Mund hinaufgekommen.

Die Männer kamen auf Karims Laster zu. Einer winkte Karim zu, herauszukommen. Wenn jemand eine Kalaschnikow trägt, ist jedes Winken ein Befehl. Karim stieg aus.

Einer der drei Männer sagte unruhig und mit einer bärenartigen Stimme: »Wer bist du, Fremder, und was tust du hier?«

Karim sagte: »Karim ist mein Name, und wir sind ein fahrender Zirkus, der in den Dörfern in dieser Gegend Vorstellungen gibt.«

Der Bärenmann ließ seinen Blick über Karims Laster und Anhänger streifen.

»Du bist wahrhaftig ein Zirkus.« Man wusste nicht, ob er schmunzelte oder nicht.

Er schmunzelte nicht. Er sagte: »Willst du die Ehre Allahs beleidigen, in dem du jetzt, während Allahs Kämpfer ihr Blut vergießen im Kampf gegen die Hunde Amerikas, deine albernen Witze und Kunststücke machst?«

Sarina, die durch das Fenster alles hörte, war nur noch ein Haufen Angst.

Karim sagte: »Bruder, auch in schlimmen Zeiten kann ein Zirkus die Menschen trösten und ihnen ein wenig Erleichterung verschaffen.«

Der Bärenmann war nicht überzeugt. »Willst du mich und meine Kämpfer beleidigen? Du Narr, auf die Knie. Und vielleicht bist du sogar ein Lügner, ein Mörder, und hast den Wagen einige Meilen zuvor überfallen und den Fahrer getötet.«

Karim war ein Wurm, der zertreten werden sollte. Ein Wurm, der nur noch sagte: »Das waren wir nicht, ich schwöre es dir.«

Der Bärenmann sagte langsam, als würde er einen Weg erklären: »Du bist des Todes.«

Er drückte Karim mit seinen kräftigen Armen zu Boden. Er entsicherte seine Waffe.

Sarina hielt es nicht mehr im Wagen. Sie sprang aus dem Lkw und rannte auf den Bärenmann zu:

»Nein, nicht, töte ihn nicht, er ist mein Bruder, ich flehe dich an. Wir kehren um, wir kehren um, nur bitte lass ihn am Leben. Ich flehe dich an.«

Der Bärenmann starrte Sarina verwundert an. Einer der anderen

Männer packte sie und schleuderte sie zu Boden. Dann krachte ein Schuss. Sie schrie auf. Hatte Jin mit seinem Revolver geschossen? Dann waren sie alle verloren. Doch inmitten ihrer Tränen, ihrem Geschrei hatte Sarina ein Pfeifen gehört, als dieser Schuss krachte. Als sei dieser Schuss aus der Ferne gekommen. Sie schaute auf. Karim lag immer noch auf dem Boden. Er lebte. Neben ihm wand sich der Bärenmann im Straßenstaub. Eine Blutlache sickerte unter dem Bärenmann hervor und floss die Straße entlang.

Dann sah Sarina drei weitere Männer. Offenbar hatte einer der vorderen Laster, die an ihnen vorbeigefahren waren, kehrtgemacht, und es war ein anderer Kämpfer ausgestiegen und zusammen mit zwei weiteren Männern zurückgekommen. Dieser andere Kämpfer stellte sich vor den Bärenmann und sagte: »Ich habe dir gesagt, Rafik, wir halten nicht an. Ich habe dir gesagt, wenn du noch einmal meine Befehle missachtest, töte ich dich.«

Der Bärenmann schaute seinen Anführer mit glasigen Augen an. Als hätte er Fieber. Man wusste nicht, ob er verstanden hatte oder nicht. Aber er atmete noch.

Der Anführer schoss dem Bärenmann direkt in Herz. Die beiden Begleiter zerrten die schwere Leiche des Bärenmannes von der Straße. Der Anführer befragte die Männer, mit denen der Bärenmann gekommen war. Die beiden stiegen schnell auf ihren Laster. Der Anführer sagte zu Karim, der sich wieder erhoben hatte:

»Dies ist nicht die Zeit für Zirkuswagen und Artisten. Kehrt um. Wo ihr hinwollt, ist Krieg. Wir fahren in den Krieg, weil wir dort hingehören. Ich glaube nicht, dass ihr zum Krieg gehört.«

»Ich danke dir«, sagte Karim. »Du hast mein Leben gerettet.«

»Ich habe dein Leben nicht gerettet«, sagte der Anführer. »Ich habe die Disziplin meiner Männer aufrecht erhalten. Das ist ein Unterschied, du verstehst?«

Karim sagte: »Hilf uns.« Er zeigte auf Sarina: »Wir suchen den Sohn dieser Mutter. Meinen Neffen. Er wurde entführt und ist irgendwo hier draußen.«

Der Anführer schaute Karim an, als wolle er in dessen Gedanken lesen. Dann sagte er: »Geh zu Bijan Kahn. Was er nicht weiß, weiß niemand.«

»Wo finden wir ihn?«, fragte Karim.

»Zehn Meilen weiter von hier ist eine Kreuzung. Du nimmst die rechte Abbiegung in die Berge hinein. Irgendwann stößt du auf sein befestigtes Dorf.«

»Schaffen wir es mit meinem Lkw?«

Der Anführer ließ seinen Blick über den Lkw und dessen hundertfache Blumen- und Farbmuster gleiten.

»Das kann ich nicht sagen. Möglicherweise. Du willst dort hin, nicht ich.«

»Ich danke dir. Allah sei mit dir, wo immer du bist«, sagte Karim.

Über das Gesicht des Anführers glitt die Andeutung eines Lächelns.

»Nun, wenn ich es mir so recht überlege«, sagte er, »vielleicht hat Bijan ja auch Gefallen an euren Kunststückchen. Wenn er fragt, wer dich geschickt hat, nenn ihm meinen Namen: Naim.«

Er drehte sich um und fuhr mit seinen Männern davon. Karim, Sarina, Jin und Aban starrten ihnen noch minutenlang nach.

»Das war knapp«, sagte Karim. Sarina zitterte am ganzen Körper. Sie musste sich übergeben. Sie heulte und wimmerte. »Wir müssen zurück, Karim, es hat keinen Sinn, wir müssen zurück. Sie töten uns alle, dieses Mal hatten wir Glück, doch was ist das nächste Mal?«

»Und Kristian?«

»Kristian ist tot, er ist tot. Es ist doch hoffnungslos, wir müssen zurück.«

Karim drückte Sarina so fest an sich, dass sie ruhiger wurde.

»Die Angst regiert dich, nicht deine Liebe. Du weißt nicht, ob er tot ist.«

Sarina schrie weiter, während Jin und Aban bereits wieder im Lkw waren.

»Weißt du es denn? Du weißt ja immer alles. Hast du auch gewusst, dass wir dich eben beinahe hätten beerdigen müssen? Und uns andere gleich dazu?«

Karim setzte sich. Mitten auf die Straße. Als wolle er sich von den nächsten Wagen überfahren lassen. Aber es kam kein Wagen. Sie waren allein. Sarina setzte sich neben Karim. Sie waren Aas inmitten einer kargen Landschaft aus Felsen, Staub und Sand. Nur die Aasgeier fehlten noch.

Nach einer Weile sagte Karim. »Als unser jüngstes Kind in Islamabad gestorben war, trug und hielt es meine Frau einen Tag und eine Nacht lang in ihren Armen. Sie aß nicht, sie trank nicht, sie schlief nicht, sie sprach keinen einzigen Satz. Sie weinte nicht einmal. Sie hielt nur dieses Kind fest, leblos, kalt und tot. Am Morgen des zweiten Tages schlief sie im Sitzen ein, und ich musste ihr unseren Sohn heimlich aus den Armen und Händen nehmen, um ihn zu begraben. Dann ist ein Kind tot. Wenn du es auf diese Art in deinen Armen hältst. Erst dann.«

Er stand auf.

»Wir fahren weiter. Wir haben zum ersten Mal einen vielversprechenden Hinweis.«

Sarina übergab sich erneut.

Dann wischte sie sich das Erbrochene von den Lippen und sagte: »Wir fahren weiter.«

Gespräch am Lagerfeuer

Sie saßen um ein kleines Lagerfeuer herum, im Schutz eines Höhleneingangs. Wasim, Syed und die anderen Männer. Sie brieten Huhn und Kartoffeln über den kleinen Flammen. Sie lauschten den aus der Ferne dumpf und dunkel herüber grollenden Detonationen der amerikanischen Bomben. So, als würden sie einem Radioprogramm zuhören. Die Detonationen klangen wie das

Trampeln eines erwachenden Riesen. Die Afghanen unter ihnen sagten: Nach dem Krieg ist vor dem Krieg. Die nicht-afghanischen Kämpfer sagten: Wenn ich nicht hier kämpfe, kämpfe ich woanders.

Einer der Männer sang und begleitete sich auf einer Gitarre. Sie tranken ein wenig Wein. Sodass er warm machte, ohne die Sinne zu benebeln. Denn niemand wusste, wie schnell die Amerikaner bei ihnen sein konnten.

Wasim. Was willst du erzählen? Es ist die Stunde, in der man erzählt. Willst du erzählen von deinem Sohn? Er war das Reinste, das du je hattest. Doch dein Körper ist verbrannt, wie alles auf Erden, deine Hände, alles an dir ist verbrannt, nicht durch Feuer, sondern durch Schuld.

Einer der Männer, Shahin, fragte Wasims Cousin: »Syed, was machst du, wenn Osama dir nach dem Krieg 50.000 Dollar gibt und sagt, du kannst gehen, wohin du willst?«

Syed schaute ins Feuer. Als würden dort die 50.000 Dollar gerade verbrennen. Er sagte nichts.

Shahin fragte weiter: »Magomed, was machst du?«

Magomed war ihr Tschetschene. Er war mit zwei anderen aus dem Kaukasus gekommen. Nun war er allein. Mit Magomed waren sie alle ein Weltkrieg. Naher und Mittlerer Osten. Nordasien. Amerika. Europa. In einer anderen Einheit waren noch zwei Abu Sayyaf-Kämpfer von den Philippinen. Doch die waren halb krank. Es war ihnen zu trocken hier. Als müssten sie ständig besprenkelt werden mit Wasser.

Magomed kratzte sich die Augenbrauen.

»Einmal haben wir im Tschetschenienkrieg einen russischen Spähtrupp in die Finger bekommen. Wir erschossen sieben. Den Achten quälten wir drei Tage zu Tode.«

Er schloss die Augen. Und knetete mit einem Finger eines seiner Augenlider.

»Am dritten Tag brachte ich ihm etwas Wasser. Er stammelte vor sich hin, er habe eine kleine Tochter, die so gerne Geige spiele. Einige Stunden später war er tot.«

Magomed drückte mit den Fingern an seinem Mund herum. Als wolle er einen Satz herauspressen.

»Ich kaufe seiner Tochter eine Geige von dem Geld.«

Einer der Männer sagte: »Was ist denn mit dir los, Magomed? Die kostet doch nicht 50.000 Dollar. Und du weißt doch gar nicht, wo die Tochter lebt.«

Magomed schaute wie ein Toter mit leerem Blick in die Runde. Er war in Tschetschenien.

Shahin fragte: »Wasim, was machst du mit dem Geld?«

Wasim starrte auch nur ins Feuer. So wie Syed.

Ich suche das Grab meines Sohnes. Wo ist es? Wie finde ich ein Grab mit der Inschrift ›Djamal‹ in einem Land, in das ich nicht darf.

Wasim schaute auf und sagte: »Einmal, ich war zwölf oder dreizehn, konnten wir es im Sommer nicht mehr im Lager in Jordanien aushalten. Es erstickte uns. Wir mussten raus, wenigstens einmal. Für kurze Zeit. Wir sind an die Bahnlinie und auf einem der Güterzüge Richtung Süden, zum Roten Meer nach Aqaba. Unter dem Boden der Güterwagen, am Achsengestänge, zwanzig Zentimeter über dem Boden, sind wir mitgefahren. Damit uns keiner erwischt. Bei Aqaba sind wir an einen Strand. Das Meer war heiß und es wehte uns ein glühender Strandwind entgegen. Es war schlimm. Diese Hitze, dieser heiße Wind dazu. Ich möchte einmal an ein Meer, an dem einem ein kühler Wind entgegen bläst. Mit kühlen Wellen. Ich kaufe mir ein Segelboot von dem Geld, und fahre durch ein kühles Meer mit kühlem Wind.«

Die Männer lachten: »Du bist ja einer, Wasim. Wir frieren hier, und du träumst von einem kühlen Meer mit kühlem Wind.«

Wasim schwieg. *Diese Hitze aus Jordanien, ich trage sie immer in mir. Ich dachte, ich kann nie mehr frieren.*

Sie saßen noch eine Weile da, dann verabschiedeten sie sich voneinander.

»Wir sehen uns.«

»Ja, wir sehen uns.«

Eine Festung aus Lehm und Fremde

Nach drei Stunden erreichten sie die von Naim genannte Kreuzung. Karim verließ den Lkw und sah sich um. Auch die anderen stiegen aus.

Karim sagte, während er auf die nach rechts abführende Schotterpiste zeigte, die eigentlich mehr ein Weg war als eine Straße: »Mit dem Lkw können wir das schaffen, aber nur ohne den Anhänger. Wir müssen umladen.«

Sie begannen, die wichtigsten Sachen aus dem angehängten Wagen in den Lkw zu laden: Proviant, Tücher, Werkzeuge, Dieselkanister. Die Ausstattung für die Kunststücke. Für den Fall, dass sie noch unterhaltsam sein mussten. Dafür entfernten sie aus dem hinteren Bereich des Lkws alle Möbelstücke. Stühle. Liegen usw. Sie konnten auch auf ihren Schlafsäcken auf dem Boden schlafen.

Karim startete den Motor wieder. Sarina sah, dass Karims Blick auf den Tankanzeiger fiel. Sie schaute ihn an. Sein Gesicht war leer. Als fehlten Nase, Augen, Mund. Er bog rechts ab und fuhr den Schotterweg entlang. Sie waren nun endgültig im Grenzland. Bizarre Felsen, Schluchten, Bäche. Es war Sarina, als stapelten sich hinter jedem Hügel: Leichen. Dämonen. Banditen. Stämme. Traditionen. Ehre und Kampf. Rache und Freundschaft. Und Sarina sah, dass jenes Entsetzen vom Zwischenfall mit dem Bärenmann nun wie eine Maske auf den Gesichtern der anderen klebte und nicht wegging. Und sie wusste, dass ihre eigene Fratze nicht anders aussah. *Ich schaue in keinen Spiegel mehr.* Sie konnten nicht mehr zurück. Jin starrte seine Rätselseiten an, ohne etwas hineinzuschreiben. Und Aban schien noch weiter geschrumpft zu sein.

Um sich abzulenken, sagte Sarina zu Jin: »Jin, erzählen Sie mir von Ihrer Frau.«

Jin hob seinen Blick und starrte auf die Windschutzscheibe. Als seien dort auch Rätsel zu sehen. Dann sagte er: »Eines Tages weg. Vielleicht Geheimdienst. Vielleicht normale Verbrecher. Nie wieder gesehen. So lange gesucht.«

»Haben Sie Kinder, Jin?«, fragte Sarina. Doch du kannst das eigene Grauen nicht mit fremdem Schrecken tilgen.

Jin sagte leise: »Kind noch im Bauch.«

Sarina wünschte sich, dass ihr Mund zuwachsen würde. *Ich werde niemanden mehr in diesem Land etwas fragen.*

Karim fuhr im Schritttempo. Der Lkw hatte einen Allradantrieb, und die ersten Meilen ging es gut. Sie fuhren eine Serpentinenstraße entlang. Irgendwann hatten sie das Gefühl, dass es immer wieder dieselben Berge, Hügel, Gebirgsbäche, Sandflächen und Schotterabhänge waren, an denen sie vorbeifuhren. Als sei alles ein riesiger, nur für die Weisen erkennbarer Kreis, den sie unentwegt entlang fuhren. Die Landschaft umfloss sie, rückte näher, schien von ihnen Besitz zu ergreifen. Stunde um Stunde verging. Sie begannen sich zu fragen, ob Naims Rat vielleicht nicht doch eine Falle gewesen war, eine andere Art, sie zu liquidieren.

Dann, plötzlich, stand ein Esel mit einem Mann darauf vor ihnen. Karim war gerade eine Kurve um einen Hügel herumgefahren und sah deswegen die beiden sehr spät. Er musste scharf bremsen. Der Mann und der Esel mitten auf dem Schotterweg schauten den vor ihnen stehenden Lkw unbeeindruckt an. Der Esel machte keine Anstalten, sich zur Seite zu bewegen, um den Wagen vorbeizulassen. Karim lehnte sich auf das Lenkrad. Sarina sagte: »Hup doch mal kurz.«

Karim sagte: »Hupen hat keinen Zweck bei Eseln, weder bei tierischen noch bei menschlichen.«

Karim stieg aus. Er ging langsam auf den Eselsreiter zu. Der Fremde hatte ein so wettergegerbtes Gesicht, dass man kaum die Augen darin erkennen konnte. Karim sah, dass hinter dem Mann an den Flanken des Esels zwei Gewehre befestigt waren.

Karim sagte vorsichtig: »Herr, lasst uns bitte vorbei, Ihr seht, ich kann mit meinem Wagen nur sehr schlecht ausweichen. So bitte ich Euch, dies zu tun.«

Der Mann antwortete in einem paschtunischen Dialekt, den Karim nur mit Mühe verstand:

»Mein Esel ist es nicht gewohnt, dass ich ihn bitte, beiseite zu stehen. Sag du es ihm.«

Der Mann zeigte auf die Zügel. Karim war unschlüssig. Langsam kam er näher, nahm aus den Händen des Fremden die Zügel entgegen und zog sanft daran. Der Esel rührte sich nicht. Karim zog fester. Nichts passierte. Der Mann auf dem Esel schien sich zu amüsieren. Karim zog, so fest er konnte. Es war nichts zu machen. Es schien, als sei der Esel, der eben noch über den Weg gelaufen war, nun in einen Bleisockel eingefasst. Der Mann auf dem Esel lachte schallend.

»Siehe, Fremder, dies ist ein besonderer Esel. Drei Männer sind nötig, um ihn zu bewegen. Das Beste ist, man hebt ihn.«

Der Fremde hatte Jin und Aban gesehen, die ebenfalls aus dem Lkw gestiegen waren.

Er zeigte mit seiner Reitgerte auf sie. »Nimm diese da, vielleicht reicht eure gemeinsame Kraft.«

Karim fragte den Fremden: »Doch warum sagt Ihr Eurem Esel nicht selbst, dass er zur Seite gehen soll? Euch wird er gehorchen.«

Der Fremde lächelte: »Ich sagte dir bereits: Er ist es nicht gewohnt, und ich, der ich mit ihm noch viele Jahre leben muss, will ihn nicht unnötig verärgern.«

Karim winkte Jin und Aban herbei. Jin ging nach hinten. Karim und Aban fassten den Esel auf je einer Seite an einem Vorderbein. Jin griff um die Hinterbeine. Der Fremde blieb auf seinem Esel sitzen. Auf ein Kommando von Karim hin versuchten sie den Esel zu heben. Doch Jin ließ plötzlich los. Der Esel stand immer noch an derselben Stelle.

Karim rief: »Jin, was ist los?«

Jin stöhnte und lamentierte: »Er hat mich vollgeschissen, er hat mich völlig zugeschissen!«

Der Mann auf dem Esel lachte schallend.

»Ihr seid mir rechte Spaßvögel, bei Allah. Einen einfachen Esel bringt ihr nicht von einem Weg herunter. Ich hoffe, ihr habt keine schwierigeren Vorhaben auf eurer Liste. Was wollt ihr eigentlich hier? Hier gibt es nur ein Ziel, das ist ein Dorf zwei Meilen von hier. Fremde werden dort nur selten gesehen.«

Karim sagte: »Herr, wir suchen dort einen Mann namens Bijan, um ihn um Rat zu fragen.«

Der Fremde hörte auf zu lachen und sagte: »Ich wusste nicht, dass Bijan ein Weiser ist, der Rat zu geben versteht. Von wem habt ihr seinen Namen und seinen Ort?«

»Von Naim, er sagte ihn uns.«

»Naim?« Ein sanftes Lächeln schien über das Gesicht des Mannes zu gehen. Er fragte: »Wann habt ihr Naim gesehen?«

»Vor etwa acht Stunden. Er fuhr in Richtung Grenze«, antwortete Karim.

Der Mann schien nachzudenken. Dann fragte er: »Wie viele sind noch in deinem Lkw?«

»Eine Frau noch«, sagte Karim.

»Deine Frau?«, fragte der Mann.

»Meine Schwester.«

»Nun, dann kommt, ich führe euch zum Dorf und zu Bijan. Wenn ihr nicht einmal diesen Esel von der Straße bewegen könnt, fürchte ich, dass ihr ohne meine Hilfe auch das Dorf noch verfehlen werdet.«

Er gab dem Esel einen Klaps. Dieser drehte sich sofort um und begann zu laufen.

Eineinhalb Stunden tuckerte Karim mit den anderen dem Esel hinterher. Das Tier war nicht nur der störrischste, sondern auch der langsamste Esel der Welt.

Schließlich erreichten sie das Dorf. Es bestand aus einem Dutzend Lehmhäuser und war von einer festen Mauer aus Stein und Lehm umgeben. Als sie sich näherten, wurde das Tor geöffnet. Der Mann auf dem Esel trabte herein, gefolgt von Karims Laster. Die

Vier stiegen aus. Um sie herum hatte sich bereits eine Schar von misstrauisch schauenden Männern sowie grinsenden Kindern versammelt.

»Nun kommt«, sagte der Mann. »Ich führe euch zu Bijan.«

Er stieg von seinem Esel herab und gab einem anderen Dorfbewohner die Zügel in die Hand. Dann ging er einen der Dorfwege hinauf. Karim, Aban und Sarina folgten ihm. Jin blieb beim Lkw. Als Karim sich noch einmal umdrehte, sah er, dass einige Dorfbewohner unterdessen in den Lkw eingedrungen und mit allerlei Gegenständen herausgekommen waren, während Jin zeternd hinter ihnen her lief. Karim wollte zurück, doch der Mann sagte: »Lass sie: Dir wird nichts fehlen, wenn du wieder zurückkommst.«

Karim gab Jin ein Zeichen, sich ruhig zu verhalten.

Sie erreichten das am höchsten gelegene Lehmhaus. Offenbar liebte Bijan den Überblick. Der Mann trat ein und wurde von zwei Frauen begrüßt.

Dann ging er in einen der Räume, setzte sich auf einen Stuhl und begann:

»Nun, hier ist Bijan.« Er zeigte auf sich selbst. »Verzeiht mir mein Spielchen, aber ich konnte nicht widerstehen.«

Karim sagte verblüfft: »Verzeiht mir, ich wusste es nicht, und konnte Euch deswegen nicht dementsprechend begrüßen.«

Bijan sagte: »Du hast dich gut eingeführt. Hättest du vorhin nur einmal auf der Straße gehupt, ich hätte dich erschossen. Dies sind mein Land und mein Stamm, und niemand stört mich, der nicht einen guten Grund hat. Ich nehme an, du hast Naim, meinem Sohn, einen guten Grund genannt?«

Karim: »Herr, ja, bei Allah, wir haben einen guten Grund. Ihr seid unsere letzte Hoffnung.«

Er holte Sarina heran.

»Dies ist Sarina, meine Schwester.«

Bijan schaute sie an, so wie man ein zu kaufendes Pferd anschaut: »Dann sprich, Sarina.«

Sarin erzählte ihm alles.

Während ihrer Ausführungen kraulte Bijan unentwegt seinen Bart. So, als sei er längst versunken in einer Welt aus Verbrechen und Tausendundeiner Nacht. Er schloss die Augen, lehnte sich nach einer Weile zurück und begann auf einmal seltsame Rachengeräusche von sich zu geben.

Sarina unterbrach ihre Ausführungen und schaute Karim fragend an. Dann sagte sie flüsternd: »Er ist eingeschlafen, oh nein, er ist eingeschlafen.«

Karim legte den Zeigefinger auf seinen Mund.

Sarina spürte wieder diese Wut, diese Vermischung aus Verzweiflung, Angst, Hass und Ausweglosigkeit in sich aufbrausen. Mit gepresster Stimme sagte sie: »Er schläft. Unsere letzte Hoffnung ist ein alter Mann, der nicht einmal zuhören kann, sondern einschläft.«

Bijan öffnete plötzlich die Augen. Er sagte: »Auch wenn ich seltsame Geräusche von mir gebe, kann ich noch zuhören, Sarina, verzweifelte Tochter Afghanistans.«

Sarina schluckte. Dann sagte sie mit zitternder Stimme: »Bijan, ich danke Euch, dass ich über mein Leid berichten durfte.«

Bijan strich sich wieder über seinen Bart. Dann sagte er: »Es ist sehr schwierig, was du da erzählst. Viel tragen die Tiere, die Winde, die Menschen mir zu, und wenn etwas Unerwartetes passiert, so erfahre ich davon.«

Sarina konnte sich nicht zurückhalten: »Habt Ihr denn etwas gehört? Von Entführern, von einer festgehaltenen Geisel?«

Bijan sagte: »Ich weiß nicht, ob ich davon gehört habe.«

»Was meint Ihr?«, fragte Sarina, »ich verstehe Euch nicht.«

Bijan schaute Sarina eine Weile an. Dann sagte er: »Du bist eine verzweifelte Mutter auf einer verzweifelten Suche. Du willst Klarheit. Doch Klarheit gibt es oft nicht. Viele Ereignisse, viele Nachrichten kommen hier an. Doch sie sind verzerrt, sie wurden von Sprecher zu Sprecher weitergegeben, und das, welches der Erste in der Kette sagte, ist selten dasjenige, das der Letzte zu hören bekommt. So wissen viele ein wenig von irgendwelchen Dingen, doch niemand weiß etwas Genaues. Nimm diesen Krieg, der nicht weit von uns tobt. Jede Seite glaubt zutiefst im Recht zu sein, und dennoch ist keine Seite im Recht. Was wir erfahren darüber, was davon ist die Wahrheit? Wahr ist, dass ich hier sitze mit euch, und dass mein Esel störrisch ist.«

»Bitte helft uns, Bijan«, sagte Sarina.

Bijan schaute nachdenklich. Dann sagte er: »Ja, vielleicht helfe ich euch. Von meinen vier Söhnen ist nur noch einer am Leben. Naim, der euch den Weg zu mir zeigte, ist dieser einzig mir verbliebene Sohn. Und auch ihn werde ich bald verlieren. Ich spüre, dass er aus diesem Krieg nicht zurückkehren wird. Nun, wenn mir also kein Sohn mehr bleibt, warum sollte ich dann deinem Sohn nicht helfen, und seiner Mutter?«

Er grübelte weiter. »Doch ihr müsst warten. Vielleicht Tage, vielleicht Wochen.«

Sarina warf sich auf den Boden. Bijan war ein Heiliger.

»Aber dann ist mein Sohn vielleicht schon tot.«

»Wenn man ihn tot haben wollte, hat man ihn längst getötet.«

Sarina lag auf dem Boden wie ein Putzlappen.

Bijan achtete nicht auf sie. Er sagte zu Karim: »Nun, was könnt ihr hier in der Zwischenzeit tun?«

Plötzlich glitt ein Lächeln über sein Gesicht.

»Ihr seid Verzweifelte, die als Zirkus verkleidet in dieses Land kommen. Nun, vielleicht könnt ihr meine Familie und die anderen Bewohner dieses Dorfes dennoch ein wenig belustigen. Doch rate ich euch, eure Farce mit Osama und Mullah Omar wegzulassen. Auch hier verstehen wir Spaß, jedoch nicht jeden.«

Sarina richtete sich auf »Ihr wisst davon, Bijan?«

Bijan nickte. Sarina sagte zu Bijan:

»Ich danke Euch, dass Ihr uns helfen wollt. Ich danke Euch.«

»Nun klingst du etwas hoffnungsvoller, Mutter Afghanistans. Ich gebe Euch Bescheid, sobald ich etwas weiß.«

Sie waren entlassen. Sie gingen zurück zu ihrem Lkw. Dieser war von den Kindern und Jugendlichen im Dorf bereits gründlich untersucht und ausgeweidet worden. Manche der nicht fest installierten Gegenstände lagen vor dem Laster, andere waren ganz verschwunden. Jin saß völlig apathisch im Führerhaus. Mit Karim, Sarina und Aban kam einer von Bijans Männern mit. Er schrie die Kinder einmal kurz an: »Diese Vier sind unsere Gäste. Holla.«

In Windeseile, als seien alle auf einmal zu Heinzelmännchen verwandelt, waren die Gegenstände aus den Häusern zurückgebracht und der Laster wieder in seinem alten Zustand zurückversetzt. Karim dankte dem Mann und sagte: »Morgen Nachmittag möchten wir euch zu einer Vorstellung einladen.«

Feindliche Verbündete

Albert schubst Reilly an, den Nachfolger von Captain Miller. »Captain, sehen Sie das da drüben?«

Es dämmert schon. Reilly schaut erst durch das normale Fernrohr, dann durch das Nachtsichtgerät. Dann gibt er Albert das Gerät. »Schauen Sie noch mal. Dass wir zwei Meinungen haben.«

Dass eine Meinung sagt: tot. Und die andere vielleicht: Leben.

Albert erkennt drei Gestalten. Sie sehen fast aus wie Special Forces Soldaten. Nur dass in diesem Bereich eigentlich keine andere Einheit gemeldet ist.

Reilly sagt zu einem der anderen Männer: »Holen Sie den Oberstleutnant.«

Ramses kommt heran. Im Kriechen ist er nicht so gut wie im Große-Eier-Schritt.

»Sir, wir wissen nicht, was das für Männer da drüben sind.«

Ramses weiß immer Rat: »Wo ist unser Scharfschütze?«

Der Scharfschütze ist ein Gewehr, an dem ein Mensch namens

Mike dran hängt. Ramses sagt zu dem Scharfschützengewehr: »Ihr Ziel ist da vorne.«

Der Leutnant sagt: »Sir, die sehen bei Gott nicht aus wie al-Qaida-Kämpfer oder Taliban.«

Ramses ist ein Philosoph: »Man weiß nie, wie al-Qaida aussieht. An 9/11 wussten wir es auch nicht. Mike, Ihr Ziel wartet auf Sie.«

Im selben Moment pfeift ein Schuss zwei Zentimeter an Ramses' Schulter vorbei. Albert reißt den Oberstleutnant ganz runter, mit dem Gesicht auf die Erde. Der nächste Schuss pfeift knapp über sein Ziel hinweg. Das Geschoss wäre in Ramses' Kopf explodiert wie eine Dynamitstange in einer Wassermelone. Verdammt, verdammt, zurück.

Sie kriechen vorsichtig zurück.

Ramses: »Wer ist das zum Teufel?«

Albert: »Vielleicht hat al-Qaida schießen gelernt.«

»Al-Qaida hat keine Nachtsichtgeräte.«

»Wissen Sie doch nicht, Sir.«

Ramses zu Albert, keuchend vor Dankbarkeit: »Sie haben was gut bei mir.«

Plötzlich geht vor ihnen ein Leuchtsignal hoch. Ein NATO-Signal. Freunde. Das ist NATO: Erst feuern, dann ein Erkennungssignal schicken. Ramses lässt per Funk nachfragen. Kein Empfang. Nie Empfang. Drei Männer kommen auf sie zu. Winkend. Ist das jetzt eine Falle? Um in den Nahkampf überzugehen? Sichern. Waffen im Anschlag halten.

Dann sind die drei Fremden da. Spezialuniformen. Nachtsichtgeräte.

»Hi Folks« sagt Ramses. »Was seid ihr denn für Arschlöcher?«

Einer der Drei antwortet, in gutem Englisch: »KSK. Deutsche Spezialkräfte. Ich bin Hauptmann Eurich.«

Ramses brüllt, als würden seine Eier gleich platzen: »Und nur weil ihr über 50 Jahre nicht geschossen habt, meint ihr jetzt, ihr dürft auf alles zielen?«

Der deutsche Hauptmann entschuldigt sich.

»Sir, wir haben den Auftrag, die Flanke hier zu sichern. Es waren uns keine verbündeten Kräfte in diesem Quadranten gemeldet. Außerdem…«

Ramses: »Was außerdem?«

»Ein bisschen haben wir schon vorher geschossen. In Jugoslawien. Fürs Familienalbum.«

Ramses' Eier explodieren: »Ich kann nicht jeden Fußtritt von uns melden. Außerdem sind wir über GPS verdrahtet mit der Zentrale. Die muss wissen, wo wir sind. Sie haben die Meldungen nicht gelesen.«

»Entschuldigung, Sir, wir wussten nicht, dass Sie hier sind.«

Albert denkt: Das ist NATO. Die Verbündeten erschießen sich gegenseitig, und die Zentrale träumt vom Sieg.

Ramses wird ruhiger: »Ok, ist schon gut, ist ja gerade noch mal gut gegangen.«

Er schaut sich um in der immer dunkler werdenden Gegend. Als wolle er bald nach Hause zum Schlafen. »Können Sie uns was sagen über diesen Bereich?«

Hauptmann Eurich berichtet: »Nicht viel. Fünf Meilen von hier ist eine al-Qaida-Stellung mit einem Höhlenkomplex. Die sollten Sie ausschalten, weil sonst die Haupttruppe Gefahr läuft, in der Flanke gefasst zu werden. Die Bombenteppiche der B-52 treffen hier alles, nur nicht den Feind.«

»Klugscheißer«, sagt Ramses.

»Sir?« sagt der Deutsche.

Ramses und seine Männer ziehen weiter.

Ramses sagt zu Albert: »Wie gesagt, Sie haben was gut bei mir. Aber nicht diese Krautfresser.«

Tot und nicht tot

Sie führten auf, die Kinder kreischten vor Freude, sie bekamen Applaus. Klatschen alle Menschen der Welt in die Hände?

Sie warteten. Auf Nachricht von Bijan. Sarina spielte in der Aufführung nicht mehr ihre eigene Geschichte, sondern sah nur noch zu. Das war auch ihre Geschichte. Den Anderen zusehen auf ihrer machtlosen Reise. Aban und Jin. Jin und Aban. Saltos und Messer. Anekdoten von Karim. Musik. Warten. Sie wusste nicht, dass man so lange warten kann.

Also wartete Sarina. Wie ein Wüstenkadaver auf Regen. Man kann dennoch nicht ewig warten. Das Warten geht über in ein: Erstarren. Sie sah Bijan kein einziges Mal. Oft hatte sie den Impuls, zu seinem Haus zu rennen, sich auf den Boden zu werfen und zu rufen: Hilf mir, weißt du nun etwas? Wusstest du immer schon etwas? Doch sie hatte die Kraft nicht mehr. Irgendwann wartet man in seinem Bett liegend auf seinen Tod und geht nicht mehr zum Arzt. Weil auch der Arzt nur noch wartet.

Der erste Tag verging. Der zweite. Der dritte. Ihr war, als sei sie eine Ewigkeit in diesem Dorf, als existiere es seit dem Anbeginn der Zeiten und sie mit ihm. Karim, Aban und Jin waren nur Schemen, Gestalten, Statisten in einem Stück, das ein Fremder, ein Teufel inszeniert hatte. Sie war die Hauptfigur. Die dennoch nicht einen Ton sagte.

Dann, am vierten Tag kam eine Frau zu ihr: »Bijan möchte dich sprechen. Dich allein. Jetzt.«

In Sarina lief eine Maschine an. Als bringe ein verrosteter alter Diesel-Motor ihr Herz, ihre Lungen, ihre Muskeln in Gang. Sie folgte der Frau in Bijans Haus.

Bijan saß auf seinem Stuhl. So, als hätte er ihn seit ihrem letzten Gespräch vor vier Tagen nicht mehr verlassen. Sarina setzte sich auf einen Teppich vor ihm. Den Teppich für die Bittsteller, die zum Dorfältesten, zum Stammesführer kamen.

Bijan sagte: »Etwa fünf Meilen von hier ist eine Hütte. Eine meiner Frauen wird dich dorthin führen. Dort wartest du. Es wird jemand kommen.«

Sarina hatte das Gefühl, dass ihre Lungen platzten.

»Wer wird kommen?«, fragte sie. Es war ihr, als flüstere und schreie sie zugleich.

»Ich weiß es nicht. Aber es wird jemand kommen.«

Sarina flüsterte, Sarina schrie: »Ich danke Euch, ich danke Euch.«

Doch als sie in Bijans Gesicht sah, schienen seine Augen endgültig hinter den ledernen Hautfalten verschwunden.

Die Frau führte sie zur Hütte. Sie waren zwei Wesen in einer Welt aus Schutt, Steinen und Einsamkeit. Als sie die Hütte erreicht hatten, gab die Frau Sarina einen Beutel mit einem Brotfladen und einer Lederflasche aus Wasser. »Warte hier.«

Dann ging die Frau. Sarina war allein. Nur die Bomber waren über ihr. Und in der Ferne klang es, als wäre unentwegt Silvester. In der Hütte war ein kleiner Ofen mit Holzscheiten daneben. Auch Zündholzer und Reisig waren vorhanden. Als hätte man seit Jahren alles vorbereitet für sie. Bald hatte sie ein wärmendes Feuer.

Es wurde dunkel. Sie versuchte zu schlafen. Doch es war zwecklos.

Sie wartete den nächsten Tag und die nächste Nacht. Nichts passierte. Sie fragte sich, ob sie Hunger oder Durst hatte. Sie spürte nichts mehr. Sie wünschte sich manchmal, dass einer der Bomber ihre Hütte treffen würde.

Am zweiten Tag ging ihr das Wasser aus. Aber sie fand nicht weit von der Hütte einen Bach. Dort füllte sie ihre Lederflasche.

Dann, als sie gerade zurückkehrte, hörte sie knatternde Motorengeräusche. Ein Geländemotorrad kam den schmalen Weg hinauf zu ihrer Hütte. Auf dem Motorrad saßen zwei Männer. Sarina starrte ihnen entgegen. Keiner der Männer trug einen Helm. Ihr Sohn war nicht dabei.

Es waren Taliban. Beide schwer bewaffnet. Schlagartig kam ihr der Gedanke, dass diese Hütte auch ein Rückzugsort für Kämpfer sein konnte, und somit diese Motorradkämpfer gar nicht diejenigen, die kommen sollten. Doch sie war wie gelähmt. Schnell zog sie den Schleier vor ihr Gesicht. Wenn man sterben muss, ist ein Schleier vor dem Gesicht eine Hilfe.

Der hintere Mann stieg ab. Er war hochgewachsen und etwa Ende dreißig, mit einem sehr dunklen, vollen Bart und tiefbraunen Augen. Der Fahrer blieb auf der Maschine sitzen und schaltete den Motor aus.

Der hochgewachsene Talib ging ohne zu zögern auf Sarina zu und sagte:

»Gegrüßt seist du, unglückliche Mutter Afghanistans.«

Sie ließ den Schlauch mit dem Wasser fallen. Sie hatte Gewissheit. Ihr Sohn war tot. Eine grässliche Leere umspülte sie wie kochendes und zugleich eiskaltes Wasser. Es war ihr, als würde sie zur Seite fallen. Ihr Sohn war tot. Sie musste sich auf einen Stein setzen.

Der Talib kniete nieder zu ihr und sagte: »Dein Schmerz ist mir verständlich. Auch ich verlor in diesem Krieg so viele, die ich liebte. Mein Name ist Baryal, der deine Sarina. Ist es so?«

Sarina hatte Mühe, ihn zu verstehen. Es war, als spreche er aus weiter Ferne zu ihr. Nach einer Weile, auf der sie nur mechanisch mit den Zähnen auf ihrer Zunge und ihren Lippen herumgebissen hatte, nickte sie.

»Ja, das ist mein Name.«

Sie konnte ihren eigenen Namen nicht mehr aussprechen. Sie hasste ihren Namen. Sie hasste sich selbst.

Dann fragte sie: »Wo ist mein Sohn, und wie starb er?«

Plötzlich riss etwas sie nach oben, eine unbändige Wut. Sie sprang auf und schlug mit den bloßen Fäusten auf diesen Fremden namens Baryal ein.

»Ihr habt ihn getötet, ihr. Ihr tötet alle, die nicht genau das tun, was ihr in eurem schmutzigen Hass, in eurem Wahn von ihnen verlangt.«

Baryal erhob sich langsam, während sie auf ihn einschlug, und hielt dann ihre Arme fest.

»Mutter Afghanistans, ja, wir sind der Hass aller Welt. Weil die Welt es so will. Und, ja, dein Sohn, so wie du ihn kanntest, ist tot, und dennoch auch nicht tot.«

Sarina verstand kaum, was er sagte. Sie schrie: »Was heißt das, er ist tot und nicht tot? Du meinst, er lebt in eurem verfluchten Paradies? Meinst du das?«

Baryal sagte ruhig: »Bevor du uns richtest, höre mir zu, was sich ereignet hat. Höre mir zu.«

Sarina beruhigte sich langsam. Sie setzte sich wieder. Baryal setzte sich neben sie. Dann begann er:

»Vor drei Wochen etwa erfuhren wir, dass eine Bande irgendwo in der Nähe von Parachinar einen jungen Deutschen festhielt, der Paschtu sprach. Wir spürten sie auf und befreiten den Jungen. Kristian hieß er, es war dein Sohn. Er erzählte uns alles. Von seiner Herkunft, von dir, seiner afghanischen Mutter, seiner Arbeit in den Lepra- und Flüchtlingslagern.«

Sarina hatte Mühe, ihr Schluchzen unter Kontrolle zu bringen.

»Seine Entführer, eine Bande aus Feiglingen und Verbrechern, richteten wir hin. Es ist nicht die Zeit, jetzt in diesem Heiligen Krieg, an den Söhnen Afghanistans dreckiges Geld zu verdienen, sagte ich zu dem Anführer der Bande, bevor ich ihn erschoss. Es waren räudige Hunde, die deinen Sohn entführten haben, verblendet von der Gier nach dem schmutzigen Geld des Westens. Sie haben dafür bezahlt.«

Baryal machte eine Pause. Fast schien es, als warte er auf ein Zeichen zum Weitererzählen. Nach einer Weile sagte Sarina leise: »Ich danke euch, dass ihr Kristian befreit habt. Doch was geschah dann?«

Baryal fuhr fort: »Wir stellten ihm frei, mit uns zu gehen und für sein Land zu kämpfen. Oder nach Hause zu dir zu gehen.«

Sarina zitterte vor Trauer und Schmerz.

»Wie hat er sich entschieden? Bitte sage es mir.«

Baryal sagte: »Er ging mit uns. Ich schwöre dir bei Allah: Viele haben wir mit Gewalt in unseren Dienst gepresst, doch dieser kam freiwillig mit uns. Und wir hätten ihn gehen lassen, wenn dies sein Wille gewesen wäre. Denn viele Jahre hatte er Gutes getan für sein und unser Volk in den Flüchtlingscamps an der Grenze, ohne jeden Lohn. Deswegen ließen wir ihm die Wahl.«

»Was geschah dann?«, fragte Sarina.

»In einer Woche lernte er das Wichtigste. Er arbeitete in unserer Sanitätskompanie. Das konnte er am besten, Verwundeten helfen und ihnen Trost spenden. Dann, vor zwei Tagen, mussten wir uns zurückziehen in eine der Höhlenfestungen. Die Amerikaner und die mit ihnen verbündeten Hunde von der Nordallianz rückten immer weiter vor. Als wir bemerkten, dass wir auch diese Stellung nicht mehr halten konnten, bereiteten wir den Rückzug vor. Kurz bevor wir aufbrachen, traf eine schwere Bunkerbombe den Komplex, in dem Kristian mit seinen Verwundeten war. Sie wurden verschüttet. Fieberhaft gruben wir die Männer aus, für die meisten Verwundeten war es zu spät, Kristian aber konnten wir lebend herausziehen.«

Sarina schaute auf. »Lebend, du sagest, lebend?«

»Ja und nein. Er hatte zu lange keinen Sauerstoff. Er lebt, doch sein Geist ist der eines Säuglings. Er kann nicht mehr sprechen, nicht lachen, er starrt nur vor sich hin. Uns erkannte er nicht wieder, und ich weiß nicht, ob er dich erkennen wird. Er ist ein Körper ohne Verstand, ohne Erinnerung, nur seine Seele ist irgendwo tief in ihm drin. Nur mühsam können wir ihm ab und zu etwas Flüssigkeit und Nahrung verabreichen.«

Sarina stand auf. »Kannst du mich zu ihm bringen? Bitte.«

Baryal antwortete: »Ja, das kann ich. Ich muss dir nicht sagen, dass es für dich lebensgefährlich sein wird. Und auch weiß ich nicht, ob du diesen Weg, dem wir nun folgen, je zurückkommen kannst.«

Sarina sagte nur: »Ich will zu meinem Sohn.«

Baryal ging zu dem Motorrad und wies den anderen Mann an, in der Hütte zu bleiben. Dann stieg Baryal auf den Fahrersitz und gab Sarina ein Zeichen, hinter ihm Platz zu nehmen. Sie zögerte zuerst, doch dann stieg sie auf. Sie fuhren los. Ein eisiger Fahrtwind drückte gegen ihren Kopf, und sie klammerte sich so eng wie möglich an Baryals Rücken.

Erlösung

Albert und die anderen Männer seiner Einheit erreichten das Dorf. Eine Stunde zuvor hatten sie auf eine Taliban-Stellung hinter diesem Dorf einen Bombenangriff angefordert. Doch anstelle der vereinbarten 500-Pfund-Bombe hatten die B-52-Bomber eine 1000-Pfund-Bombe geworfen, die nicht nur die Taliban-Stellung, sondern auch das halbe Dorf zerfetzt hatte. Vorsichtig näherten sich Albert und die Anderen den ersten zertrümmerten Häusern.

Einer der Männer, Mark, sagte: »Vielleicht will ich gar nicht in dieses Dorf.«

»Wenn man einem Dorf nicht sagt, dass Krieg ist«, sagte Mike, der Scharfschütze, »was soll das werden?«

Captain Reilly sagte: »Wir müssen die Taliban-Stellung weiter vorne überprüfen, und dafür müssen wir durch dieses Dorf.«

Und hinten tönte Ramses: »Also, Männer, lasst uns zum Ort unserer Sünde gehen. Ich habe gesagt, 500 Pfund, nicht 1000. Sollen sich die Dorfbewohner bei der Air Force beschweren. Und passt auf, wir wissen nicht, ob noch Heckenschützen dort sind. Oder wieder so ein rumballernder Deutscher.«

Sie schnallten ihre Ausrüstungsgürtel enger. Als ob es damit besser ginge.

Aus dem ersten Haus, an dem sie vorbei gingen, rann ein winziges Bächlein von Blut auf die staubige Straße. Das zweite Haus war bereits ein Schutthaufen. Dann hörten sie ein kreischendes Gebrüll, wie von einem unbekannten Tier aus einer fernen Fabelwelt. Nach ein paar Schritten sah Albert zwischen den Steinen einen kleinen, etwa sechsjährigen Jungen, der neben einer undefinierten Masse aus Blut, Knochen und Fleisch saß, aus der nur noch, gleich einer zarten Seeanemone, das wunderschöne Gesicht einer jungen Frau hervortrat. Der Junge strich ununterbrochen mit seinen Händen über dieses Gesicht, so als wolle er den Tod aus dem Antlitz dieser Frau wischen. Und er schrie dabei so laut, dass sein ganzer Kopf nur aus einem riesigen aufgerissenen Mund und zwei zusammengewachsenen tränenüberlaufenen Augen bestand. Albert wollte den Jungen wegziehen, doch der Junge klammerte sich an die Leiche dieser Frau wie eine Krake.

Albert ging weiter. Er zählte bald die Leichen nicht mehr, er schaute auch nicht mehr nach Verwundeten, denen er vielleicht hätte helfen können. Er ging einfach weiter, ohne Ziel und ohne Verständnis für das, was ihn umgab. Reilly gab die Richtung an. Wenn du als Soldat nicht weiter weißt, folge dem Offizier. Der Offizier wird wissen, was zu tun ist. Das ist die Legende jeder Armee. Sie alle waren Legende. Die Legende von großen, harten und doch gütigen Kriegern, die aus einer fernen Welt gekommen waren, um das Böse für immer zu besiegen. Es war eine so schöne Legende. Man konnte richtig an sie glauben, wenn man es nur lange genug vorhatte. Albert glaubte an sie. Reilly glaubte an sie. Sie alle glaubten daran. Nur bei Buck, der mit ihnen gekommen war und fast nur noch seine Handknochen knackte, wusste man es nicht. Doch dieses Dorf war auch eine Legende. Niemand konnte hier mehr wohnen, essen oder lachen.

Als sie das Dorf zur Hälfte durchschritten hatten, trafen sie auf verbündete Kämpfer der Nordallianz. Albert und einige der anderen Männer grüßten sie. Doch die Nordallianz-Männer schauten, als seien sie auf ihre Todfeinde getroffen.

Buck sagte: »Ich glaube, wenn wir noch öfter auf diese Art danebenschießen wie bei diesem Dorf, dann haben wir bald keine Verbündeten mehr.«

Sie gingen weiter, vorbei an den Soldaten der Nordallianz, die ihnen nachblickten wie einem vorbeiziehenden Wolkenbruch. Sie wollten durch das Dorf, so schnell wie möglich.

Albert zündete sich eine Zigarette an. Er stand da und rauchte. Als stünde er in seinem Vorgarten. Dann, nach einer Weile, sah er ein unbeschädigtes Haus, aus dem er ein leises Wimmern hörte. Albert blieb stehen. Dieses Wimmern war anders. Es war nicht einfach das Wimmern eines Menschen über einen Verlust. Es war, als mische sich eine ganze Biografie, ein ganzes Leben in dieses Wimmern hinein. Als ob eine Art Weisheit in diesem Wimmern sei, eine Weisheit über die Gesetze von Lüge, Schuld und Vergebung. Wider jede militärische Regel öffnete Albert die Tür zu diesem Haus. Zuerst nur einen Spalt weit. Nun hörte er das Wimmern deutlicher. Es war das Wimmern einer Frau. Er öffnete die Tür vollständig. Er wusste, dass es eine Falle sein konnte. Vielleicht wollte man ihn anlocken, und drinnen wartete ein Talib oder al-Qaida-Kämpfer. Es konnte auch eine Frau sein, die sich bei seinem Eintritt selbst in die Luft sprengte. Dennoch ging er hinein. Er dachte auf einmal an seine Mutter. So wie diese Frau hatte sie manchmal gewimmert, als Albert ein Kind war. Und Albert war immer in den Keller gelaufen, um das Wimmern seiner Mutter nicht mehr hören zu müssen. Vielleicht ging er deswegen in dieses Haus. Um einmal, ein einziges Mal nicht wegzulaufen. Kurz hinter dem Eingang blick er stehen. Und blickte in einen dunklen Raum.

Dann, als seine Augen sich an das Dunkel gewöhnt hatten, sah er die Umrisse der wimmernden Frau. Die Frau kniete vor einem Bett. So, als würde sie das Bett anbeten. In dem Bett lag ein offenbar kranker oder verwundeter junger Mann, der leise stöhnte.

Eine Weile stand Albert so im Türrahmen. Wie jemand, der auf eine Begrüßung wartete. Nach einer Weile hörte die Frau auf zu weinen. So, als sei eine bestimmte Uhrzeit erreicht, bei der sie hatte aufhören wollen. Die Frau stand auf und sprach ihn an. Auf Englisch.

»Sie sind Amerikaner?«

»Ja«, sagte Albert.

»Das ist mein Sohn«, sagte die Frau. »Ich suchte ihn seit Monaten. Ich bin aus Deutschland. Mein Name ist Sarina Schmidt. Er ist schwer verletzt, er war in einem Tunnel verschüttet. Ich flehe Sie an, helfen Sie mir, dass er in ein Krankenhaus kommt.«

»Sie sehen nicht aus wie eine Deutsche«, sagte Albert. »Sagen Sie etwas auf Deutsch.«

Sarina sagte auf Deutsch: »Ich flehe Sie an, mir zu helfen.«

Ja, es klang Deutsch. Aber Albert kannte diese Sprache nur von einigen deutschstämmigen Freunden aus Boston. Und konnte die Aussprache nicht bewerten.

Albert untersuchte den jungen Mann. Nicht um der Frau zu helfen. Sondern um sicher zu sein, dass es keine Falle war. Der junge Mann hatte, außer Blutergüssen, keine äußere Wunde. Er atmete. Seine Augen waren geöffnet. Aber sie folgten Alberts Hand nicht, wenn er sie bewegte. Er lag offenbar im Wachkoma. Es waren keine Sprengsätze oder dergleichen am Körper des Mannes oder am oder unter dem Bett.

»Sind Sie Arzt?«, fragte Sarina.

»Ich bin medizinischer Unteroffizier«, antwortete Albert. Dann sagte er: »Ich muss Sie abtasten.«

Er tastete den Oberkörper und die Beine von Sarina vorsichtig ab. So als wäre es der Beginn einer Liebesnacht. Er dachte wieder an diese Frau in Kabul.

Sarina fragte: »Helfen Sie mir? Können Sie meinen Sohn in ein Krankenhaus bringen?«

Albert spürte eine seltsame Enge in seinem Hals. Er sagte: »Ich kann nichts für Sie tun. Wir sind im Einsatz. Ich muss weiter.«

Die Frau setzte sich auf das Bett und senkte den Kopf in ihre Hände. Wie eine Bildhauerfigur saß sie da. Albert verließ das Haus. Er schaute auf das zerstörte, zerfetzte Dorf. Er ging weiter. Er suchte den Anschluss an die anderen.

Er drehte sich noch einmal um. Er sah Buck, der hinter ihnen herkam, als sei er bei einer Schnitzeljagd abgehängt worden.

Albert sagte: »Buck, warum kommen Sie eigentlich mit? Sie müssen doch gar nicht mit auf unsere Außeneinsätze.«

Buck blieb stehen und keuchte in seinen Bauch hinein: »Ihr mögt wissen, wie ein US-Offizier aussieht. Aber ich glaube nicht, dass ihr einen al-Qaida-Anführer von seinen Untergebenen unterscheiden könnt. Deswegen schau ich ein bisschen zu.«

Albert sagte: »Hören Sie, Buck, da drin ist eine Frau mit ihrem schwer kranken Sohn. Sie sagt, sie sei aus Deutschland. Und sie braucht Hilfe.«

»Aus Deutschland?«, sagte Buck und drückte auf seine Daumenknöchel. »Sie müssen nicht alles glauben, was man Ihnen hier erzählt.«

Er schien zu überlegen.

»Nun, da wir noch nicht durch Mildtätigkeit aufgefallen sind, können wir ja auch mal was Gutes tun.«

Buck ging nach drinnen. Einen kurzen Moment später kam er heraus.

»Sie ist aus Deutschland«, sagte er zu Albert.

»Und warum?«, fragte Albert.

»Ich habe Sie gefragt, ob Köln größer ist als Düsseldorf.«

»Köln habe ich schon mal gehört. Aber was ist Düsseldorf?«, fragte Albert.

»Eine andere deutsche Stadt«, sagte Buck.

»Und?«, fragte Albert, »wusste sie es?«

»Ja, sie wusste es. Niemand außer einem Deutschen kann das wissen.«

»Und woher wissen Sie es?«

»Ich war zwei Jahre in Deutschland stationiert. In den Siebzigern.«

Ramses kam angestiefelt. Als hochrangige Nachhut. Buck zog weiter, keuchend und blass. Wahrscheinlich wollte er sich nach der

Gefangennahme der al-Qaida-Offiziere zum Sterben niederlegen.

Albert sagte zu Ramses: »Sir, in dem Haus ist eine deutsche Frau mit ihrem schwer verwundeten Sohn. Buck hat bestätigt, dass sie Deutsche ist.«

Ramses schaute, als hätte Albert ein Dutzend Befehle auf einmal verweigert.

»Wollen Sie mich verscheißern? Haben die deutschen KSK-Leute vielleicht ihre Familien mit?«

»Lassen Sie mich den Sanitätsdienst rufen.«

»Ausgeschlossen.«

»Sir, ich habe was gut bei Ihnen.«

Ramses schien zu überlegen. Dann sagte er: »Dann ist Ihr Konto aber aufgebracht.«

»Ich weiß.«

»Meinetwegen. Rufen Sie die Quacksalber. Die haben eh nichts zu tun. Aber sie sollen alles vorher durchchecken. Auf versteckten Sprengstoff und andere Koran-Süßigkeiten. Und mit Militärpolizei.«

Ramses holte eine Zigarre aus seiner Brusttasche. Dann sagte er: »Wir ziehen uns für heute zurück.«

»Sir?«, fragte Albert.

»Wir ziehen uns zurück. Dieses Tal ist leer. Und für drei onanierende al-Qaida- oder Taliban-Scharfschützen riskiere ich nicht das Leben meiner Männer. Rufen Sie die Fahrzeuge für den Rücktransport.«

Nach einer Stunde kamen zwei Laster. Ramses Männer nahmen Platz darin. Albert und ein Sanitätsmann gingen zu Sarina in das Haus. Albert sagte zu Sarina:

»Madam, wir nehmen Sie mit zurück. Auch Ihren Sohn. Sie sind allerdings beide verhaftet, bis geklärt ist, warum Sie hier sind.«

»Verhaftet?«, fragte Sarina. Es klang wie eine Erlösung.

Sie fuhren los, eine Kolonne von zwei Lastern und einigen Kleinfahrzeugen. Und es war Sarina, als sei sie zum ersten Mal seit ihrer Ankunft in Pakistan geborgen und behütet.

Aller Weg geht zu Ende

»Und gehst du, Krieger, deinen letzten Weg, so verzage nicht. Denn die Angst wird deine Schwester sein, der Zweifel dein Bruder, das Nicht-Verstehen dein Kind. Und du wirst spüren, wie alle Kraft, alle Hoffnung, alle Zuversicht dir zu entgleiten scheint wie Wasser, das durch deine Hände rinnt. Dann, in diesem Moment, in dieser Stunde, wenn alles Hoffen ein fernes Gerücht ist, knie nieder, und bete die heiligen Suren des heiligsten Buches. Und spüren wirst du: Die Angst und der Zweifel, die deine Seele umspült haben wie süßer Wein eine Zunge, die dich betört gemacht haben wie der Dampf einer Wasserpfeife, sie werden herausfließen aus dir, so wie ein ausgetriebener Dämon, der nun anderswo sein falsches Glück versuchen muss. Denn die Schrift sagt: Fürchtet nicht eure Feinde, sondern fürchtet MICH, wenn ihr Gläubige seid. Dann, an deinem letzten Abend vor diesem letzten Weg, esse und trinke nicht, um Allah zu zeigen, dass dein Körper nur noch eine Hülle ist, die du für immer abzulegen gedenkst für ihn, damit deine Seele hinaufsteigen kann zu den sich öffnenden Pforten des Himmels. An deinem letzten Morgen rasiere deinen Körper; den Bart nur, wenn es deine Mission erfordert. Wasche dich, um rein zu sein für den Neubeginn deines Daseins. Schließlich sprich die Suren der Heiligen Schrift, die wir für dich auserwählt haben, in deine Hände hinein, und reibe sodann deinen Oberkörper mit deinen Händen ein, auf dass das Heilige tief und fest in dich dringe. Und trete hinaus voller Zuversicht und Dankbarkeit, dass dir diese Aufgabe auferlegt wurde im Kampf der heiligen Krieger gegen die ungläubigen Scharen des Teufels.«

Und Wasim bin Yusuf trat hinaus. Ein Bruder hatte ihn rasiert und gewaschen. Die fünf Gürtel mit Sprengstoff um seinen Körper geschnallt und Zünder in die Sprengladungen gesteckt. Ihm eine Frauen-Burka über Kopf und Leib gestreift. Noch einmal war Wasim dann auf die Knie gefallen und hatte gebetet, stammelnd und ohne Zusammenhang. Aber Gott verstand auch die Stammelnden, Stummen, Todgeweihten.

Draußen wartete ein Geländewagen. In dem Wagen saßen zwei Männer. Als Wasim hinten einstieg, sah er ein Kind auf dem Rücksitz sitzen, teilnahmslos und mit glasigen Augen. Als habe es Fieber. Wasim fragte: »Was macht dieses Kind hier?«

Der Beifahrer sagte, ohne sich umzudrehen: »Deine Sprengladung alleine wird nicht ausreichen.«

Wasim sagte: »Von einem Kind war keine Rede.«

Der Beifahrer antwortete: »Du bist nicht Allahs Partner. Sondern sein Diener.«

Wasim schaute das Kind an. Es war ein Junge. Vielleicht sieben oder acht Jahre alt. So wie sein Sohn Djamal einst. Ein schönes Kind. Rein, ohne Sünde, ohne Scham, ohne Falschheit. Der Wagen fuhr los. Sie verließen das Dorf, in dem Wasim übernachtet hatte, und folgten einer staubigen Landstraße Richtung Osten. Die Sonne ging weit vor ihnen über den Bergen auf. Es sah aus, als sei dort draußen in der Ferne ein gewaltiger Sprengsatz gezündet worden, und die Explosion inmitten ihrer Ausdehnung als gelbroter Feuerball erstarrt. Wasim konnte sich nicht sattsehen.

Nach etwa zwei Stunden Autofahrt erreichten sie ein anderes Dorf. Dort war ein Markt. Sie parkten den Wagen in einer abgelegenen Hofeinfahrt. Die beiden Männer vorne stiegen aus und telefonierten mit ihren Handys. Dann ließen sie Wasim und das Kind aussteigen. Der Beifahrer nahm einen Draht, der aus dem Hemd des Kindes heraus hing, und befestigte den Draht an Wasims Sprengladung. Niemand beachtete sie. Dann sagte der Beifahrer: »In etwa einer halben Stunde werden sie hier sein. Sie müssen durch das Dorf, es gibt keine Umgehungsstraßen. Habe immer deinen rechten Arm um das Kind gelegt. Du weißt, was du zu tun hast. Allah sei mit dir.«

Wasims sagte nichts. Ja, er wusste, was er zu tun hatte. Wegen seiner verstümmelten Hände hatten sie ihm eigens einen Zündknopf gebaut. Es reichte, mit dem Handstummel draufzudrücken.

Die beiden Männer stiegen wieder in den Geländewagen und fuhren davon. Wasim sah sich um. Er beobachtete die Dorfbewohner, die ihren Marktgeschäften nachgingen, ihre Waren anpriesen, feilschten, Nachrichten wechselten. Wasim schaute auf den Jungen herab, der teilnahmslos neben ihm stand. Wasim wollte ihm sagen, dass alle stolz auf ihn, den kindlichen Krieger Allahs, sein würden. Doch Wasim brachte keinen Ton über die Lippen. Alle Gedanken zerrannen in seinem Kopf wie schwarzes Blut, ihm war übel, er hatte Durst und er fror. Der Junge hätte ihn ohnehin nicht verstanden. Bomben, so hatte Mustafa Knall einmal gesagt, müssen ruhig sein. Deswegen bekommen Bomben Tabletten. Wasim hatte welche bekommen, gestern Abend und heute Morgen. Es war ihm, als habe ein Schieber seine Angst bis hinunter in seine Eingeweide gedrückt. So wie bei einer Schrottpresse. Er spürte nur, wie sich manchmal die linke Hand des Jungen an seinem rechten Oberschenkel bewegte.

Um nicht aufzufallen, ging Wasim langsam mit dem Jungen am Rand der Dorfstraße entlang. Manchmal schaute er sich Obst oder Gemüse in den Auslagen an. Als wollte er etwas kaufen. Dann begannen die Händler wild zu gestikulieren und auf ihn einzureden. Als ginge es um ihr Leben, wenn sie nichts verkaufen konnten. Doch Wasim ging weiter, ohne etwas einzukaufen. Eine Bombe hat keinen Hunger. Einmal stolperte der Junge. Wasim konnte den Jungen gerade noch mit den Armen auffangen und verhindern, dass der Draht zwischen ihnen beiden riss. Wasim kniete nieder. Als er den Jungen an seinem Körper hielt, spürte er den warmen, ruhigen Atem des Kindes. Wasims Gedanken und Blick verschmolzen. Kind Allahs, wie schön ist es, deinen Atem zu spüren.

Dann, mit einem Mal, hörte er Motorengeräusche. Die schweren Geräusche von knackenden Dieseln. Als kämen sie aus der Hölle. Der Hölle der Ungläubigen. Dem Reich der Christen und Juden. Es war Wasim, als keuchten diese Maschinen. Wie missgebildete, ins

Riesenhafte gewachsene Hunde. Wasim erhob sich und drehte sich um. Ja, wie riesige Hunde, Bulldoggen sahen diese beiden Laster aus, mit ihren breiten Fahrerhäusern, ihren tiefreichenden Karosserien. Wasim drückte den Jungen fest an sich. Mein Kind, ich liebe dich. So sehr, dass all mein Schmerz uferlos wird. Ich liebe dich.

Mamma Mia

Sie hörte eine Stimme. Sie konnte nicht erkennen, ob es die eines Kindes oder eines Erwachsenen war.

»Mamma Mia, komm schnell! Draußen ist jemand für dich. Komm schnell!«

Sie lag auf einer Matte auf dem Boden. Sie stützte sich mühsam auf. Auf Ellbogen aus Knochen. Die Haut über ihren Knochen war dünner als Packpapier. Sie aß kaum noch. Wer sich auf den Himmel vorbereitet, muss nicht mehr essen. Nur trinken. Denn durstig zu sterben ist schlimm.

Und wieder war diese Stimme da. Undeutlich, verwaschen, aber hörbar: »Draußen ist jemand für dich. Komm schnell.«

Eine Art Lufthauch zog von ihren Bronchien über ihre Stimmbänder durch den Mund vorbei an den Lippen. Ein Lufthauch, der nur ein einziges, kaum hörbares Wort nach oben trug: »W-e-r…?«

Sie lauschte. Dann, ganz plötzlich, sagte die Stimme: »Ein Italiener. Ein Italiener.«

Es war ihr, als ginge auf einmal eine Stromleitung durch ihren Körper. Ein Italiener? Zu ihr? Der Italienerin? So nannten sie alle hier. Weil sie seit Jahrzehnten unablässig jedem, den sie traf, fand, hörte, schlug, beschimpfte, liebkoste, immer wieder das eine erzählte. Als könne eine einzige Geschichte, immer und immer wieder erzählt, sich zu einer riesigen, veränderten Geschichte aufhäufen, bis dass der Gang der Dinge rückgängig gemacht werden konnte.

Die Geschichte ihrer Herkunft aus Italien. Dass einst ihr Vorfahre aus Italien gekommen sei, eine indische Frau geheiratet und angesehen und wohlhabend gelebt habe, bis dann eines Tages, in der dritten Generation, etwas Schreckliches, Unfassbares, alles Zerstörende passiert sei: Ein enger Verwandter wurde ein Mörder und stürzte die ganze Familie in Isolation und Armut, so tief, so gründlich, dass nur noch die Slums von Kalkutta ein Erbarmen hatten. Sodass sie selbst, die letzte ihrer Familie, in Wellblech und Pappe, in Schmutzwasser und Fäkaliendreck dahinsiechen musste für immer und immerdar. Unentwegt hatte sie diese Geschichte erzählt, seit Jahrzehnten. Als würden die anderen sie gleich wieder vergessen, sodass beständiges, neues Erzählen erforderlich war. Deswegen hieß sie nur noch »Die Italienerin«, oder auch »Mamma Mia«, weil damit jeder ihrer Sätze begann und endete. Vor fünf Jahren hatte sie es, krank und alt, in einer kaum vorstellbaren Kraftanstrengung vollbracht, einen Brief an die letzte ihr bekannte Adresse eines ihrer Familienmitglieder nach Amerika zu schreiben, mit der Bitte um Hilfe, um Erlösung, um ein würdiges Sterbeheim, im Schoß ihrer Familie. Nichts war passiert. Sie wusste nicht, ob ihr Brief jemals angekommen, jemals geöffnet oder gelesen worden war. Sie wusste nur, dass sie auf einer Matte lag und auf das ewige Liegen wartete.

»Komm schnell. Der Italiener.«

Die Stimme sagte es wieder. Auf allen Vieren kroch Mamma Mia in Richtung Ausgang. Slum-Behausungen haben den Vorteil, dass man es nicht weit nach draußen hat. Ihre Arme schienen überlange Streichhölzer zu sein, die jeden Moment zu zerbrechen drohten. Ihre Beine waren verwesendes Faulholz. Doch all das war gleichgültig. Man kam, um sie zu holen. Ein Italiener. Aus ihrer Familie. Sie würde in Würde sterben können. Sie spürte auf einmal Blut in ihrem Leib fließen.

Sie erreichte den Eingang. Sie schob den Kopf nach draußen. Es war heller Tag. Sie sah die Sonne. Aber sie sah niemanden sonst. Keinen Mann, keinen Besucher, nichts. Vielleicht blendete das Sonnenlicht sie zu sehr. Alle Kraft nahm sie zusammen, um ihren Bronchien, ihrem Rachen, ihren Lippen ein weiteres Wort abzuringen: »H-a-l-l-o…?«

War er wieder weggegangen? Nichts hörte sie. Keine Stimme. Keinen Ton. Und keine Gestalt schien um sie herum.

Doch. Links von ihr. Sie hörte ein Rascheln. Eine Gestalt trat auf sie zu. Die Gestalt beugte sich über sie. War dies der Italiener? Sie hörte eine Stimme.

»Mamma Mia, was ist mit dir? Du musst dich wieder hinlegen.«

Es war die Stimme ihres Nachbarn. Utpals, des Schusters. Doch kaum jemand hatte hier Schuhe.

Noch einmal zwang sie ihre Bronchien, etwas an Worten herauszupressen, so wie eine Saftpresse sich an vertrocknetem Obst versucht. Sie reckte ihr Gesicht Utpal entgegen.

»D-e-r… M-a-n-n…?«

Utpal sagte: »Welcher Mann, Mamma Mia? Hier ist niemand, und hier war auch niemand. Ich sitze seit über einer Stunde hier vor meinem Verschlag und warte auf Kunden.«

Mamma Mias Streichholzarme knickten ein, und ihr Gesicht knallte auf den Boden. Sie winselte, als würde sie irgendwann als beinloser Hund wiedergeboren werden.

»Mamma Mia«, sagte Utpal, »du kannst hier nicht liegen bleiben. Ich bringe dich wieder nach drinnen.«

Er nahm sie in die Arme. Er wunderte sich, wie leicht sie war. Leicht wie ein Kleid. Er trug sie nach innen und bettete sie auf ihre Matte. Nachdem er ihr etwas zu trinken gegeben hatte, sagte er ihr: »Ruf mich, wenn du mich brauchst.« Dann ging er hinaus.

Als sie ihm nachsah, durch ihre fiebrigen Augen, wusste sie, dass sie niemanden jemals mehr rufen würde.

Heimkehr

Wie ging es weiter, nach diesem Sprengstoffanschlag?

Nun, die Amerikaner brachten mich nach Kabul in ein Feldlazarett, dort wurde ich am Rücken operiert. Glücklicherweise waren die Splitter nicht ins Rückenmark vorgedrungen, sonst säße ich jetzt im Rollstuhl. Die Amerikaner verloren sieben Männer, darunter auch den Sanitätsunteroffizier, dem ich verdanke, dass ich aus dem Grenzgebiet gelangt bin.

Und Ihr Sohn?

Mein Sohn war hinten im zweiten Lkw, angeschnallt auf einer Feldbahre, und blieb unversehrt. Mit einer Militärmaschine wurden wir dann nach Usbekistan zu einer US-Basis ausgeflogen. Dort trennten sie uns.

Warum wurden Sie getrennt?

Ich konnte nach einem halben Dutzend Verhören gehen, da ich alles nachweisen konnte, was ich erzählte. Mein Sohn aber blieb Kriegsgefangener. Ein Geheimdienstoffizier erklärte mir, er werde medizinisch bestens betreut werden, schließlich wolle man ja, dass er wieder aus dem Koma aufwacht und verhört werden könne. Mehr sagte man mir nicht. Weder wohin er käme, noch für wie lange sie ihn behalten wollten. Ich konnte mit einer deutschen Maschine zurück nach Frankfurt. Ich habe natürlich, sobald es mir körperlich einigermaßen ging, versucht, über die deutschen Behörden etwas über den Verbleib meines Sohnes herauszubekommen, um ihn nach Hause zu kriegen. Aber es war zwecklos. Achselzucken und ratlose Gesichter war alles, was ich zu sehen bekam. »Wenn Ihr Sohn bei den Taliban mitgekämpft hat, was erwarten Sie?« Das sollte das alles wohl sagen.

Und Ihr Mann?

Zuerst war er völlig teilnahmslos und nicht ansprechbar, als ich nach Hause kam. Als läge er auch in einer Art Koma. Er konnte monatelang nicht arbeiten gehen. Ich weiß nicht, was in ihm vorging. Er sagte immer nur: Unser Sohn ist ein Terrorist. Unser Sohn ist ein Terrorist. Ich sagte ihm: Unser Sohn ist unser Sohn. Der Rest ist sekundär. Irgendwann akzeptierte er es. Natürlich hat der Bundesnachrichtendienst auch ihn verhört, es war eine furchtbare Zeit. Wir sind weggezogen aus Düsseldorf, man hatte ja immer das Gefühl, die Nachbarn schauen durch die Rollläden in jedes unserer Zimmer. Tag und Nacht.

Wann kam Ihr Sohn zurück?

Jetzt im Sommer, Anfang Juli 2002, bekamen wir einen Anruf, dass wir ihn aus den USA abholen könnten. Auf eigene Kosten natürlich. Das ist das Schöne am Krieg: Sie zahlen mit Ihrem Leben oder Ihrer Gesundheit, und am Schluss auch noch mit allem Geld, das Sie haben. Wir haben ihn in Florida mit einem Krankenflug abgeholt. Er lag immer noch im Koma. Die Amerikaner hatten wohl die Hoffnung aufgegeben, dass er jemals aufwacht. Er wurde ihnen dann irgendwann zu teuer.

Wie geht es ihm jetzt?

Unverändert. Stabil grauenhaft, würde ich sagen. Er liegt in seinem Zimmer und muss von uns rund um die Uhr gepflegt werden. Ob die Pflegeversicherung jemals zahlen wird, ist offen. Derzeit bekommen wir nur Ablehnungsbescheide. Verlust der Bürgerrechte, Pflegebedürftigkeit wurde beim Begehen von Straftaten vorsätzlich verursacht usw. In ein Gefängnis wollen sie ihn aber auch nicht einliefern, das wird ihnen zu teuer.

Und wie geht es Ihnen jetzt damit?

Ich warte, dass er aufwacht. Das ist alles, was ich tue. Ich warte, wenn ich ihn wasche, ich warte, wenn ich ihn füttere, ich warte, wenn ich schlafe, esse, ich warte abends, wenn ich ein bisschen Fernsehen gucke. Warten ist meine Chiffre für Leben, das ist alles, was ich derzeit empfinde.

Wie erging es Ihrem Bruder Karim und den beiden anderen? Nachdem Sie sich getrennt hatten?

Natürlich habe ich Karim versucht anzurufen, sobald ich die Kraft dazu hatte. Er, Jin und Aban sind nach einigen Irr- und Umwegen wohlbehalten zurück nach Peschawar gelangt, was für mich natürlich eine große Erleichterung war. Mein Bruder nannte keine Details, aber ich nehme an, seine »Geschäfts- und Handelskontakte« in der Gegend haben doch etwas dabei geholfen, wieder heil zurückzukommen.

Ein syrischer Friedhof

Faisal ar-Rahman hob den Kopf. Hatte da eben jemand an die schwere Zedernholztür seines Wärterhäuschens geklopft? Er versuchte in das Klappern des Deckenventilators hineinzuhören, der dem Raum ein wenig Kühlung verschaffte. Nein, er hörte nichts. Er begann wieder in seiner Zeitung zu lesen. Doch nach einer Weile schien es wieder da zu sein, dieses Klopfen. Ganz leise. Als klopften winzige Kinderhände da draußen an die Tür. Faisal sagte mit dunkler Stimme, als bewache er persönlich den Eingang zur Hölle: »Herein.«

Die Tür zum Häuschen öffnete sich langsam. Ein alter, winziger Mann kam herein. Der Schweiß lief ihm über die Stirn und über sein Gewand, als sei er gerade in voller Montur durch die Syrische Wüste gerannt. Ohne dass Faisal ihm einen Platz anbot, setzte der

Mann sich auf einen der Stühle im Raum.

»Salam aleikum«, sagte Faisal prüfend. Der alte Mann sagte gar nichts, sondern schnappte immerzu nach Luft. Faisal holte ihm ein Glas Wasser. »Trinken Sie das.«

Dankbar gurgelte der Alte die kühle Flüssigkeit herunter. Als er sich etwas erholt zu haben schien, fragte Faisal: »Was kann ich für Sie tun?«

Der Mann sagte: »Mein Name ist Yusuf bin Ghassan, und ich möchte zu diesem Grab.« Er kramte einen Zettel aus seinem Umhang und zeigte ihn Faisal. Dieser nahm den Zettel und schaute in einem Rechner nach, der fast so laut war wie der Ventilator an der Decke.

Nach einer Weile sagte Faisal: »Das ist ziemlich weit draußen. Wollen Sie wirklich bei dieser Hitze so weit laufen?«

»Wie weit ist es?«, fragte der Alte.

»Über einen halben Kilometer«, sagte Faisal. Er sagte nicht: Die Armengräber sind immer weiter draußen. Die Wohlhabenden laufen nicht gerne, die Armen müssen.

»Und der Schatten?«

Faisal sagte: »Wir haben schon einige schattige Zedern unterwegs, aber es gibt auch freie Strecken.«

Der alte Mann vergrub das Gesicht in den Händen. Er war mindestens siebzig. Dann begann er zu wimmern: »Das schaffe ich nicht, bei Allah, das schaffe ich nicht. Aber ich habe es doch versprochen.«

Faisal schaute noch einmal auf die Grabangaben. Er schloss die Augen. Ja, er erinnerte sich. Vor einem halben Jahr war es gewesen. Er sagte zu dem Alten: »Ich gehe mit Ihnen.«

Der Alte schaute ihn dankbar an: »Das würden Sie tun?«

Faisal lächelte freundlich: »Ich wollte ohnehin heute in diesem Bereich nach dem Rechten sehen.«

Er erhob sich von seinem Schreibtisch, zog sich ein Tuch über den Kopf und packte zwei Wasserflaschen in eine Tasche. »Friedhöfe machen durstig«, sagte er zu dem Mann.

Sie verließen das Häuschen und gingen los. Der Alte ging langsam, aber gleichmäßig. Faisal sah, dass er eine kleine Holzschachtel in seiner rechten Hand umklammert hielt.

Der erste Teil ihres Fußmarsches war erträglich, denn große Zedern und andere Bäume säumten den Hauptweg vom Friedhofsvorplatz zu den Grabbereichen. Hunderte von Gräbern, die meisten unter weißen steinernen Platten oder Schreinen untergebracht waren, flankierten ihren Weg. Für Faisal, der hier seit zwanzig Jahren arbeitete, war es mittlerweile nur noch ein Weg über Erde und Stein. Doch jedes Mal spürte er bei den Besuchern diese Mischung aus Ehrfurcht, Trauer und Gedanken an den eigenen Tod. Und manchmal bekam er selbst die eine oder andere Bestattung doch nicht so schnell aus seinem Kopf. So wie diese vor einem halben Jahr. Als drei Männer die Mutter vom Grab wegzerren mussten.

Der zweite Teil ihrer Reise war beschwerlicher. Nur vereinzelte Bäume säumten den Weg, um Schatten zu spenden. Der Alte schien zu schmelzen und zu schrumpfen, und sein Kopf hing immer tiefer. Er begann wieder zu wimmern. »Ich kann nicht mehr, ich schaffe es nicht.«

Dann plötzlich stolperte er und fiel zu Boden. Faisal sagte: »Wir müssen zurück. Sie können nicht in dieser Hitze bis zu dem Grab. Kommen Sie doch an einem der nächsten Tage wieder, an einem Abend, wenn es kühler ist.«

Der Mann wimmerte weiter: »Ich kann nur heute. Wir fahren heute Nachmittag wieder weg aus Damaskus, zurück nach Jordanien. Ich kann nur heute. Ich muss an dieses Grab, es ist der letzte Wille meines Sohnes.«

Faisal fragte: »Was genau ist der letzte Wille Ihres Sohnes?«

Der alte Mann gab ihm zitternd die Schachtel. »Diesen Brief vorzulesen am Grab, und ihn in der Schachtel dann auf das Grab zu legen.«

Faisal überlegte. Dann sagte er: »Geben Sie mir die Schachtel.

Ich gehe dorthin und lese es vor. Sie warten hier im Schatten der Zeder.«

Der alte Mann schaute ihn zweifelnd an. »Das würden Sie für mich tun?«

»Ja«, sagte Faisal.

Der Alte gab ihm die Schachtel. Faisal ging los. Als er das Grab erreicht hatte, öffnete er die Schachtel und entfaltete den Zettel, der darin enthalten war. Er hatte Mühe, das Geschriebene zu entziffern. Es war in einer unbeholfenen Schrift geschrieben. Als würde einer mit seinen Füßen schreiben. Als er die ersten Sätze hatte entziffern können, kniete Faisal nieder. Die linke Hand hielt er mit der Innenseite nach oben Richtung Himmel. Mit der rechten hielt er den Zettel und las die Sätze leise vor:

»Djamal, liebstes Kind meines Fleisches, Sohn meiner Sehnsucht. Vergib mir. Nie durfte ich dich sehen, nie konnte ich dir ein Beschützer sein, der dich behütet und tröstet in schweren Stunden. Ich habe versagt. Der Tod riss dich aus deinem Leben, ohne dass es recht begonnen hatte, und ich war machtlos, ein Feigling, ein grausamer Stümper. Ich kämpfte gegen das Böse, um selbst böse zu werden, und war verblendet, so sehr, dass ich mein eigenes Kind, mein eigenes Fleisch und Blut nicht sah. Möge Allah mich in der tiefsten Hölle, zusammen mit den Ungläubigen und den anderen Verbrechern, in den ewigen Feuern brennen lassen, wenn nur du dafür im Paradies Linderung erfahren kannst, Linderung von deiner Eltern unendlichem Versagen, ihrer unendlichen Schuld. Doch flehe ich dich an, dennoch, um deine Liebe, trotz all meiner Unfähigkeit, Schuldhaftigkeit, trotz all meines Versagens. Leb wohl. Auf Erden war uns ein Sehen nicht vergönnt, und kaum wage ich zu hoffen, dass wir uns in Allahs Reich je begegnen werden. Leb wohl, Liebster, liebstes Kind, mein Sohn Djamal. Ich war dein Vater. Sie nannten mich Wasim, doch hätte mein Name sein sollen: Schmutz. Hässlichkeit. Verderben.«

Faisal faltete den Zettel zusammen und legte ihn wieder in die

Schachtel, die er an einer versteckten Stelle, befestigt mit kleinen Steinen, am Grab deponierte. Er schaute auf das Grab nebenan. Das Grab der Mutter. Ja, er erinnerte sich. Zwei Monate nach dem tragischen Tod des Jungen hatten sie die Mutter beerdigt. Da hatte sie ihre Fingernägel nicht mehr in das Grab gekrallt.

Faisal machte sich auf den Rückweg. Als er die Stelle erreichte, wo er den alten Mann zurückgelassen hatte, schaute er sich um. Der Alte war verschwunden.

Epilog

Auf zwei Dutzend Eseln und mehreren Pferden, die restlichen hundertsechzig Mann zu Fuß, begannen sie den Aufstieg über den Pass Richtung Pakistan.

Syed ging rechts neben dem Esel, auf dem der Sheik ritt. Aber eigentlich ritt der Sheik nicht, er lag fast auf dem Esel. So wie ein Betrunkener auf einem Tisch liegt. Er schien sehr starke Schmerzen zu haben, denn immer wieder stöhnte er leise und krümmte sich noch mehr zusammen. Mit seiner linken Hand stützte Syed den Sheik, damit er nicht vom Esel rutschte. Ein zweiter Leibwächter auf der anderen Seite tat dasselbe. So mühten sie sich ab, Meter um Meter, und weit über sich immer wieder die donnernden amerikanischen Jäger und etwas leiseren Bomber. Doch Bomber, damit versuchte sich Syed zu beruhigen, können keine Ameisen treffen.

Bei einer Rast gab der Leibarzt dem Sheik eine Spritze. Danach ging es dem Sheik etwas besser, er saß wieder aufrecht und konnte sprechen. Er sah zu Syed, der mit nach vorne gebeugtem Kopf ging.

Der Sheik fragte: »Woran denkst du, Syed?«

Syed sagte: »Sie werden uns abschießen wie Fasane.«

»Vertraue auf Allah, Syed, und du wirst sehen. Wir kommen durch. Und wie auch immer es ausgeht, wir haben den Sieg bereits davongetragen. Wir haben die Bestie Amerika so aufgestachelt, dass sie sich selbst zugrunde bombt.«

Dann, etwa eine Stunde später, kam ihnen plötzlich ein Mann entgegen. Ein Afghane mit einer weißen Fahne. Bin Laden wies seine Männer an, ihn zu ihm zu lassen.

»Gegrüßt seist du, Osama«, sagte der Mann mit der Fahne.

»Allah sei mit dir«, sagte Osama. »Was ist dein Begehren?«

»Hazrat Ali schickt dir seine besten Grüße und fragt an, wie die Geschäfte laufen.«

»Nun«, sagte Osama, »ich mag müde und krank sein, doch Geschäfte machen kann ich noch immer. Was ist sein Angebot?«

Osama beugte seinen Oberkörper zu dem Mann herab, sodass dieser ihm etwas ins Ohr flüstern konnte. Als sei es etwas Unanständiges.

Osamas Gesicht ließ keine Regung erkennen. Doch Syed hatte den Eindruck, als würde der Sheik dem Mann zunicken. Dann trat der Mann zurück und verbeugte sich. Offenbar gab es nun nichts mehr zu besprechen.

Osama rief Syed zu sich. »Sage allen, dass wir diesem Mann mit der Fahne folgen.«

Sie zogen weiter. Nach etwa einer halben Stunde Fußmarsch sahen sie die ersten Kämpfer der mit den Amerikanern verbündeten Nordallianz. Niemals hätten sie diesen Abschnitt kämpfend durchbrechen können. In allen Löchern, hinter allen Erhebungen und Steinen saßen die schwer bewaffneten Männer von Hazrat Ali. Und standen nun Spalier für Osamas Männer. Sie hoben ihre Gewehre in die Luft und riefen »Allah ist groß.«

Dann sah Osama ihren Anführer, Hazrat Ali, auf sich zukommen.

»Ich grüße dich, Osama«, sagte Hazrat Ali.

»Allah sei mit dir«, sagte Osama. Dann sagte er zu Syed: »Nimm zwei von den Koffern von dem Esel hinter mir und gib sie seinen Leibwächtern.«

»Eine kleine Aufmerksamkeit für dein Entgegenkommen«, sagte

Osama.

Hazrat Ali sagte, ohne die Koffer öffnen zu lassen: »Du kennst den Weg über den Pass. Allah sei dir ein Wegweiser.«

»Ich danke dir«, sagte Osama.

Sie zogen weiter, Osama und seine Männer. An den schwerbewaffneten Männern von Hazrat Ali vorbei.

Drei Stunden später erreichten sie den Scheitelpunkt des Passes. Ein Schneetreiben zog auf. Sie begannen den Abstieg nach Pakistan. Einer nach dem anderen verschwanden sie in den Tälern des pakistanischen Grenzlandes. Wie Flöhe, die einen großen bösen Hund sehr verärgert hatten. Doch eines Tages, zu einer bestimmten Stunde, an einem bestimmten Ort, würden sie sich erneut sammeln und, gleich einem wunderbaren Sonnenaufgang, die Herrschaft des Kalifats neu errichten, für alle Zeiten und unwiderruflich.

USS Carl Vinson

Verdrängung:	ca. 97.000 Tonnen
Länge / Breite:	317 m / 40,84 m
Tiefgang:	12,50 m
Besatzung:	5680
Antrieb:	2 Nuklearreaktoren, 4 Propeller
Geschwindigkeit:	30+ Knoten
Flugzeuge:	bis zu 85
Letzte Seebestattung:	2. Mai 2011 (arabischer Ritus)

Inhalt